全国高职高专教育精品规划教材

管理技巧与实务

主　编　陈千诰　徐　伟
副主编　李建英　翁群芬
　　　　谢晓明　张海燕

北京交通大学出版社
·北京·

内 容 简 介

本书以高职高专教育技能型应用型人才培养目标为指引，以"工学结合"人才培养模式为要求，以工作任务为导向进行课程设计。将教材所涉及的内容分成若干具体的任务，组成完整的管理技巧与实务课程体系，既贯彻先进的高职理念，又注重教材的理论完整性，以使学生具备一定的可持续发展能力，较好地实现了高职教材一直提倡但又难以实现的"理论够用、重在实做"的要求。

本书按照管理技巧与实务所涉及的项目内容分为管理概论、计划、组织、人事、领导和控制六个学习模块。通过各项任务的解决，强化基本技能和管理方法的操作性训练，培养学生专业技巧和提高实践应用能力。

本书可作为高职高专院校经济管理类相关专业学生的教材，也可作为高职高专院校工科类相关专业和在职人员的培训教材。

图书在版编目（CIP）数据

管理技巧与实务／陈千诰，徐伟主编. — 北京：北京交通大学出版社，2012.2（2013.6重印）

（全国高职高专教育精品规划教材）

ISBN 978 - 7 - 5121 - 0917 - 9

Ⅰ．①管… Ⅱ．①陈… ②徐… Ⅲ．①企业管理 - 高等职业教育 - 教材 Ⅳ．①F270

中国版本图书馆 CIP 数据核字（2012）第 019782 号

责任编辑：薛飞丽

出版发行：北京交通大学出版社　　　　　电话：010 - 51686414
　　　　　北京市海淀区高梁桥斜街 44 号　邮编：100044
印　刷　者：北京泽宇印刷有限公司
经　　　销：全国新华书店
开　　　本：185 ×260　　印张：17.5　　字数：421 千字
版　　　次：2012 年 2 月第 1 版　　2013 年 6 月第 2 次印刷
书　　　号：ISBN 978 - 7 - 5121 - 0917 - 9/F · 979
印　　　数：3 001 ～ 7 000 册　　定价：32.00 元

本书如有质量问题，请向北京交通大学出版社质监组反映。对您的意见和批评，我们表示欢迎和感谢。
投诉电话：010 - 51686043，51686008；传真：010 - 62225406；E-mail：press@bjtu. edu. cn。

出 版 说 明

　　高职高专教育是我国高等教育的重要组成部分，其根本任务是培养生产、建设、管理和服务第一线需要的德、智、体、美全面发展的应用型专门人才，所培养的学生在掌握必要的基础理论和专业知识的基础上，应重点掌握从事本专业领域实际工作的基础知识和职业技能，因此与其对应的教材也必须有自己的体系和特点。

　　为了适应我国高职高专教育发展及其对教育改革和教材建设的需要，在教育部的指导下，我们在全国范围内组织并成立了"全国高职高专教育精品规划教材研究与编审委员会"（以下简称"教材研究与编审委员会"）。"教材研究与编审委员会"的成员所在单位皆为教学改革成效较大、办学实力强、办学特色鲜明的高等专科学校、成人高等学校、高等职业学校及高等院校主办的二级职业技术学院，其中一些学校是国家重点建设的示范性职业技术学院。

　　为了保证精品规划教材的出版质量，"教材研究与编审委员会"在全国范围内选聘"全国高职高专教育精品规划教材编审委员会"（以下简称"教材编审委员会"）成员和征集教材，并要求"教材编审委员会"成员和规划教材的编著者必须是从事高职高专教学第一线的优秀教师和专家。此外，"教材编审委员会"还组织各专业的专家、教授对所征集的教材进行评选，对所列选教材进行审定。

　　此次精品规划教材按照教育部制定的"高职高专教育基础课程教学基本要求"而编写。此次规划教材按照突出应用性、针对性和实践性的原则编写，并重组系列课程教材结构，力求反映高职高专课程和教学内容体系改革方向；反映当前教学的新内容，突出基础理论知识的应用和实践技能的培养；在兼顾理论和实践内容的同时，避免"全"而"深"的面面俱到，基础理论以应用为目的，以必要、够用为尺度；尽量体现新知识和新方法，以利于学生综合素质的形成和科学思维方式与创新能力的培养。

　　此外，为了使规划教材更具广泛性、科学性、先进性和代表性，我们真心希望全国从事高职高专教育的院校能够积极参与到"教材研究与编审委员会"中来，推荐有特色、有创新的教材。同时，希望将教学实践的意见和建议及时反馈给我们，以便对出版的教材不断修订、完善，不断提高教材质量，完善教材体系，为社会奉献更多、更新的与高职高专教育配套的高质量教材。

　　此次所有精品规划教材由全国重点大学出版社——北京交通大学出版社出版。适合于各类高等专科学校、成人高等学校、高等职业学校及高等院校主办的二级技术学院使用。

全国高职高专教育精品规划教材研究与编审委员会

2012 年 2 月

总　序

历史的年轮已经跨入了公元 2012 年，我国高等教育的规模已经是世界之最，2010 年毛入学率达到 26.5%，属于高等教育大众化教育阶段。根据教育部 2006 年第 16 号《关于全面提高高等职业教育教学质量的若干意见》等文件精神，高职高专院校要积极构建与生产劳动和社会实践相结合的学习模式，把工学结合作为高等职业教育人才培养模式改革的重要切入点，带动专业调整与建设，引导课程设置、教学内容和教学方法改革。由此，高职高专教学改革进入了一个崭新阶段。

新设高职类型的院校是一种新型的专科教育模式，高职高专院校培养的人才应当是应用型、操作型人才，是高级蓝领。新型的教育模式需要我们改变原有的教育模式和教育方法，改变没有相应的专用教材和相应的新型师资力量的现状。

为了使高职院校的办学有特色，毕业生有专长，需要建立"以就业为导向"的新型人才培养模式。为了达到这样的目标，我们提出"以就业为导向，要从教材差异化开始"的改革思路，打破高职高专院校使用教材的统一性，根据各高职高专院校专业和生源的差异性，因材施教。从高职高专教学最基本的基础课程，到各个专业的专业课程，着重编写出实用、适用高职高专不同类型人才培养的教材，同时根据院校所在地经济条件的不同和学生兴趣的差异，编写出形式活泼、授课方式灵活、满足社会需求的教材。

培养的差异性是高等教育进入大众化教育阶段的客观规律，也是高等教育发展与社会发展相适应的必然结果。只有使在校学生接受差异性的教育，才能充分调动学生浓厚的学习兴趣，才能保证不同层次的学生掌握不同的技能专长，避免毕业生被用人单位打上"批量产品"的标签。只有高等学校的培养有差异性，其毕业生才能有特色，才会在就业市场具有竞争力，从而使高职高专的就业率大幅度提高。

北京交通大学出版社出版的这套高职高专教材，是在教育部"十一五规划教材"所倡导的"创新独特"四字方针下产生的。教材本身融入了很多较新的理念，出现了一批独具匠心的教材，其中，扬州环境资源职业技术学院的李德才教授所编写的《分层数学》，教材立意新颖，独具一格，提出以生源的质量决定教授数学课程的层次和级别。还有无锡南洋职业技术学院的杨鑫教授编写的一套《经营学概论》系列教材，将管理学、经济学等不同学科知识融为一体，具有很强的实用性。

此套系列教材是由长期工作在第一线、具有丰富教学经验的老师编写的，具有很好的指导作用，达到了我们所提倡的"以就业为导向培养高职高专学生"和因材施教的目标要求。

教育部全国高等学校学生信息咨询与就业指导中心择业指导处处长
中国高等教育学会毕业生就业指导分会秘书长
曹　殊　研究员

前　　言

在高等职业教育中，管理学原理这一学习领域所对应的是企业的中、低级管理岗位，如企业部门或车间的人力资源管理员、项目管理员、生产管理员、市场营销员、质量管理员、物流管理员、办公室文员、车间主任及部门经理等。上述工作岗位和工作任务所涉及的理论与方法，既包括管理概论、计划、组织、人事、控制等，也就是本书的主要内容。

本书的总体设计思路和做法是：按照"工学结合"人才培养模式的要求，采用"基于工作过程导向—工作过程系统化课程"的设计方法，以工作过程为导向，以项目和工作任务为载体，进行工作过程系统化课程设计。将各个学习任务所涉及的内容细分为若干个具体的技能和任务对学生进行训练，各个学习任务按照工作过程组成了完整的管理学体系。真正体现了"工学结合"、融"教、学、做为一体"及"以学生为主体"的高职教育理念。在设计工作任务及其理论知识时，既贯彻上述先进的高职理念，又注重教材的理论性和完整性，以使学生在"管理学"方面具备一定的可持续发展的能力，较好地解决和实现了高职教材一直提倡但又很难以实现的"理论够用、重在实做"的问题和要求。在采用"工作过程导向—工作过程系统化课程"、"任务驱动"及"项目教学"等模式的同时，将已被事实证明教学效果很好的案例教学法等教学方法与上述方法综合应用。

本书的主要特点如下。

1. 体现了最新的高职教育理念。贯彻《关于全面提高高等职业教育教学质量的若干意见》（教高〔2006〕16 号）等重要文件精神，按照"工学结合"人才培养模式的要求，采用"基于工作过程导向—工作过程系统化课程"的设计方法，以工作过程为导向，以项目和工作任务为载体，进行工作过程系统化课程设计。真正体现了"工学结合"、融"教、学、做为一体"及"以学生为主体"的高职教育理念。

2. 以企业管理工作项目为载体。以具体的企业管理工作项目为载体设计工作任务，项目和任务包含和反映了要完成项目和任务所需要的技能及其相关的管理技巧与方法。

3. 以工作过程为导向。本书不是按照学科体系的逻辑关系和先后顺序编写的，而是以实际的企业管理工作过程为导向进行学习领域的整体设计和学习任务的设计。学生完成了本学习领域的学习和训练，也就学会了企业管理工作过程中工作任务所涉及的主要的管理原理与管理方法，每个学习任务也是按照一项具体的企业管理工作设计的。

4. 任务驱动学习模式。根据企业实际的工作情况和要求，将企业管理工作内容设计成"工作任务"。学生在任务驱动下进行学习，教师的主要任务是指导学生完成具体任务，讲解与任务有关的管理理论与方法，强调学生的主动性。

5. 技能训练与职业资格培训相结合。教材所设计的工作任务所需技能及其训练方法符合职业资格证书考试的要求，使学生无须接受专门的考证辅导就可以考取相应的职业资格证书。

6. 学校与企业共同开发教材。采用学校与企业共同开发教材的模式，使教材内容及所设计的项目和任务更加贴近企业管理的工作实际。

7. 编者具有丰富的实践经验。对于高职教材，较为理想的编者是集学科理论、教学经验和企业实际工作经验为一体的"双师型"人才。本书的主编、副主编具有多年的企业工作经历及企业高、中、低层管理实际工作经验。

本书由陈千浩、徐伟担任主编，李建英、翁群芬、谢晓明和张海燕担任副主编。各模块的具体分工为：陈千浩编写模块三，徐伟编写模块六，李建英编写模块二，翁群芬编写模块五，谢晓明编写模块一，张海燕编写模块四。

在本书的编写过程中，我们参阅了许多管理学方面的教材，借鉴、吸收并引用了大量国内外学者的理论成果及相关资料、案例等，在此一并表示诚挚的谢意！由于我们在高职教育课程改革方面的经验不足，加之学识和水平有限，疏忽之处在所难免，望读者不吝赐教。

编　者

2012 年 1 月

目　　录

模块 1 管理概论

情境导入

渔夫和青蛙的故事

很久以前，一位渔夫在河边发现一条蛇咬着一只青蛙，青蛙眼看就要命丧蛇腹，眼中流出绝望的泪水。渔夫恻隐之心顿生，于是上前要求蛇放青蛙一命，蛇吞着蛙，无法快速逃离，见渔夫这样要求，万般无奈，只得放了青蛙。青蛙获救，千恩万谢之后，迅速离开了现场，而蛇眼看到嘴的食物失去，心头不免愤愤，渔夫观之，将怀中一瓶威士忌酒拿出给了蛇。

蛇从未饮过如此美酒，将酒一饮而尽，对渔夫谢过后离开。渔夫顷刻间将此事圆满处理，不免有些得意洋洋，在午后的阳光下昏沉沉入睡。不料过了一会儿，河里又有些声响，被吵醒后，渔夫见刚才离去的蛇又游了回来，嘴里咬着两只青蛙，而且为避免将青蛙咬死，只是死死咬住青蛙的腿。蛇带着渴望的目光望着渔夫，好像在说这下我是不是可以获得两瓶威士忌酒，渔夫一时瞠目结舌。

任务 1 认识管理活动

学习目标

1. 知识目标：理解管理的含义和特性；掌握管理者的素质和能力。

2. 能力目标：能够运用管理的基础知识分析一些简单的管理问题；能有意识地培养自己的管理素质和管理技能。

3. 素质目标：培养自己的管理素养；培养自己的管理理念。

小故事

一位著名企业家在作报告，一位听众问："您在事业上取得了巨大的成功，请问，对您来说，最重要的是什么？"企业家没有直接回答，他拿起粉笔在黑板上画了一个圈，只是并没有画圆满，留下一个缺口。他反问道："这是什么？""零"、"圈"、"未完成的事业"、

"成功"，台下的听众七嘴八舌地答道。他对这些回答未置可否："其实，这只是一个未画完整的句号。你们问我为什么会取得辉煌的业绩，道理很简单：我不会把事情做得很圆满，就像画个句号，一定要留个缺口，让我的下属去填满它。"留个缺口给他人，并不是说明自己的能力不强。实际上，这是一种管理的智慧，是一种更高层次上带有全局性的圆满。给猴子一棵树，让它不停地攀登；给老虎一座山，让它自由纵横。也许，这就是企业管理用人的最高境界。

1.1 管理的含义和特性

1.1.1 管理的含义

管理自古有之，源远流长，作为一种社会行为，可以说与人类群体俱生，与人类文明的历史一样悠久。而关于管理的含义，目前还没有统一的定义，国内外许多专家从不同的角度有不同的描述，而不同的描述又体现了不同的出发点和侧重点。这表明管理行为在不断发展，管理思想在不断升华，管理理论在不断丰富。在这里，我们主要介绍以下几种定义。

（1）西蒙认为"管理就是决策"。

（2）以小詹姆斯·H. 唐纳利为首的学者认为"管理就是由一个或者更多的人来协调他人的活动，以便收到个人单独活动所不能收到的效果而进行的活动"。

（3）弗里蒙特·E. 卡斯特等人认为"管理就是计划、组织、控制等活动的过程"。

（4）斯蒂芬·P. 罗宾斯认为"管理是指同别人一起，或通过别人使活动完成得更有效的过程"。

（5）我国的张尚仁在《管理、管理学与管理哲学》一书中提出"管理就是指由专门机构和人员进行的控制人和组织的行为使之趋向预定目标的技术、科学和活动"。

综上所述，我们从管理的职能和管理的目的出发，给管理一个定义，即管理是指一定组织中的管理者，通过实施计划、组织、领导、控制等职能来协调他人的活动，使别人同自己一起实现既定目标的活动过程。

1.1.2 管理的特性

1. 管理的二重性

管理的二重性是指管理的自然属性和社会属性。管理的二重性是马克思主义关于管理问题的基本观点。

一方面，管理是由于有许多人进行协作劳动而产生的，是由生产社会化引起的，是有效地组织共同劳动所必需的，因此它具有同生产力、社会化大生产相联系的自然属性。

另一方面，管理又是在一定的生产关系条件下进行的，必然使得管理的环境、管理的目的及管理的方式等呈现出一定的差异，因此它具有同生产关系、社会制度相联系的社会属性。

学习和掌握管理的二重性，对于学习和理解管理学，认识管理问题，探索管理活动的规律，运用管理原理来指导实践以及建立有特色的管理科学体系，都具有非常重大的现实意义。

2. 管理的科学性和艺术性

管理的科学性是指管理作为一个活动过程，其间存在着一系列基本客观规律。管理是一门科学，它以反映管理客观规律的管理理论和方法为指导，有一套分析问题、解决问题的科学的方法论。

管理的艺术性就是强调管理的实践性，没有实践则无所谓艺术。管理的艺术性，就是强调管理活动除了要掌握一定的理论和方法外，还要有灵活运用这些知识和技巧的技能与诀窍。

从管理的科学性和艺术性可知，有效的管理艺术以对它所依据的管理理论的理解为基础。因此，两者不是互相排斥，而是互相补充。

1.2　管理的职能

管理职能是管理过程中各项行为的内容的概括，是人们对管理工作应有的一般过程和基本内容所做的理论概括。其中，管理的基本职能包括计划职能、组织职能、领导职能和控制职能。

1.2.1　计划职能

计划是管理过程中的首要职能，它的含义可以从两个角度讨论。第一，从名词的角度（静态的）理解，计划是指实现组织目标的行动方案；第二，从动词的角度（动态的）理解，计划是拟订实现组织的行动方案的过程。后者就是管理的计划职能。

1. 计划的概念

计划是在科学预测的基础上为实现组织目标对未来一定时期内的工作作出安排的活动，它包括对组织所拥有的和可能拥有的人力、物力、财力所进行的设计和谋划，计划的目的是找到一条合适的实现组织目标的途径。

2. 计划的特征

计划应当具有以下特征：第一，计划必须具有明确性；第二，计划必须具有全面性；第三，计划必须具有协调性；第四，计划必须具有弹性；第五，计划必须具有功利性。

3. 计划的种类

计划的种类很多，可以将计划分为宗旨、目标、战略、政策、规则、程序、规划和预算等类型。

1.2.2　组织职能

1. 组织的含义

组织的含义包括两层：一是指为了达成某些目标而设计并建立的具有明确职责、权限和互相关系的管理系统；二是指对管理系统拥有的资源的职责、权限和相互关系进行有序安排的活动过程。

2. 组织的职能

组织的职能是在组织结构的基础上的组织运作所发挥出来的功能，或者说组织的职能是通过组织工作体现出来的功能。组织工作是组织为实现其目标而对组织自身进行结构的设计与调整、业务活动的分类、管理人员职位的设置、管理职权的分配等方面的工作以及对组织成员的行为作以规范和协调。

1.2.3　领导职能

1. 领导的概念

静态地讲，领导是指能够影响他人行为的个人或集体；领导也可以指管理者的一种行为和影响力，这种行为和影响力用于引导和激励组织成员去实现组织目标。或者说，领导是领导者及其领导活动的简称。领导者是组织中那些有影响力的人员，他们可以是组织中拥有合法职位的、对各类管理活动具有决定权的主管人员，也可以是一些没有确定职位的权威人士。领导活动是领导者运用权力或权威对组织成员进行引导或施加影响，以使组织成员自觉地与领导者一道去实现组织目标的过程。领导是管理的基本职能，它贯穿于管理活动的整个过程。

2. 领导的内容

领导的内容包括激励、指导、引导、促进和鼓励。

3. 领导者

领导者是指担负领导职责，负责实施领导过程的主管人员，他们扮演管理者和领导者双重角色。对于作为组织主管人员的领导者来说，权力和权威是实施领导的有效工具，领导者需要用自己所拥有的权力和权威进行控制和指挥，发挥其在组织中的影响力。

4. 领导活动

概括地讲，领导活动大致存在着以下三种类型的方式：集权型的领导活动方式；民主型的领导活动方式；放任型的领导活动方式。

1.2.4　控制职能

1. 控制的概念

在管理活动中，控制是一项重要的管理职能，是促使组织的活动按照计划规定的要求展开的过程。控制职能意味着去主动发现计划实施中出现的（或潜在的）偏差，并加以纠正（或预防）。

控制是指由管理人员对当前的实际工作是否符合计划进行测定，并促使组织目标实现的过程。控制主要体现在计划的执行过程中，是一种不断地对照计划来检查现有的作业状况的活动。控制的目的是要保证实际工作与计划一致，管理活动的控制过程也就是管理人员对下属部门或个人的工作进展、实际结果进行统辖，找出偏差并加以纠正的过程。控制根源于管理系统存在与发展的需要贯穿于其他各项管理职能之中，存在于管理活动的全过程。控制作为一种管理功能也可以分为常规控制和非常规控制。

2. 控制过程

控制是一个过程，它贯穿于整个管理活动的始末。在组织目标的实施中，不断地在计划与实施结果之间进行比较，发现两者之间差距，并找出差距的原因和制定新的改进措施，就是一个控制过程。也就是说，控制过程是由三个步骤或三个交叉重叠的要素构成的，即确立标准，对照标准检查实际绩效，以及采取措施纠正偏差。

计划、组织、领导、控制这四种职能互相关联、不可分割，其中某些职能的完成情况会受到其他职能完成情况的影响。

1.3 管理者的角色

1.3.1 管理者

管理者的任务是在组织中告诉别人该做什么以及怎样去做。他们通过协调其他人的活动达到与其他人一起或者通过其他人实现组织目标的目的。管理者的工作可能意味着协调一个部门的工作，也可能意味着监督几个单独的个人，还可能包含协调一个团队的活动。

1.3.2 管理者的分类

根据管理者所扮演的角色不同可以将管理者大体上分为三类，管理对象与管理任务也各不相同。

（1）管理一个组织，求得组织的生存和发展。

（2）管理管理者。组织的上、中、下三个层次中，人人都是管理者，又都是被管理者。

（3）管理工人和工作。

从另一个角度也可以把管理者分为如图 1-1 所示的三个层次。

图 1-1 不同层次的管理者

高层管理者管理一个组织，求得组织的生存和发展。他们承担着制定广泛的组织决策、为整个组织制订计划和目标的责任。他们的典型头衔通常是执行副总裁、总裁、管理董事、首席运营官、首席执行官或者董事会主席等。

中层管理者包括处于基层和高层之间的各个管理层次的管理者，这些管理者管理着基层管理者，他们可能有部门经理、项目主管、工厂厂长或者事业部经理等头衔。

基层管理者是最底层的管理人员，他们管理着非管理雇员所从事的工作，这些工作是生产和提供组织的产品的工作。这样的管理者通常称为主管，也可以称为生产线线长或工长。

1.3.3 管理者的角色

管理者的角色，实际上是指特定的管理行为范畴。1974 年，亨利·明茨伯格（Henry Mintzberg）研究发现管理者扮演着十种角色，这十种角色可归纳为人际角色、信息角色和决策角色三大类（见图 1-2）。

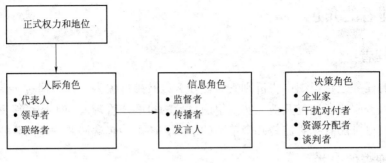

图1-2　管理者的角色

（1）人际角色。人际角色是指所有的管理者都要履行礼仪性和象征性的义务。这方面具体承担了三种角色。

① 代表人：象征性的首脑，必须履行法律性的或社会性的例行义务。

② 领导者：激励和动员下属，履行人员配备、培训和交往的职责。

③ 联络者：维护自行发展起来的外部接触和联系网络，向人们提供恩惠和信息。

（2）信息角色。信息角色是指所有的管理者在某种程度上，都从外部的组织或机构接受和收集信息，具体承担了三种角色。

① 监督者：寻求和获取各种特定的信息，以便透彻地了解组织与环境；组织内外的神经中枢。

② 传播者：将从外部人员和下级那里获得的信息传递给组织的其他成员——有些是关于事实的信息，有些是解释和综合组织的有影响的人物的各种价值观点。

③ 发言人：向外界发布有关组织的计划、政策、行动、结果等信息；作为组织所在产业方面的专家。

（3）决策角色。决策角色是指围绕日常工作中的决策制定所担任的角色，具体确定了四种角色。

① 企业家：寻求组织和环境中的机会，制定改进方案以发起变革，监督某些方案的策划。

② 干扰对付者：当组织面临重大的、意外的动乱时，负责采取补救行动。

③ 资源分配者：负责分配组织的各种资源——事实上是批准所有重要的组织决策。

④ 谈判者：在主要的谈判中作为组织的代表。

1.4　管理者的素质和技能

1.4.1　管理者的素质

管理者的素质是管理者必须具备的多种条件的综合。素质是一个整体、综合性的概念，在素质中，各种不同的条件形成了不同的结构。我们在这里主要讨论管理者的基本素质和专业素质。

1. 基本素质

基本素质不是对管理者的特有要求，但基本素质的高低决定了管理者整体素质的高低，影响着企业管理者其他素质的发展和提升。管理者的基本素质主要包括道德伦理素质、心理人格素质、基础知识素质。

1）道德伦理素质。道德伦理素质主要体现在以下几个方面

一是正确的世界观和价值观。具有正确的世界观和价值观要求管理者必须加强理论知识的学习和理论素养的修养，用马克思主义思想去武装自己的头脑。

二是高尚的道德情操和修养。管理者是组织中的领袖人物，是组织"上行下效"的对象。

三是良好的职业道德和信誉。职业道德是道德的一部分，但更明确地对管理者提出了职业上的要求。管理者是组织的中坚，也是社会的重要阶层，中国社科院发表的《当代中国社会阶层研究报告》专门对经理人阶层，也就是企业中高层管理人员阶层进行了论述。如果没有职业道德和信誉，将是对管理基石的最大侵蚀，对管理者个体来说，也将是一条自我毁灭之路。

2）心理人格素质，健全的心理人格素质包括以下几个方面

一是宽广的胸怀。管理者在企业中发挥领袖作用，必须有宽广的胸怀。管理者在工作中将面临着内外环境方面不同的声音、不同的观点，甚至是批评的声音和压力。管理者在面对来自于行业、媒体及其他组织的批评与指责时，一定要以"有则改之，无则加勉"的方式来对待，以正常心态处理。对来自内部不同的观点，管理者一定要能以海纳百川的气魄，营造一个广进贤言的良好局面。

二是开放的心态。面临不断发展的社会和日新月异的科技，管理者应具有开放的心态，去积极地了解新事物，接纳新事物。不仅要在企业中建立起吐故纳新的机制，管理者个人还应建立起相应的思维习惯、行为习惯，及时跟上外界的变化，与时俱进。开放的心态要求管理者改变故步自封和安于现状的守旧心理，不断实现自我的突破和发展。

三是坚韧的毅力和意志力。企业的经营存在着各种各样的风险，如商业风险、市场风险、政策风险、信用风险、管理风险，等等，企业经营本身就是与风险同在。这要求企业管理者必须对风险有清醒的认识，在遭遇风险时，必须以坚韧的毅力和意志力去对待，积极采取措施，解决问题。企业管理者在经营实践中必须锤炼出坚忍不拔的精神，去体会"笑到最后才是胜利者"的境界。

四是个人的自我控制力。管理者是企业和社会的中坚力量，是具有一定社会地位的人。在工作中、生活中企业管理者都会遇见各种不正常、不正当甚至是违反道德、违反法纪的诱惑。权钱交易、权色交易、钱色交易、黑幕交易、幕后操作等都是近些年来沉渣泛起的体现。管理者在面对诱惑时一定要正确对待，必须有良好的自制力。

3）基础知识素质。基础知识素质主要包括以下几个方面

一是扎实的基础知识。基础知识是指对社会、对世界的基本认识方面的知识。基础知识包括自然科学知识、人文社科知识两个方面。纵观成功的人士，不管是科学家、还是政治家或者管理大师，他们都具有良好的人文科学知识。作为一个组织，承担着重大决策、协调、管理职责的管理者，更应该高度重视包括人文社科知识在内的基础知识。

二是完善的知识结构。知识结构是指个人拥有的各种知识的组成情况。完善的知识结构不是要求管理者必须成为大学问家，而是要求管理者在知识方面应相对均衡，不能有重大的知识缺陷。

三是具有健康的体魄。这是最简单的一点，也是最容易忽略的一点。国内媒体对管理人

员的健康问题做了一次调查，发现管理者中亚健康现象十分普遍，不少管理人员还患有不同的生理和心理方面的疾病，管理者每天都在高压下前行，但绝不能忽视健康，管理者在这一点上应当重视。

2. 专业素质

专业素质是指管理者实施管理行动和活动必备的素质，是管理者履行其职责的基本要求，具体表现在两个方面。

一方面，对管理的专注和热情。对管理的专注和热情是每一个希望走向成功的管理人员的重要素质。管理者只有具备这种精神和态度，才能把自己的精力放在其中，最大限度地发挥潜力，贡献自己的聪明才智。同样，一个热情洋溢的管理者才会感染广大员工，让广大员工用同样的热情去对待工作，只有这样，组织才会充满生机和活力。如果由一个暮气沉沉、毫无热情的人来领导组织，那么，这个组织的前景就十分堪忧。

另一方面，是管理知识的要求。管理者的工作对象是组织或企业，工作行为就是管理，所以，作为一名合格的管理者，必须具有扎实的管理基础知识。管理是一门综合性的学问，是一门实践性很强的学问，管理者必须不断钻研和了解管理知识，为实践打下坚实的基础。

1.4.2　管理者的技能

管理者的职责是变化的，也是复杂的，管理者需要特定的技能来履行其职责和活动。那么管理者需要哪些技能呢？罗伯特·卡茨研究发现，管理者要具备三类技能。

一是技术技能。技术技能是指管理者熟悉和掌握特定专业领域中的过程、惯例、技术和工具的能力。对于基层管理者来说这些技能是重要的，因为他们要直接处理员工所从事的工作。

二是人际技能。人际技能是指成功地与别人交往、沟通的能力。这是很关键的技能，作为管理者要知道如何与员工沟通，如何激励、引导和鼓舞员工的热情和信心，这些技能对于各个层次的管理者都是必备的。

三是概念技能。概念技能是指对事物的洞察、判断、抽象和概括的能力。管理者应看到组织的全貌和整体，了解组织与外部环境是怎样互动的，了解组织内部各部分是怎样相互作用的，能预见组织在社会上所起的作用，知道自己所管理部门在组织中的地位和作用。判断和概括问题的能力是概念技能的重要表现之一。

这三种技能按照职位的高低，侧重有所不同，越是基层的管理者，其技术技能要求得越多，越是高层的管理者，其概念技能要求得越多。管理层次与管理技能的关系如图 1-3 所示。

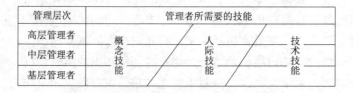

管理层次	管理者所需要的技能		
高层管理者	概念技能	人际技能	技术技能
中层管理者			
基层管理者			

图 1-3　管理层次与管理技能的关系

思考题

1. 什么是管理？为什么说管理是科学性和艺术性的统一？
2. 根据不同层次管理者的职责，分析管理者应具备哪些技能？
3. 管理的职能是什么？
4. 管理者应具备哪些素质？

案例分析

仓促上阵的车间主任

张师傅是平山矿业公司露天矿机修车间的一名维修工，技工学校毕业，今年38岁，正值年富力强。他干劲大，手艺强，肯负责，人缘好，还带了三名学徒工，同事和上级都挺喜欢他，车间李主任更是倚他为骨干，常让他代表自己去矿上或公司开干部会，大家都说李主任的接班人非他莫属。

周一，他正赶上白班，忽然听说李主任心脏病犯了，已经住进职工医院。李主任德高望重，深受大家敬爱，就是身体不好。这回住院，人人都盼望他早日康复，都以为又像往常那样，过几天就出院上班，不料傍晚传来噩耗，李主任抢救无效，已病逝在医院中。大家都很悲痛，纷纷去向李师母表示悼念和慰问。

次日一早，分管人事工作的周副矿长来电话，要张师傅暂时代理车间主任，行使权力。还特别关注车间正在抢修的一台装载机，问什么时候能修好，这可是矿上等着要用的急活。张师傅答应周四前一定修好交用。

周三上午，周副矿长把张师傅召去，正式通知他公司已任命他继任车间主任，并表示祝贺和期望，然后张师傅就匆匆赶回车间，参加突击抢修那台装载机去了。任务很重，他不放心，又跟着工人继续干到晚上九点多，再三叮嘱夜班班长抓紧工作，才回家休息。

周四上午，张师傅上班特别早，发现昨晚矿上又有四辆自卸式载重卡车送来待修。而那台装载机还未修好。张师傅赶忙把全车间白班职工召集到一起，说明了面临的修车任务十分重要、迫切和艰巨，号召大家化悲痛为力量，群策群力，尽快完成任务。工人们纷纷表态要努力干活，如期修好这批车辆。

张师傅略感松了一口气，就上备品库去检查库存是否足以应付这批抢修任务。这时，露天采掘队来电话，说他们的一台主力设备——32吨自卸卡车抛锚在现场，要求派人去抢修。张师傅知道如今每个人手头的活都是又多又紧，就自己背起工具箱，下露天采掘现场去抢修了。

待他修好那台自卸卡车回到车间，已经快中午了。他发现车间里乱糟糟一片：四辆待修自卸车中有三辆停工待料。忙问这是怎么回事，工人们说是以前定下的规矩，备件要主任签过字才能领取。这时，矿上又有两台故障车送来待修。张师傅刚办完接车手续，周副矿长又来电话要装载机了。

听说还没修好，周副矿长老大不快，埋怨活抓得不紧，并强调这会给矿上带来很大损失。刚放下电话，公司常务副总经理来电话，让张师傅马上去总部出席紧急干部会议。

本来张师傅对自己被正式提升为车间主任，还挺高兴也颇有信心当好这主任，如今想法好像也有些变了。他怀疑这提升对自己究竟是不是一件好事，对能否胜任这主任一职，也变得不太有把握了。

管理启示：

作为优秀的管理者要具备一定的素质，如政治素质、道德品质、业务知识等方面。材料中的张师傅科班毕业，年富力强，肯负责，在车间是骨干，人缘好，与群众关系融洽，同事和上级都挺喜欢，常代表车间主任去矿上或公司开干部会，这些优势并不足以使他成为一名真正优秀的管理者，必须具备较好的综合素质和过硬的技能，二者缺一不可。

问题：

1. 你认为机修车间的问题主要出在哪里？
2. 你对张师傅尽快做好管理工作有什么好的建议？
3. 作为一名基层管理者，张师傅具有哪些优势？又有哪些不足？

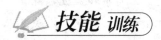

实训一：组建模拟公司

【实训目标】

1. 培养初步运用管理系统的思想建立现代组织的能力。
2. 培养分析、归纳与讲演的能力。

【实训内容与要求】

根据所学知识与对实际企业调查访问所获得的信息资料，组建模拟公司。

1. 以自愿为原则，6～8人为一组，组建"××大学生模拟公司"，自定公司名称。
2. 课下进行总经理竞聘，每个人以"我要做一个什么样的管理者"为题，发表竞聘讲演（要有发言提纲）。

【成果与检测】

1. 投票选出公司总经理，完成模拟公司的初步组建。
2. 班级组织一次交流，每个公司推荐两名成员发表竞聘讲演。
3. 由教师与学生对各公司组建情况（含竞聘提纲）进行评估打分。

实训二：调查与访问——管理者的职责与素质

【实训目标】

1. 懂得调查研究的初步技能。
2. 认识实践中管理者的职责与素质。

【实训内容与要求】

1. 课下与同学一起参观本课程实训基地企业，学生自愿组成小组，每组6～8人。在调查访问之前，每组需根据课程所学知识经过讨论制定调查访问的主题，并把具体步骤和主要问题计划好。

2. 具体问题可参考下列问题：

（1）企业中主要有哪些管理工作？属于哪种管理层次？

（2）这些管理工作有哪些职责和权利？

（3）做好这些管理工作多需要哪些素质？如何培养？

3. 调查访问结束后，组织一次课堂交流与讨论，时间为一节课。

【成果与检测】

1. 教师根据各小组表现进行评估打分：

（1）所调查企业的管理工作分类表。

（2）所调查企业的管理者素质分析报告，书面，300 字左右。

（3）所调查企业的一把手的管理创新之处，如你是一名管理者须注意哪些问题，课堂口头评述 3 分钟左右。

2. 各小组在讨论的基础上，每个同学把自己调查访问所得的重要信息如照片、文字材料、影音资料等制作成宣传册展出，之后交老师保存。

课外 练习

一、单项选择题

1. 管理的二重性指的是（　　）。

A 自然属性和社会属性　　　　　　　　B. 自然属性和技术属性

C. 社会属性和生产属性　　　　　　　　D. 社会属性和经营属性

2. 管理的首要职能是（　　）。

A. 计划　　　　　　B. 组织　　　　　　C. 控制　　　　　　D. 领导

3. 对于基层管理而言，最重要的是（　　）。

A. 技术技能　　　　B. 人际技能　　　　C. 概念技能　　　　D. 领导技能

4. 田力是某大型企业集团的总裁助理，年富力强，在助理岗位上工作得十分出色。他最近被任命为集团销售总公司的总经理，从而由一个参谋人员变成了独立部门的负责人。下面是田力最近参与的几项活动，你认为这其中的哪一项几乎与他的领导职能无关？（　　）

A. 向下属传达他对销售工作目标的认识

B. 与某用户谈判以期达成一项长期销售协议

C. 召集各地分公司经理讨论和协调销售计划的落实情况

D. 召集公司有关部门的职能人员开联谊会，鼓励他们攻克难关

5. 为了保证目标及为此而制订的计划得以实现，就需要有（　　）职能。

A. 计划　　　　　　B. 组织　　　　　　C. 领导　　　　　　D. 控制

6. 关于管理的应用范围，人们的认识不同，你认为下列哪种说法最好？（　　）

A. 只适用于盈利性工业企业　　　　　　B. 普遍适用于各类组织

C. 只适用于非营利性组织　　　　　　　D. 只适用于营利性组织

7. 管理人员与一般工作人员的根本区别在于（　　）。

A. 需要与他人配合完成组织目标　　　　B. 需要从事具体的文件签发审阅工作

C. 需要对自己的工作成果负责　　　　　D. 需要协调他人的努力以实现组织目标

8. 中层管理者比基层管理者更多地依靠（　　　）。

A. 正式权力与沟通技巧　　　　　　　　B. 个人权力与技术技能

C. 人际关系技能与技术技能　　　　　　D. 沟通技能与人际关系技能

9. 管理具有一般性和特殊性，这说明（　　　）。

A. 管理受普遍规律和特殊规律的双重约束　　B. 管理的普遍规律和特殊规律是一致的

C. 管理的普遍规律通过特殊规律体现　　　　D. 管理的特殊性融合在普遍规律之中

10. 领导者的基本素质不包括（　　　）。

A. 道德伦理素质　　　　　　　　　　　B. 心理人格素质

C. 基础知识素质　　　　　　　　　　　D. 对企业管理的专注和热情

二、多项选择题

1. 管理的职能有（　　　）。

A. 计划　　　　　　　B. 组织　　　　　　C. 领导　　　　　　D. 控制

2. 领导者的基本素质包括（　　　）。

A. 道德伦理素质　　　　　　　　　　　B. 心理人格素质

C. 基础知识素质　　　　　　　　　　　D. 企业管理知识要求

3. 管理者的技能包括（　　　）。

A. 技术技能　　　　　　B. 管理技能　　　　C. 人际技能　　　　D. 概念技能

4. 领导者的专业素质包括（　　　）。

A. 对企业管理知识的专注和热情　　　　B. 企业管理知识要求

C. 扎实的基础知识　　　　　　　　　　D. 完善的知识结构

5. 管理的特性有（　　　）。

A. 管理具有二重性　　　　　　　　　　B. 管理具有灵活性

C. 科学性　　　　　　　　　　　　　　D. 艺术性

任务2　中外管理思想及理论发展

学习目标

1. 知识目标：掌握泰罗科学管理的基本内容；掌握人际关系理论的基本内容。

2. 能力目标：尝试运用管理理论为企业和组织诊脉；初步运用管理理论处理一些简单的管理问题。

3. 素质目标：培养自己的管理理念。

小故事

　　一个人去买鹦鹉，看到一只鹦鹉前标示：此鹦鹉会两门语言，售价二百元；另一只鹦鹉前则标示：此鹦鹉会四门语言，售价四百元。该买哪只呢？两只都毛色光鲜，非常灵活可爱。这人转啊转，拿不定主意。结果突然发现一只老掉了牙的鹦鹉，毛色暗淡，标价八百元。这人赶紧将老板叫来：这只鹦鹉是不是会说八门语言？店主说：不。这人奇怪了：那为什么又老又丑，又没有能力，会值这个数呢？店主回答：因为另外两只鹦鹉叫这只鹦鹉老板。

这故事告诉我们，真正的领导人，不一定是自己能力有多强，只要懂信任，懂放权，懂珍惜，就能团结比自己更强的力量，从而提升自己的身价。相反许多能力非常强的人却因为过于完美主义，事必躬亲，认为什么人都不如自己，最后只能做好的公关人员、销售代表，成不了优秀的领导人。

2.1　中国古代的管理思想

2.1.1　中国古代成功的管理实例

在浩如烟海的中国古典典籍里，记载着中国古代先贤们在政治、法治、经济、军事、组织、人才管理等方面的学说和主张。其中包含了丰富的管理思想，这就是中国传统管理思想的渊源。中国传统管理思想是中华五千年传统文化中的精华，在现代管理中，它们仍闪烁着智慧的光芒，是值得现代管理者继承、借鉴的宝贵的文化资源。

1. 商鞅变法

战国时期著名的"商鞅变法"是商鞅在秦国进行的一场政治经济改革。商鞅变法的主要管理措施是：废井田，开阡陌；奖励军功；废除分封制，建立县制，实行中央集权；重农抑商；统一秦国度量衡，统一赋税。

在变法过程中，商鞅运用了行政、法律、税收、价格、奖励等多重管理手段。变法加强了中央管理，废除了秦国的奴隶制，发展了封建经济，军队的战斗力不断加强，使秦国逐渐成为战国后期实力最强的国家，为统一全国创造了条件。

"商鞅变法"说明只有依时代潮流，进行创新、改革，才能实现管理目的。

2. 万里长城

万里长城是秦始皇于公元前214年，命令大将蒙恬率兵30万人北击匈奴时，役使40多万人把原来燕、赵、秦等国修筑的长城连接并加以扩建而成的。万里长城总长6 700多千米，气势雄伟。长城修建在地势险峻的山巅，工程复杂而浩大。而当时生产力低下，施工仅凭肩挑手抬，其困难可想而知。这一工程的成功，充分体现了我国古代人们卓越的管理智慧。

（1）严谨的工程计划。对工程所需土石及人力、畜力、材料、联络等都安排得井井有条，保证了工期。

（2）严格的工程质量管理。主要是工程验收制度，如规定在一定距离内用箭射墙，箭头碰墙而落，工程才算合格。否则返工重建。为检查和监督砖的责任和质量，每块砖上都刻有制造州府县及制造者的名字。正是由于这种质量管理方法和质量管理水平，才使得长城历经千年，依然巍然屹立。

（3）有效的分工制。长城建设在事先确立走向的前提下，分区、分段、分片同时展开，保证工程进度的同步性，体现了有效的分工。

（4）统一的质量标准。由于实行分工，工程所需的各种材料由不同地区、作坊生产制造。统一的质量标准，严格的质量要求，保证了万里长城的工程质量。

3. 丁谓重建皇宫方案

宋真宗时期，大臣丁谓用"一举三得"方案重建皇宫，是一次典型的系统管理实践。当时，由于皇城失火，皇宫被焚，宋真宗命丁谓重修皇宫。在当时生产力、技术水平都十分落后的情况下，这是一个十分复杂的工程，不仅要设计施工、运输材料，还要清理废墟，任务十分艰巨。丁谓首先在皇宫前开沟渠，利用开沟取出的土烧砖，再把京城附近的汴水引入沟中，运送建筑材料的船只直达工地。工程完工之后，又将废弃物填入沟中，复原大街，使工程如期完成，而且节约了时间、费用、人力等，即"一举而三役济，计省贯以亿万计"。工程建设的过程，同现代系统管理思想吻合。丁谓主持的皇宫修建工程体现了中国古人在管理实践中的高超智慧。

4. 都江堰工程

2000多年前，我国杰出的水利工程专家李冰亲自设计、规划和组织兴建的至今仍驰名中外的都江堰水利工程，规模宏大，地点适宜，布局合理，规划科学，兼有防洪、灌溉、航行三大功能，使成都平原成为千里沃野之地。这一伟大工程体现了我国古代劳动人民在工程决策系统管理、组织管理、质量控制等方面的智慧。

2.1.2　中国古代管理思想的主要内容

中国古代的管理思想繁荣璀璨，总结起来体现在以下三"家"思想上。

1. 道家的管理思想

老子是道家学说的创立人，著有《道德经》。《道德经》是一部涉及政治、经济、文化、军事等多方面的国家、社会管理的专著。老子的思想朴素、深邃，为历代智人所推崇，为现代有识的企业家所看重。

1)"无为"

老子所谓的"无为"并不是什么都不做，"无为"的真实含义是：人是自然万物中的一种物，应与其他万物一样，顺应自然规律，不能任意妄为。要根除使人妄为的种种欲望、欲念，心思清静地按照自然做事，就会收到好的管理效果。

2)"道法自然"

"道"是老子思想中的重要概念，老子认为"人法地，地法天，天法道，道法自然"。也就是说，人们必须按照自然规律办事，以"自然"为法则，而不要把自己的意志强加给自然界。从管理的角度来看，就是要求管理者必须遵循社会管理的客观规律，一切都顺其自然，才能取的良好的管理效果。

3) 关于"人性"的理念

老子认为，人的本性是有欲、有私、贪婪的，特别容易受到外界物质享受，诸如五色、五音、五味、田猎和难得之货的刺激，人类社会的一切矛盾和争斗都源于此。这是人性本恶的假设。

但老子拒绝用仁义、孝慈、伦礼、重法这些管理和教育手段来校正人性方面的缺陷，而认为这些手段是加重社会纷争和冲突的原因之一。老子认为在人类社会里应该恢复大道的运行，废除仁义、孝慈、礼法等人为的干扰，净化人类的本性，达到"见素抱朴、少私寡欲"的境界。尤其是国家管理者要具有真正的人性，才能实现理想的、长治久安的社会秩序。该思想同样适于对管理者的素质要求。

4）"有无相生"的思想

老子认为："天下万物生于有，有生于无"，"合抱之木，生于毫末；九层之台，起于垒土；千里之行，始于足下"。

老子关于"有"与"无"相生的思想，在知识经济时代表现得更为重要。海尔集团的成功奥秘在于重视"无形"资产、重视品牌建设，从产品质量入手争创名牌，品牌在一个地区站住了脚，何愁销售。创牌与创汇一字之差，却是运用"有"与"无"哲学思想的典范。现代经营思路中的思路、点子、技术都属于"无"，这些"无"肯定能转化为"有"，"有"离开"无"却会成为真正的无。老子的哲学思想在这里体现得淋漓尽致。

2. 儒家的管理思想

儒家思想是中国传统文化中的主要一脉，对中国后世影响深远。孔子是儒家思想的创立者，其思想、言论主要记载在《论语》一书中。孔子的管理思想十分丰富，主要包括以下内容。

1）"仁"

孔子认为"仁"的本质是人，"仁"所讲的是做人的道理，主要包括孝悌、忠恕、诚信、恭敬、智勇、克己等内容，用于提高自身修养，调整、处理人与人之间的关系，从而达到修身治国平天下。如何去实践呢？孔子强调在内为仁，在外为礼，内心的道德操守和外在的行为规范相统一就达到了"仁"的境界。该思想应用到管理中就是强调以人为本，注重通过伦理规范、道德教化，增强员工的自身修养，培养人们共同的信念和价值观，增强员工的凝聚力，使企业和谐有序发展。

2）"和"与"中庸"

和指和谐、均衡、有序；中庸指中正适度，不偏不倚。孔子强调人我之间、物我之间要建立协调、统一的关系。怎样形成这样的关系呢？孔子认为处理人、事、物的态度要恰如其分、恰到好处、合乎事物发展的"度"，即客观规律。和、中庸是十分重要的管理思想，应用于现代企业，就是要在企业中建立以人和为目标的和谐氛围，调适企业内部、企业与外部环境的关系，开展有利于长远发展的良性竞争。同时从日常经营到企业决策，把握好事物的度，防止过与不及。

3）"信"

信包含诚信、信誉、信任、信念等思想内容。这些观念内化为人们日常的责任意识，影响企业精神、企业伦理和企业文化的培育。该思想对于企业及管理者塑造良好的形象、建立良好的信誉起到指导作用。诚信是企业经营管理之本，企业的生存与发展有赖于企业与利益相关者长期、可靠的合作。因此，企业管理者要以诚为先，实行诚信管理和声誉管理，把诚信转化为企业的竞争优势。

4）"义利"

义是儒学中的重要概念，孔子主张"义以生利，利从义出"，认为要"见利思义"、"穷不失义"、"富不忘义"，反对"见利忘义"、"不以其道得之"。义利观是人们从事经济活动的价值取向。在企业的经营中，企业的管理者必须"正其义以谋其利，明其道而计其功"，秉执这种义利观和致富有道的思想，实现义与利的统一，把企业的经济效益与社会效益结合起来，承担起企业的社会责任。

5）"举贤才"

孔子的人才管理思想丰富深刻，他认为管理好国家关键在"举贤才"，要"不以言举人”，而应“听其言而观其行”，要选拔正直、有才学的人居于高位，则民众就会悦服。在中国历史上，凡是盛世之治都是人才辈出，统治者都能举贤任能。在当今能够重视人才、合理使用人才的企业也获得了长足的发展。

孔子的管理思想历经几千年不衰，其精华、智慧不仅泽被华夏而且远扬日本、朝鲜、韩国、越南、新加坡及东南亚地区。被称为"日本企业之父"的涩泽荣一创立了一手拿《论语》、一手拿算盘，即"义利合一"的管理模式，在日本广泛推广。由此可见孔子的管理思想对这些地区的影响。

3.《孙子兵法》中的管理思想

《孙子兵法》为孙武所著，是我国历史上著名的军事著作，全书十三篇，内容博大精深，涉及战争规律、谋略、政治、外交、经济、天文、地理气象等多方面内容，不仅对战争有指导意义，对经济活动同样具有教益。

1)"上兵伐谋"的战略思想

在兵战中，战略的正确与否决定着战争的胜负，孙武精辟地论述了怎样正确地确定战略，他认为要熟悉"五事"（道、天、地、将、法），并从"七计"及七个方面对比敌我双方的优势和劣势。上兵伐谋的思想同样适于商战。商战中的战略同样决定着企业的成败，决策者要善于分析市场情况，了解顾客动态，以制定正确的战略。

2)《孙子兵法》中的其他管理思想

(1) 以奇制胜。"夫战者，以正合，以奇胜，故善出奇者，无穷如天地，不竭如江河"，在商战中为多家企业所证实。

(2) 因地制宜，适应市场发展变化的思想。

(3) "杂于害而患可除也"的居安思危的思想。

(4) 对将帅的素质要求——智、信、仁、勇、严以及"知胜有五"的领导艺术也同样适于企业管理者。

总之，《孙子兵法》在管理方面的价值，为国内外管理者所关注。在日本，一些大公司培训管理干部时以《孙子兵法》作为必读书目，东亚、欧美的一些国家也肯定了《孙子兵法》对现代管理的价值。

2.2　国外早期的管理思想

管理思想来源于人类社会的管理实践。在长期的管理实践中，由于社会化生产的发展需要，管理思想逐渐形成系统的管理理论。十四五世纪，欧洲就产生了资本主义萌芽。到18世纪末期，英国及其他资本主义国家相继发生了产业革命。产业革命是以机器大工业代替工场手工业的革命。1769 年，机械师瓦特发明的蒸汽机得到广泛的采用，手工业的生产转变为机器的生产，工厂这一新的组织形式代替了以家庭为单位的手工作坊。工厂制度的出现，要求机器大工业的管理必须采用新的科学的方法，那种依靠个人的主观经验和臆断行事的做法，显然已经不适应工业革命后工厂制度所代表的生产力的要求了，工厂制度的发展引起人们对管理的关注。英国产业革命时期的理查德·阿克莱于 1769 年和 1771 年设立毛纺织厂时，就连续生产、厂址选择、工厂纪律、劳动分工、机器、材料、人员和资本之间如何协调等方面都有创造；1800 年，英国的索霍制造厂开始有了工作设计，按充分利用机器的要求进行了劳动分工和专业化，完善了工资支付办法，完善了记录和成本核算等管理工作。这一时期，尽管管理思想不够系统、全面，也没有形成专门的管理理论和学派，但由于工厂管理实践的结果，管理思想已经得到相应的发展，在西方特别是在欧洲出现了一些早期管理思想家，具有代表性的有亚当·斯密、罗伯特·欧文和查理·巴贝奇等。

1. 亚当·斯密的管理思想

亚当·斯密（Adam Smith，1723—1790），是资产阶级经济学古典学派的主要奠基人之一，他在 1776 年发表了代表著作《国民财富的性质和原因的研究》。亚当·斯密在这部著作中系统地论述了古典政治经济学的主要内容，也涉及许多管理思想，这些管理思想对于现代企业管理具有重要的影响。该书在当时被奉为经典并奠定了亚当·斯密古典政治经济学的代表人物的地位。他主要提出了劳动分工观点和经济人观点，具体地体现在以下几个方面。

亚当·斯密

（1）劳动是国民财富的源泉。

（2）劳动分工理论。

① 市场的广狭限制着交换的能力；

② 交换能力的大小又限制分工的程度；

③ 分工的程度决定着一国的劳动生产力；

④ 一国的劳动生产力又是国民财富多寡的主要决定因素。

（3）经济现象是基于利己主义目的的人们的活动所产生的。

📖 视野拓展

亚当·斯密与《国富论》

《国富论》是苏格兰经济学家、哲学家亚当·斯密的一本经济学专著。这本专著的全名为《国民财富的性质和原因的研究》（An Inquiry into the Nature and Causes of the Wealth of Nations）。这本专著的第一个中文译本是翻译家严复的《原富》。《国富论》的首次出版，标志着经济学作为一门独立学科的诞生，《国富论》是现代政治经济学研究的起点。《国富论》共分五卷。它从国富的源泉——劳动，说到增进劳动生产力的手段——分工，因分工而起交换，论及作为交换媒介的货币，再探究商品的价格，以及价格构成的成分——工资、地租和利润。

2. 小瓦特和博尔顿的科学管理制度

小瓦特和博尔顿分别是蒸汽机发明者瓦特和其合作者马修·博尔顿的儿子。1800 年，他们接管了一家铸造工厂后，小瓦特就着手改革该厂的组织和管理，建立起许多管理制度，具体包括以下内容。

（1）在生产管理和销售方面，根据生产流程的要求，配置机器设备，编制生产计划，制订生产作业标准，实行零部件生产标准化，研究市场动态，进行预测。

（2）在会计的成本管理方面，建立详细的记录和先进的监督制度。

（3）在人事管理方面，制订工人和管理人员的培训和发展规划。

（4）实行工作研究，并按工作研究结果确定工资的支付办法。

（5）实行由职工选举的委员会来管理医疗福利费等福利制度。

3. 马萨诸塞车祸与所有权和管理权的分离

1841 年 10 月 5 日，在美国马萨诸塞至纽约的西部铁路上发生了两列火车相撞的事故，在马萨诸塞州议会的推动下，这个铁路公司进行了管理改革。老板交出了企业管理权，只拿红利，另外聘请具有管理才能的人员担任企业领导。这是历史上第一次在企业管理中实行所有权和管理权的分离，这种分离对管理有重要的意义。

（1）独立的管理职能和专业的管理人员正式得到承认。管理不仅是一种活动，还是一种职业。

（2）随着所有权和管理权的分离，横向的管理分工开始出现。这不仅提高了管理效率，也为企业组织形式的进一步发展奠定了基础。

（3）具有管理才能的雇佣人员掌握了管理权，直接为科学管理理论的产生创造了条件，为管理学的创立和发展准备了前提。

4. 罗伯特·欧文的人事管理思想

罗伯特·欧文是 19 世纪初英国著名的空想社会主义者。他曾在其经营的一家大纺织厂中作过试验，试验主要是针对当时工厂制度下工人劳动条件和生活水平都相当低下的情况而进行的，主要包括改善工作条件、缩短工作日、提高工资、改善生活条件、发放抚恤金等。试验的目的是探索对工人和工厂所有者双方都有利的方法和制度。欧文开创了在企业中重视人的地位和作用的先河，因此有人称他为人事管理之父。

罗伯特·欧文

5. 巴贝奇的作业研究和报酬制度

查尔斯·巴贝奇是英国著名的数学家和机械工程师，出版了《论机器和制造业的经济》一书，他对管理的贡献主要有以下两方面。

（1）对工作方法的研究。他认为要提高工作效率，必须仔细研究工作方法。

（2）对报酬制度的研究。他主张按照对生产率贡献的大小来确定工人的报酬。工作的报酬包括：按照工作性质所确定的固定工资；按照对生产率所作出的贡献分得的利润；为增进生产率提出建议而应得的奖金。

6. 亨利·汤尼的收益分享制度

亨利·汤尼是当时美国耶鲁—汤尼制造公司的总经理。他在 1889 年发表的题为《收益分享》一文中，提出对职工的报酬应采取收益分享制度才能克服由利润分享制度带来的不公平。他提出的具体办法是：每个职工享有一种"保证工资"，

查尔斯·巴贝奇

然后每个部门按科学方法制定工作标准，并确定生产成本。该部门超过定额时，由该部门职工和管理阶层各得一半。定额应在 3 ～ 5 年内维持不变，以免降低工资。他的主张实质上是按某一部门的业绩来支付该部门职工的收益，这样就可避免某一部门业绩好而另一部门业绩差时，实行利润分享制度使前者受损所产生的不合理现象。

7. 哈尔西的奖金方案

弗雷德里克·哈尔西对管理的贡献也体现在工资制度方面。1891 年，他向美国机械工

程学会提交一篇题为《劳动报酬的奖金方案》的论文。论文指出了当时普遍使用的计时制、计件制和利润分享三种报酬制度的弊端。他认为，汤尼的收益分享虽有改进，但在同一部门中问题依然存在。因而，他提出了自己的奖金方案，该方案是按每个工人来设计的：一是给予每个工人每天的保证工资；二是以该工人过去的业绩为基础，超额者发约为正常工资1/3的奖金。可以看出，哈尔西所提出的奖金方案与当时所见的其他工资制度相比有许多优点。

2.3　管理理论的形成和发展

　　早期管理思想实际上可以认为是管理理论的萌芽或初步发展。管理理论比较系统的建立是在 19 世纪末 20 世纪初，这个时期是管理理论或思想发展的重要时期。由于泰罗的科学管理思想在这段时间占有重要的位置，因此有人把这个阶段的管理理论称为"古典管理理论"或"科学管理理论"。

　　工业革命之后，针对工厂制度发展的需要，人们开始探索科学管理的规律。从 19 世纪末 20 世纪初开始，这种理论探索开始从零散的感性认识上升为较系统的理性知识。其中比较有代表性的是泰罗（Frederick Winslow Taylor，1856—1915）的科学管理思想、法约尔（Henri Fayol，1841—1925）的一般管理理论、韦伯（Max Weber，1864—1920）的理想行政管理理论体系及梅奥（George Elton Mayo，1880—1949）的人际关系理论等。

2.3.1　古典管理理论

1. 泰罗的科学管理理论

1）科学管理的产生

"科学管理"理论的创始人是美国学者弗雷德里克·泰罗。从科学管理的产生背景上看，在早期管理阶段，资本的所有者也就是管理者。直到 19 世纪末 20 世纪初，科学技术与社会经济都发生了巨大的变化，石油、电力等能源经济逐步由自由竞争时期进入到垄断时期。由于产业界两大阶级矛盾的尖锐化，资产阶级加强了对工人阶级的统治。科学技术的发展，资本主义生产的集中和垄断以及两大阶级的矛盾和斗争，这三方面的因素对企业管理提出了新的要求，促进了管理职能逐渐与资本所有权相分离，管理职能则由资本家委托给以经理为首的由各方面管理人员所组成的专门管理机构承担。从此，出现了专门的管理阶层。这一变革直接促进了科学管理思想的产生。

　　从泰罗的人生经历来说，1879 年 22 岁的泰罗到费城米德维尔钢铁公司当机械工人。他在这里升迁很快，由普通工人升为计时工，再升为机械工、工头、领班、助理工程师，一直升到总工程师的职位。在这段时间里，他没有抛开自己的学业，一面自学，一面参加函授课程，修完了史蒂芬斯学院机械工程的全部学分。他是一个自学成才的管理学家。1885 年他加入了美国机械工程师协会。

　　泰罗在米德维尔钢铁公司当工头时，对工人采取压制的手段来管理生产，遇到了很大的阻力。后来，他把每个工人的每天劳

弗雷德里克·泰罗

动定额制定出来，但是，由于工人"有组织的偷懒"，产量达不到定额的生产量。当泰罗升入领班后，为了消除这种"偷懒"现象，他从车床开始做系统的研究。他采用了动作研究法和时间研究法。他将车床的每一项特定操作，通过研究算出每一项操作所需时间，给每个工人定出每天应完成的产量。这种研究取得了突出的成果。不过，泰罗最有名的实验，是他在 1898 年到伯利恒钢铁公司以后进行的。在那里，他进行了许多影响深远的实验研究，包括铁块搬运、铲铁、金属切削等试验。

📖 **视野拓展**

搬运铁块实验

　　泰罗在动作研究中进行了一项搬运铁块的实验。他在伯利恒钢铁公司从事管理研究时，看到公司的铁块搬运工作量非常大，有 75 名搬运工人负责这项工作，把铁块搬上火车运走。每个铁块重 40 多千克，搬运距离为 30 米。尽管每个工人都十分努力，但工作效率并不高，每人每天平均只能搬运 12.5 吨的铁块。泰罗经过认真的观察分析，最后测算出，一个好的搬运工每天应该能够搬运 47 吨，而且不会危害健康。他精心挑选了一名工人并进行了培训。泰罗的一位助手按照他事先设计好的时间表和动作对这名工人发出指令，如搬起铁块、起步走、放下铁块、坐下休息等。实验结束，这名工人的搬运量从 12.5 吨提高到了 47.5 吨。从这以后，搬运工作的定额就提高到了 47.5 吨。泰罗的这项研究把工作定额一下提高了近 3 倍，工人的工资由原来的 1.15 美元提高到 1.85 美元，而搬运每吨铁块的成本从 7.5 美分降低到了 3.3 美分。

铁锹实验

　　泰罗在伯利恒钢铁公司做过铁铲标准化的实验，即著名的"铁锹实验"。在早期，铲煤工需自备铲子。工人铲铁砂，平均每一铲子的重量很大。但在铲煤时，由于煤块较铁块轻，所以每一铲子的重量便不大了。根据泰罗实验的结果，平均每一铲子的重量如果是 21 磅的话，那么劳动的效率最高。因此，工人在铲铁砂时，应该使用较小的铲子，而在铲煤的时候，就该换较大的铲子。泰罗为了推行他的实验结论，在工厂专门设置了一个工具供应仓库，准备大小不同的铲子。工人铲的货物虽然不同，但每一铲子的总重量都应该是 21 磅。

　　2）科学管理的目的

　　科学管理的目的主要包括三个方面的主要内容。

　　第一，科学管理的中心问题是提高劳动生产率。在《科学管理原理》一书中，泰罗明确提出，最高的劳动生产率是工厂主与工人的目标达到一致的基础。它能使工人关心的较高工资与工厂主关心的较低劳动成本结合起来，从而使工厂主得到最高额的利润，工人得到最高的工资，从而进一步提高他们对扩大再生产的兴趣，促进生产的继续发展，促进工厂主和工人的共同富裕。因此，提高劳动生产率是泰罗创建科学管理理论的基本要求，是确定各种科学管理原理、方法和技术的出发点。

　　第二，为了达到最高劳动生产率的目的，需用科学管理代替旧的传统的经验管理。泰罗认为，完善的管理虽然是无形的，但比有形的设备更为宝贵。最完善的管理是一门科学，必须采用科学的方法。要把科学的方法应用到一切管理活动中去，使管理制度化，建立明确的规定、条例，而不是寻找超人来管理业务。这是提高劳动生产率的关键。因此，要努力建立起科学管理的原理。这种原理对于人类的一切行为，从最简单的个人行为一直到最需要合作的公司日常业务都是适用的。

第三，科学管理的精华是要求管理人员和工人双方实行重大的精神革命。泰罗在国会证词中解释科学管理的实质时说："科学管理不是任何一种效率措施，不是一种取得效率的措施，也不是一种新的工资制度；它不是一种新的成本核算制度；它不是时间研究；它不是动作研究，也不是对工人动作的分析；它不是印刷大量的工作文体交给工人说：'这是你的制度，你必须执行'；它不是工长分工制，也不是职能工长制；它也不是普通工人在提到科学管理时会想到的各种措施。……但我强调指出这些措施都不是科学管理，它们是科学管理的有用附件，因而也是其他管理制度有用的附件"，"科学管理的实质是在一切企业或机构中的工人们的一次完全的思想革命——也就是这些工人，在对待他们的工作责任，对待他们的同事，对待他们的雇主的一次完全的思想革命。同时，也是管理方面的工长与管理人员双方在思想上的一次完全的革命，没有工人与管理人员双方在思想上的一次完全的革命，科学管理就不会存在。"

泰罗之所以强调科学管理是一种"完全的思想革命"或称"精神革命"，目的是使资本家和工人双方都把注意力从盈余的分配转为增加盈余的数额上来。当他们用友好、合作和互相帮助来代替对抗和斗争时，他们就能够生产出比过去大得多的盈余，从而并肩向同一方向努力。劳资双方共同努力所创造的盈余的确是令人震惊的，它不仅有助于大量增加工人的工资，而且也有助于大量增加工厂主的利润。

3）科学管理的原则

泰罗在他发表的《科学管理原理》一书中，提出了比时间研究和动作实验更为深刻的四项管理原则。这四项原则是：第一，对工人操作的每个动作进行科学研究，用以代替老的单凭经验的办法。第二，科学地挑选工人，并进行培训和教育，使之成长；而在过去，则是由工人任意挑选自己的工作，并根据其各自的可能进行自我培训。第三，与工人们亲密协作，以保证一切工作都按已发展起来的科学原则去办。第四，资方和劳方之间在工作和职能上几乎是均分的，资方把自己比工人更胜任的那部分工作承揽下来；而在过去，几乎所有的工作和大部分的职责都推到工人们的身上。

4）科学管理的制度和方法

在作业管理方面，泰罗主张：第一，要制定科学的操作方法，以代替过去单凭工人经验进行操作的方法。例如，通过时间与动作的研究，制定出标准化的操作方法。对工人的每一个动作和每一道工序的时间进行测定，并分析研究，除去动作中多余的和不合理的部分，把最经济的、效率高的动作集中起来，确定标准的操作方法，实行操作所需的工具和环境的标准化。根据标准化的操作方法和操作环境的标准化，确定工人一天必须完成的标准的劳动定额，即每天"公公正正的产量"，以改变过去由工人自由确定每日劳动定额的状况。这就是所谓的标准原理。第二，要科学地选择"第一流的工人"，并循序渐进地培训"第一流的工人"。泰罗很重视对工人进行系统的培训和教育，并用科学的操作方法来训练和提高经过科学选择的"第一流的工人"，使他们真正按照科学的规律去操作，以改变过去由工人自由选择自己的工作，凭经验进行操作的做法。所谓"第一流的工人"，泰罗认为，那些能够工作而不想工作的人，不能成为"第一流工人"，但人具有不同的禀赋和才能，只要工作对他合适，他就能成为第一流的。如心灵手巧的女工虽然不能干重活，但干精细活却可以是第一流的。对于那些体力和智力不适合于分配给他们工作的人，应该加以培训，使之适应工作或是把他们安排到其他适合的岗位上去。泰罗认为健全的人事管理的基本原则是：使工人的能力同工作相配合。企业管理当局的责任在于为雇员找到他最适合的工作，培训他成为"第一流的工人"，激励他们尽最大的力量来工作。第三，要实行刺激性的差别计件工资制度。所谓"差别计件工资制"，是按照工人是否完成其定额而采取不同的工资。如果工人的生产没完成定额，就按"低工资"计算，为正常工资的80%；如果工人的生产超出定额，则按"高工资"算，为正常工资的125%，而且不仅超额的部分按高工资算，全部生产都按这个"高工资"计算，以此来鼓励工人完成和超额完成定额。实现差别计件的前提是通过工时研究和分析，制定出合理的、科学的定额或标准。这种工资制度支付工资的对象很明确，是工人的劳动效率，目的是刺激工人个人的劳动积极性。

在组织管理方面，泰罗有以下几方面主张。

第一，把计划职能与执行职能分开，改变原来的那种经验工作法，代之以科学的方法。所谓经验工作法，就是每个工人用什么方法操作、使用什么工具等，都由工人本人根据自己的经验来决定。所以工效的高低，取决于个人所采用的操作方法和工具是否合理，以及本人技术熟练和努力的程度。所谓科学的方法，就是在实验和研究的基础上制定出标准的操作方法，并采用标准化的工具、设备等。过去，所有的计划工作都是由工人来做的，结果是凭个人经验办事；现在，必须从管理中分离出来，由专业的计划部门去做，工人只负责操作。专业计划部门的任务是：进行调查研究，以便为定额和操作方法提供科学的依据；根据调查研究的结果制定出有科学依据的定额和标准化的操作方法、工具；拟出要发布的指示及命令；对"标准"和"实际情况"进行比较，以便进行有效的控制。至于现场的工人和工头，则从事执行的职能，即按照计划部门制定的操作方法、工具和指示从事实际的操作，不得自行改变操作方法。泰罗认为，工人与管理部门实行分工，分别执行适合于每一方的不同的职能，这是科学的。

第二，实行职能组织制，即将管理的工作予以细分，使所有的管理者只能承担 1～2 种管理的职能。这样一来，同只接受一个直接上级领导的军队式组织不同，工人要从几个不同职能的上级那里接受命令。泰罗设计了八个职能的工长，代替原来的一个工长，其中四个在计划部门，四个在车间。每个职能的工长负责某一方面的工作，在其职能范围内，可以直接向工人发出命令。他认为，这种职能工长制有三个优点：对管理者（职能工长）的培养只要花费较少的时间；管理者的职责明确，可提高效率；由于操作计划已由计划部门拟定，工具和操作法都标准化，车间现场的职能工长只需进行指挥监督，因此低工资的工人也可以从事比较复杂的工作，从而降低每个单位的工资支出，降低整个企业的生产费用。但是，这种职能组织结构，因违反"统一指挥"的原则而没有得到推广。

第三，实行例外原理。泰罗认为，规模小的单位可采用上述职能组织原理，规模比较大的单位，还需要运用例外原理。所谓例外原理，就是高层次主管人员为了减轻处理纷繁事务的负担，把处理一般日常事务的权力授予下级管理人员，高层次主管人员只保留对例外事项（重要事项）的决策和监督权，如基本政策的制定和重要人事的任免等。这种以例外原理为根据的管理控制原则，之后发展成为管理上的分权化原则和分级管理等管理体制。

5）关于泰罗科学管理的评价

在今天看来，泰罗的方法是一套科学的管理方法，但在推广过程中却并不顺利。当时，资本家是反对的。他们认为这套办法给了工人更多的好处，提高了工资；管理人员分离出来，增加了非生产人员的开支；用科学化、标准化的管理方法取代资本家按个人旨意、经验进行管理的传统方法，会影响资本家的权威。工人同样也是反对的。当时的工会领袖们把科学管理当做是对劳工的一种威胁，认为泰罗把工作执行与工作计划分开的做法损害了劳动者的权利。劳动分工越来越细，一个工人的工作很容易被其他人代替；实行差别计件工资制，工人的工资完全由管理人员根据产量确定，就会失去工人"集体同资本家谈判决定工资"的权力。工会组织同泰罗主义者之间的冲突在1909年达到了最激烈的程度。当时，美国联邦政府公布了在沃特顿兵工厂推行一项经济刺激的制度，工会就发动工人罢工，并得到了美国劳工联合会的支持。由于各方面的反对，政府也怕事态扩大，美国国会就通过了一项法律，禁止在军工企业和政府企业采用泰罗的管理方法，并不准用钟表测定工人的劳动和操作。这项法律直到1949年才被撤销。

从客观的角度说，泰罗制在实行中遭到反对，一方面是由于社会上传统意识的影响，另一方面是由于它本身存在着不足。但在当时的历史条件下，泰罗的科学管理方法，在管理方式上是一种创新。其特征主要表现为以下几个方面：① 它冲破了沿袭下来的传统的落后的经验管理方法，将科学引进了管理领域，并且创立了一套具体的科学管理方法来代替个人经验进行作业和管理的旧方法。这是管理理论上的进步，也为管理实践开创了新局面。② 由于采用了科学的管理方法和可操作的程序，使生产效率提高了2～3倍，推动了生产的发展，适应了资本主义经济在这个时期的发展需要。③ 由于管理职能与执行职能的分离，企业中开始有一些人专门从事管理工作。这就使管理理论的创立和发展有了实践基础。④ 泰罗把工人看成是会说话的机器，只能按照管理人员的决定、指示、命令进行劳动，在体力和技能上受最大限度的压榨。泰罗的"标准作业方法"、"标准作业时间"、"标准工作量"，都是以身体最强壮、技术最熟练的工人进行最紧张的劳动时所测定的时间定额为基础的，是大多数工人无法忍受和坚持的。因此，泰罗科学管理方法是资本家最大限度压榨工人血汗钱的手段。他把人看做是纯粹的"经济人"，认为人的活动仅仅出于个人的经济动机，忽视企业成员之间的交往及工人的感情、态度等社会因素对生产效率的影响。泰罗认为，工人的集体行为会降低工作效率，只有使"每个工人个别化"才能达到最高效率。此外，他所强调"科学管理"是"精神变革"，而且"对劳资双方有利"，掩盖了早期资本主义制度对工人进行剥削的实质。

从总体上说，泰罗制是适应历史发展的需要而产生的，同时也受历史条件和个人经验的限制。由于泰罗本人长时间从事现场的生产和管理工作，所以泰罗的一系列主张，主要是解决工人的操作问题、生产现场的监督和控制问题，管理的范围比较小，管理的内容也比较狭窄。企业的供应、财务、销售、人事等方面的活动，基本上没有涉及。

科学管理理论除了泰罗以外，还有很多追随者。他们或是继承了泰罗的管理思想，或是在同泰罗同时代的管理改革中作出了重要的贡献。其中比较有代表性的人物有亨利·甘特、弗兰克·杰布雷斯夫妇、福特、亨利·法约尔等。泰罗及其他同期先行者的理论和实践也被称为泰罗制。可以看出泰罗制着重解决的是用科学的方法提高生产现场的生产效率问题。所以，人们称以泰罗为代表的这些学者形成的学派为科学管理学派。

亨利·法约尔

2. 法约尔的一般管理理论

科学管理研究的范围基本上是对车间、工段这个层次的生产劳动的管理。但组织之间的协调、领导等高层次的经营管理思想，则是组织管理理论的研究领域。

针对泰罗制在科学管理中的局限性，法国的管理学家亨利·法约尔加以补充。法约尔虽然和泰罗是同时代的人，但个人经历不同，他 19 岁时，毕业于法国圣太田市的国立矿业学校，随后受雇于康门曲里·福尔享包特矿业公司，终其一生。他在任职期间表现出卓越的管理才能。他根据自己的管理经验，在 1900 年向国际采矿和冶金大会宣读的一篇论文中，提出了自己的管理思想并强调了管理职能的重要性。1908 年，他在一篇论文中发表了管理的十四项"一般原则"。1916 年，他发表的《工业管理和一般管理》一书，提出了著名的"管理要素"理论。他在管理原则和管理职能理论研究上有重要的贡献。

1）管理的职能

法约尔认为经营与管理是两个不同的概念。经营活动可以分为技术活动、商业活动、财务活动、安全活动、会计活动、管理活动等六大类。管理是经营活动的一种。其关系如图 1-4 所示。

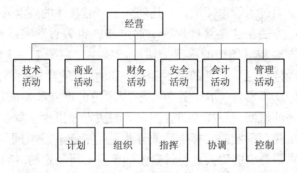

图 1-4　法约尔管理职能关系图

法约尔认为，每一种经营都包含六种活动。技术活动是指生产、制造；商业活动是指采购、销售和交换等；财务活动是指资金的取得和控制；安全活动是指商品和人员的保护；会计活动是指盘存、会计报表、成本核算、统计等；管理活动是指计划、组织、指挥、协调和控制等五种职能。管理的每一项职能都有其独特的内容。

（1）计划。计划是对有关事件的预测，并以预测的结果为根据，拟订出一项工作（操作）方案。所订计划，应尽量顾及将来，甚至需要长达五至十年的计划。

（2）组织。实质上就是设计和维持一整套职位系统，使人们在实施集体活动时，能充分利用组织资源，合理分工合作，以达成共同目标。简要地讲，组织是为机构中各项资源进行有效的协调。

（3）指挥。指挥是有关领导的艺术，以促进组织产生期望的行为为目的。如何能有效地进行指挥？法约尔列出若干建议，例如，自己以身作则、对组织的不断检查、淘汰不合格人员、不被细枝末节的事务所困住等。

（4）协调。协调主要指维持必要的统一，达到组织的目标。法约尔认为，主管人员与部署经常举行会谈是协调的一个方法。

（5）控制。控制的目的在于使各项工作能按既定计划进行。每项活动的任何一个方面，如人力、物力、劳动等，都必须进行控制。

从以上分析可见，管理既是经营不可缺少的一种活动，又是自成体系的职能。两个概念是有区别的。经营就是努力确保六种活动的顺利运转，以便把事业拥有的资源变成最大的成果；而管理只不过是通过经营而得以运转的职能。法约尔说："管理职能只有通过社会组织的成员才能派上用场。其他活动是使材料和机器处于运动状态的，而管理职能只对人起作用。"社会组织的概念是管理职能的基础。因此，从本质上看，他的管理理论是社会组织的理论。

2）管理的原则

法约尔认为管理原则不是固定不变的，而是随着形势的变化而改变的。他列出了十四项管理原则。

（1）分工。根据传统的"劳动专业化"的原则，分工可以减少浪费，提高劳动效率。法约尔认为，劳动分工，不仅适用于技术性劳动，同样适用于管理方面的工作，适用于职能的专业化和权限的划分。

（2）权力与责任。权力指的是发布命令并使人服从的力量。法约尔把管理人员的职务权力（法定权力）与个人权力（非法定权力）相区别。职务权力是由职位产生的，个人权力则来源于个人的智慧、经验、道德、领导能力、资历等。后者是前者不可缺少的条件。一个好的管理人员要以他的个人权力来补充他的职务权力。他还提出了"权力与责任对等的概念"，即两者乃是二而一、一而二的事，必须随时保持相等。行使权力就必然产生责任，权力与责任应相一致。从整体利益出发，对行使权力的行动，根据其有害还是有益，实行罚或奖，这是良好的管理条件。

（3）纪律。法约尔认为，纪律就是服从企业中各方达成的协议。但是，有了纪律还不能保证组织机构有良好的秩序。另一个重要的条件就是需要有效的领导人，遇有不服从、不遵从纪律的情况时，要执行惩罚措施。用法约尔的话来说，纪律是领导人"生产"的产品。然而，纪律的有效实行，还要看领导在纪律遭到破坏时能否明确而果断地采取惩罚措施。

（4）统一指挥。法约尔主张，一个职工在任何活动中，都只能接受一个上级的指挥。正如一个人不能同时伺候两个主人一样，双重指挥对于权力、纪律和稳定性都是一种威胁。他不同意泰罗提出的"分职指导"的观念。

（5）统一指导。统一指导是指凡具有同一目标的各种活动，只能在一个主管和一个计划下进行；只有在一个良好的组织机构下才能有效。它是统一行动、协同力量、集中力量的重要条件，没有统一指导就谈不上统一指挥。

（6）个人利益服从整体利益。组织的目标包涵个人的或群体的目标。为了实现这一原则，就要克服愚昧、野心、自私、懒惰、软弱和一切企图把个人或小集团置于组织之上从而导致冲突的个人情绪。法约尔认为，实现这一点的办法，就是领导层要有坚定性，要经常监督，以身作则，协议尽可能公正。

（7）职工的报酬。在职工的报酬方面，法约尔并没有提出一个明确的报酬制度。他认为，任何良好的工资制度，均无法取代优良的管理。他还认为，一项报酬制度必须具备几个条件：必须能确保公平的待遇；应对有贡献的职工进行奖励；奖励不得超过合理的界限。他以这个尺度讨论了当时的报酬制度，如计时工资制、任务工资制、计件工资制、奖金制和分红制等，并分析了这些制度的优缺点。

（8）集权化。集权化作为一种管理制度，本身无所谓好坏。实际上，一个组织机构必有某种程度的集权化，问题是究竟应该集权到什么程度，才对本组织机构最合适。法约尔认为，集权化程度不是千篇一律的，它应根据组织的规模、条件、管理人员以及职工的素质而定。因此，一个组织机构的"最适当"的集权化和分权化程度也往往是变化的，不是固定不变的，但目标是最大限度地利用职工的能力。

（9）组织等级。所谓组织等级，是一个组织机构由最高层到最基层所经历的层次结构。这种组织结构，实际是一条权力线，这是自上而下和自下而上确保统一指挥、传递信息的必要途径。为了克服由于统一指挥而产生的信息传递延误，法约尔提出了一项"跳板原则"，人称"法约尔桥"。利用这种跳板原则可以横跨过执行权力的路线而直接联系。但他也指出，这种横跨直接联系只有在有关各方面同意而上级知情的情况下才能进行。

📖 视野拓展

法约尔桥

如图 1-5 所示，A 代表这个组织的最高领导，按照组织系统，F 与 P 之间发生了必须两者协议才能解决的问题，F 必须将问题向 E 报告，E 再报告 D，如此层层由下而上，由上而下到达 P，然后 P 将研讨意见向 O 报告，层层上报到 A，再经过 B、C……最后回到 F。这样往返一趟，既费时又误事，所以法约尔提出作一"跳板"，使 F 与 P 之间可以直接商议解决问题，再分头上报。

如果工长 F 想同工长 P 联系，他可以直接进行联系，而不用向上级报告（F 通过 E 到 A）以及按顺序 A 向下传递给 P。但是这种联系只有等级中所有各方都同意而且上级人员随时都了解情况的时候才能进行，E 与 O 同意各自的下属 F 和 P 直接联系，就"捍卫了等级原则"；F 与 P 分别向各自的上级汇报了情况，"整个情况就完全合乎规则"。因此，"跳板"原则使得侧向联系可以迅速有效地进行，而且既不使路线负担过重，又维护了统一指挥原则、捍卫了等级原则。法约尔的等级制度倾向于所有的员工安排均有明确的等级机构，但他也意识到上下级之间存在沟通问题，因此，他也提倡适当的横向联系。

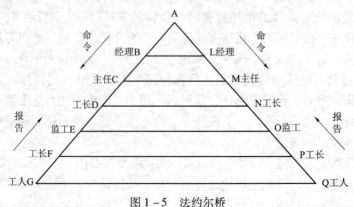

图 1-5　法约尔桥

（10）秩序。法约尔认为：凡事都各有其位，并且都各在其位。所谓秩序原则，即每一件事有一定位置，每一个人有一定职位。每个职工都必须处在他能最好地作出贡献的职位上。

（11）公平。合情加上合理则为公平。用这一原则对待已建立的规则，对待职工，可以鼓励职工倾其全部的忠诚和热心履行他们的职责。组织领导应该对各级主管灌输公平的意识。

（12）职工的稳定。法约尔认为，如果人事不断变动，工作将永远得不到良好的完成。一般来说，成功的组织，管理人员要稳定。上级管理人员应该鼓励职工特别是管理人员长期承担分配的任务。

（13）创造性。法约尔认为，这是行动的动力，必须大力提倡，充分鼓励首创精神。但是，应该以不违背职权和纪律为限。

（14）集体精神。一个组织机构中的集体精神，应该视其集体成员之间的协调和团结程度而定。在法约尔看来，加强集体精神的最有效的方法，在于严格的统一指挥。

3）法约尔管理理论的特点

从总体上说，法约尔的管理方法与泰罗制相比更具有概括性。从整个理论结构上看，他从管理实施的目的出发，非常具有原则性。法约尔管理理论的特点主要包括以下几点。

（1）法约尔把管理当做特有的概念范畴，当做理论研究的对象，提出了管理的职能和原则，强调实施管理教育的必要性和可能性。他认为，在一个企业中，重要职位的管理人员必须要具有管理能力。法约尔公开批评当时工业学校缺乏管理教育。他是主张实行管理教育的创始人。"二战"后，美国很多大学的工商企业管理系科，都根据他的思想编了很多管理教材。

（2）法约尔把组织当做管理职能的一个要素加以重点研究，并对构成组织的内容进行了探讨。因此，组织理论在法约尔的管理理论中占有主要的地位。概括地说，法约尔的组织理论主要包括以下三方面的内容：一是组织的外部形态。这种外部形态是由组成人员的数目决定的。二是组织的内在因素。他认为管理组织不是"管理机械"，而是管理人员力量的源泉。管理人员的创造性和能力是决定组织是否有效的内在因素，而人的管理能力又是可以通过管理教育提高的。三是组织参谋。一个组织的高层领导要面对组织各个方面的问题，有多种多样的职能。因此，只靠个人的能力无论如何都是不行的，于是就产生了设立参谋的必要性，以补充、加强和扩大高层次领导人员在执行管理职能时所需要的知识、能力和时间。法约尔组织理论的三个方面——组织的外部形态、组织的内在因素、组织参谋——是个有机的整体，并提出了组织结构这个命题，阐述了人的能力，强调了人的因素，是有积极意义的。

（3）法约尔的管理原则，内容相当庞杂，但是绝大部分内容是与组织有关的。因此，就这一点来说，他的管理原则基本上又属于组织原则。在十四条原则中，统一指挥，即命令的统一是判断管理组织是否合理的重要标准。但是，我们也可以看出，法约尔的组织理论，只是考虑了组织的内在因素，而忽视了组织同其周围环境的关系，这是个极大的缺陷。

3. 韦伯的行政组织理论

马克斯·韦伯出生于德国的一个富裕家庭，其家庭有着广泛的社会关系。韦伯于1882年进入海德堡大学学法律，并先后就读于柏林大学和哥廷根大学。他受过3次军事训练，对德国的军事生活和组织制度有相当的了解，这对他后来得出组织理论有重要的影响。他1889年开始撰写中世纪商业公司的博士论文；1891年在柏林大学讲授法律；1894年获得海德堡

马克斯·韦伯

大学的教授资格；1903 年开始新教伦理方面的研究；1905 年出版了他的名著《新教伦理和资本主义精神》。

韦伯是现代社会学的奠基人，他的观点对社会学家和政治学家都有着深刻的影响。他研究了工业化对组织结构的影响。他不仅研究组织的行政管理，而且还广泛地分析了社会、经济和政治结构。他在组织管理方面有关行政组织的观点，是他对社会和历史因素所引起的复杂组织发展的研究结果，也是其社会学理论的组成部分，因而在管理思想发展史上，人们称之为"组织理论之父"。

从整体上说，韦伯的行政组织理论可以分为三个部分。

1）理想的行政组织

韦伯认为理想的行政组织是通过职务和职位来管理的，而不是通过传统的世袭地位来管理的。要使行政组织发挥作用，管理应以知识为依据进行控制，管理者应有胜任工作的能力，应该依据客观事实而不是主观意志来领导。韦伯理想的行政集权组织的主要特点如下。

（1）任何机构组织都应有确定的目标。机构是根据明文规定的规章制度组成的，并具有确定的组织目标，人员的一切活动，都必须遵守一定的程序，其目的是为了实现组织的目标。

（2）组织目标的实现，必须实行劳动分工。组织为了达到目标，把实现目标的一切活动都一一地进行划分，然后落实到组织中的每一个成员。组织中的每一个职位都有明文规定的权利和义务，这种权利和义务是合法化的，在组织工作的每个环节上，都是由专家来负责的。

（3）按等级制度形成的指挥链。这种组织是一个井然有序、具有完整的权责且相互对应的组织，各种职务和职位按等级制度的体系来进行划分，每一级的人员都必须接受其上级的控制和监督，下级服从上级。但是他也必须为自己的行为负责。

（4）在人员关系上，这是一种非人格化的关系，也就是说，他们之间是一种指挥和服从的关系，这种关系是由不同的职位和职位的高低来决定的，它不是由个人决定，而是由职位所赋予的权力所决定，个人之间的关系不能影响到工作关系。

（5）承担每一个职位的人都是经过挑选的，也就是说必须经过考试和培训，接受一定的教育，获得一定的资格，根据职位的要求来确定需要什么样的人来承担，人员必须是称职的，同时不能随便免职。

（6）人员实行委任制，所有的管理人员都是任命的，而不是选举的（有一些特殊的职位必须通过选举除外）。

（7）管理人员管理企业或其他组织，但他不是这些企业或组织的所有者。

（8）管理人员有固定的薪金，并且有明文规定的升迁制度，有严格的考核制度。管理人员的升迁是完全由他的上级来决定的，下级不得表示任何意见，以防止破坏上下级的指挥系统，通过这种制度来培养组织成员的团队精神，要求他们忠于组织。

（9）管理人员必须严格地遵守组织中的法规和纪律，这些规则不受个人感情的影响，而适用于一切情况。组织对每个成员的职权和协作范围都有明文规定，使其能正确地行使职权,从而减少内部的冲突和矛盾。

韦伯认为,他这种理想的行政组织是最符合理性原则的,其效率是最高的,在精确性、稳定性、纪律性和可靠性等方面都优于其他组织形式。而且这种组织形式适用于各种管理形式和大型的组织,包括企业、教会、学校、国家机构、军队和各种团体。

从历史发展的角度来看,韦伯的组织理论是对封建传统管理模式的一种反动,也就是说要发展生产力、提高生产效率,就必须打破封建传统管理的模型,用一种科学的分析方式来对各种组织进行科学的管理。这是历史发展的必然,当生产力发展到一定阶段,人们要进一步提高生产力时,就必须寻求新的管理理论来指导实践。尽管韦伯的理论在当时没有被广泛承认,但是随着生产力的发展,组织的规模不断增大、复杂性不断提高,在人们开始探索大型行政组织的管理时,终于发现了韦伯的天才贡献。

2)韦伯对权力的分类

韦伯指出,任何一种组织都是以某种形式的权力为基础的,如果没有这种形式的权力,组织的生存就非常的危险,更谈不上实现组织的目标了。权力可以消除组织的混乱,使得组织运行有秩序。韦伯把这种权力划分为三种类型。

(1)合理的法定的权力。它是指依法任命并赋予行政机关的命令的权力,对这种权力的服从是依法建立的一套等级制度所规定的,是对确定职务或职位的权力的服从。

(2)传统的权力。它是以古老的、传统的、不可侵犯的和执行这种权力人的地位的正统性为依据的。

(3)神授的权力。这种权力是建立在对个人崇拜和迷信基础上的。

韦伯认为在这三种权力中,只有合理和法定的权力是行政组织的基础。因为这种权力能保证经营管理的连续性和合理性,能按照人的才干来选拔人才,并按照法定的程序来行使权力。这是保证组织健康发展的最好的权力形式。

3)理想行政组织的管理制度

韦伯认为管理就意味着以知识为依据来进行控制,领导者应在能力上胜任其工作,要依据事实来进行领导。行政组织除了最高领导外,每一个官员,都应按下列准则被任命和行使职能。

(1)他们在人身上是自由的,只是在与人身无关的官方职责方面从属于上级的权力。

(2)他们按明确规定的职务等级系列组织起来。

(3)每一职务都有明确规定的法律意义上的职权范围。

(4)职务是通过自由契约关系来承担的,因此,从原则上讲存在着自由选择。

(5)候选人是以技术条件为依据来挑选的,在最合乎理性的情况下,他们是通过考试或以表明其技术训练的证件为依据来挑选的。他们是被任命的而不是被选举的。

(6)他们有固定的薪金作为报酬,绝大多数有权享受养老金。雇佣当局只有在某些情况下(特别在私营组织中)才有权对这些官员解雇,但这些官员则始终有辞职的自由,工资等级基本上是按等级系列中的级别来确定的,但除了这个标准以外,职位的责任大小和任职者在社会地位上的要求也可能予以考虑。

(7)这个职务是任职者唯一的,或至少是主要的工作。

(8)它成为一种职业,存在着一种按年资或成就或两者兼而有之的升迁制度。升迁由上级来判断、来决定。

（9）官员要同所管理财产的所有权完全无关，且不能滥用其职权。

（10）官员在行使职务时受到严格而系统的纪律的约束和控制。这种类型的组织，从原则上讲，能以同等程度适用于各种不同的领域，它能适用于盈利的企业，或慈善性组织，或其他一些类型的从事精神或物质生产的私营企业，它也同样适用于政治组织和宗教组织。

在这个组织中所有的环节都是由专家来承担各种任务的，因此组织规定每一个成员的职权范围和协作形式，以使各成员能正确地行使职权，减少冲突，这有利于提高组织的工作效率。

韦伯的行政组织理论在行政管理中具有相当的先进性。但在他迫切地提出他的理论的时候，由于当时社会文化和条件还没有形成对行政组织理论的需要，因此他的理论提出后并没有得到应有的重视。直到20世纪四五十年代以后，由于生产力的发展，随着社会组织日益复杂，结构更加精细，社会各种组织的不断扩大，人们才开始注重其行政组织理论，人们才发现韦伯的理论具有非常大的价值。

2.3.2　行为管理理论

20世纪初，资本主义世界经济发展进入一个新的时期，生产规模扩大，社会化大生产程度提高，新技术成就广泛应用于工业部门，新兴工业不断出现。同时，资产阶级剥削工人加剧，阶级矛盾加深，工人运动进一步发展。在这种情况下，古典管理理论忽视人的因素，对职工采取自上而下的"管理"，已不能完全适应新的形势。一些管理学家和企业家也看到了古典管理理论的缺陷，他们从进一步提高劳动生产率的目的出发，开始进行有关新的管理理论和方法的研究。在20年代末到30年代初，产生了人际关系管理理论。

1. 梅奥的人际关系理论

1）霍桑试验研究

梅奥是人际关系学说的创始人。他出生在澳大利亚，早年学医，之后又学习心理学，曾任昆士兰大学讲师，讲授伦理学、哲学和逻辑学。他到美国以后，执教于宾夕法尼亚大学的华登金融商业学院。1926年，应聘在哈佛大学担任工业研究副教授。他的著作多是从工业文明的角度探讨社会问题。

梅奥

1927年到1932年期间，梅奥应美国西方电器公司邀请在该公司设在芝加哥附近霍桑地区的工厂，参加了该厂进行的长达六年的试验。这是一项由美国国家研究委员会赞助的研究计划，共分四个阶段进行。

（1）工场照明试验。这阶段试验前后持续了两年半，目的是要证明工作环境和生产率之间有无直接的因果关系。在试验期间，研究人员曾对他们的试验计划屡次作改进。但是，他们一直不能确定工场照明和产量之间是否确有某种关系。其中有个试验，他们将工人分为两组，一组为"试验组"，先后改变工场照明强度；另一组为"控制组"，照明始终持续不变。研究人员希望能由此测出照明强度变化后所产生的影响。可是，试验结果却是两组产量大为增加，增加量几乎相等。这次试验得出两个主要结论：一是工场照明只是影响工人产量的因素之一，而不是一个十分重要的因素；二是影响产量的因素太多，而且难以控制，几乎任何一个因素都能影响试验。因此，照明对产量影响无法测试出来。后来，公司主管和另几位哈佛研究人员参加进来，成立了新的小组，开始了第二阶段的试验工作。

（2）继电器装配试验室研究。为了能够更有效地控制影响工人生产的因素，该试验将一小组工人独置于一个工作室，避免与别的工人接触。同时，研究人员还特别指定了一个观察员，专责记录室内发生的一切，并且与工人保持友好的气氛。他们申明，此试验绝不是为了提高劳动定额，而只是为了研究各种不同的环境，然后了解什么样的环境最适合生产劳动，希望大家能像往常一样进行劳动。最初的四个月，先作了若干项初步的工作改变，例如，工作室房间小，灯光和通风好；小组人员不多，女工可以相互自由交谈，很快她们建立了比外面工作更为亲密的关系。观察员担任一部分督导工作，与小组工人建立了一种友好关系。接着，研究人员又给小组安排了工作休息时间，以期了解工作休息对产量有些什么影响。结果他们发现生产量提高了。因此，他们得出了一个假定：工作间的休息，可以减轻疲劳，因而增加了产量。他们将这项研究更推进一步，将每天工作时数缩短，每周工作天数也缩短。其结果，小组产量又增加了。但是，当这项措施取消，恢复了原来的情况后，产量却未减少。这表明，工作时间的减少并非产量增加的唯一因素。其中有几位研究人员作了一个假定，认为产量的增加与休息时间的安排或工作时间缩短并无关联，而是由小组女工对于他们的工作集体产生了好感。可是进一步研究，这种好感又联系着什么呢？谁也回答不了这个问题。因此，他们提出各种假定。最后，大家注意力集中在其中一个假定上，即是试验小组督导方法的改变、对工人态度的改善才导致了产量的增加。为了进一步研究这个假定，他们进行了第三阶段的试验。

（3）大规模访问研究。他们前后用两年多时间，对两万工人做了调查。在访问中，起初是用"直接提问"的方式谈话，例如，问管理工作和工作环境的问题。虽然他们向工人说明，谈话内容均将保密，但是工人的回答仍然有所戒心。之后改用"非直接提问"方式，甚至让工人自由选择话题。在这样的大规模访问中，研究人员收集到了有关工人态度的大量资料。经过分析，研究人员了解到，工人的劳动效果不但和他们在组织中的地位、身份有关，而且也与小组的其他人的影响有关。得到了这个结论后，为了进一步作系统的研究，试验又进入第四阶段。

（4）接线板接线工作室的观察研究。在这个小组中，共有三种不同的劳动人员：线路工、焊接工、检验员。一个焊接工可以承担三个线路工交来的任务。这个小组共九个线路工、三个焊接工、两个检验员。研究人员观察他们的劳动成果和行为表现，先后持续了六个月之久，发现下列三个问题。

第一个问题：小组每个成员都有超过自己实际产量的能力。但是，他们既不干得太快，也不干得太慢，故意自行限制产量，大家"默契"地规定了非正式标准，谁也不去突破它。究其原因，有人怕产量增加了，公司会提高定额标准；有的怕过分努力，可能会造成他们的失业；有的怕自己快了会给生产速度慢的同事难堪，使他们遭到领班的斥责。

第二个问题：试验小组工人对他们的领班、副领班、股长和小组织主管人等的态度不一样。对于小组长，大部分工人认为他们是小组成员中的一员。对于股长，大家看他待遇高，觉得他有一点权威，但大家有意见，仍然可向他提出辩解。但副领班在场时，大家规规矩矩。当领班在面前时，大家更不敢越轨。这表明，主管地位升高，工人对他的顾及也随着增加了。

第三个问题：研究人员注意到了一件有趣的事，在工作室的窗子问题上，反映了小组成员之间的关系。在工作室里，线路工人的位置最靠近窗子，因此开窗和关窗都由线路工负责。工人往往对开窗和关窗争论不休，从这类事情中足可以看出他们之间有派别。例如，工人丙不同意开窗，有时甲就会挑拨，让乙去开窗，使乙和丙争吵，其他工人看热闹，为此大家感到高兴。还可以看到，这三组成员活动时，发现他们分成两个小圈子或"派别"。研究人员发现，小集团的形成不是因为工作不同形成的，小集团形成多少受了工作位置的影响，也有人不属于何种集团，每个小集团都以为比别的小集团好。为什么有的人不属于某个小集团呢？他们是由于各种各样原因而被排除在外的。例如：有的人过于自信，同人合不来；有的人爱向工头打小报告；有的人在检查工作中过于认真等，都是造成他们被排除在小集团之外的重要原因。因此，在小集团中，形成了这样几条纪律：你不能工作太多，也不能工作太少；你不得在工头面前打同事的小报告；你不得远离大家，孤芳自赏；也不得打官腔，找麻烦，即使你是检验员，你也不应该像一个检验员；你不得唠叨不休，自吹自擂，一心想领导大家。

2）人际关系学说

通过霍桑试验，梅奥等人提出了人际关系学说，其主要论点如下。

（1）职工是"社会人"。古典管理理论把人假设为"经济人"，他们只是为了追求高工资和良好的物理条件而工作。因此，对职工只能用绝对的、集中的权力来管理。梅奥等人以霍桑试验的成果为根据，提出了与"经济人"观点不同的"社会人"观点。梅奥认为，人重要的是同别人合作；个人为保护其集团的地位而行动；人的思想和行为更多地由感情来引导。因此，试验表明，小组的合作和小组的情感超过了生产效率，工作条件和工资报酬并不是影响劳动生产率的第一位原因。

梅奥等人认为，人是独特的社会动物，只有使自己完全投入集体中，才能实现彻底的"自由"。工厂中的工人不是单纯追求金钱收入的，还有社会、心理方面的需要，这就是追求人与人之间的友情、安全感和受人尊重等。因此，不能单纯从技术和物质条件着眼，而必须首先从社会、心理方面来鼓励工人提高生产率。他们尖锐批评了当时的"工业社会"及其所产生的工业社会环境的某些方面，指出工业化破坏了促使社会团结的文化传统，造成了"社会解体"和"不愉快的个人"。他们认为，人们在感情上希望能够感到自己重要，并让别人承认自己的工作重要。工人们虽然也对自己工资袋的大小感兴趣，但这不是他们关心的首要事情。有时更为重要的，是上司对待他们的态度。因此，对职工的新的激励重点必须放在社会、心理方面，以便人们之间更好地合作并提高生产率。

（2）正式组织中存在着"非正式组织"。所谓正式组织，就是古典管理理论所指出的，为了有效地实现企业目标，规定组织各成员之间相互关系和职责范围的一定组织管理体系。其中包括组织机构、方针政策、规划、章程等。古典管理理论所注意的只是人群组织中的一个方面。但是，梅奥等人指出，人是社会动物，人在共同工作的过程中，必然要发生相互关系，形成非正式团体。在这些团体里，又形成了共同的感情，进而构成一个体系，这就是所谓的非正式组织。

研究人员认为，非正式组织对工人起着两种作用：一是保护工人免受内部成员忽视所造成的损失，如生产的过多或过少；二是保护工人免受外部管理人员的干涉所造成的损失，如降低工资或提高产量标准。

梅奥等人认为，不能把这种在正式组织中形成的非正式组织看成是一种坏事，而必须看到它是必需的，它同正式组织相互依存，并对生产率的提高有很大的影响。非正式组织同正式组织有重要差别。正式组织往往以效率逻辑作为重要标准。所谓效率逻辑就是为了提高效率，组织内各成员保持形式上的协作。非正式组织中则以感情逻辑为重要标准。感情逻辑是指人群组织中非正式的行为标准，如对非正式团体的忠诚等。

单位中的正式组织固然涉及每一个成员，非正式组织也涉及每一个成员，即不仅工人中有非正式组织，管理人员和技术人员中也有非正式组织。效率的逻辑在管理人员和技术人员中比在工人中占更重要的地位，而感情的逻辑则在工人中比在管理人员和技术人员中占更重要的地位。所以，效率的逻辑可以认为是"管理人员的逻辑"，感情的逻辑可以认为是"工人的逻辑"。假如管理人员和技术人员只根据效率的逻辑来管理，而忽视了工人中感情的逻辑，就会使"管理人员的逻辑"和"工人的逻辑"发生冲突，从而影响生产率的提高和组织目标的实现。在采用传统管理理论进行管理时，这种冲突是经常发生的。解决这种冲突的办法，梅奥认为，管理者要充分重视非正式组织的作用，主要在正式组织的效率逻辑同非正式组织的感情逻辑之间保持平衡，以便管理人员同工人之间、工人相互之间能互相协作，充分发挥各人的作用，提高效率。非正式组织有助于这种协作，所以总的来讲利多弊少。

（3）新的领导能力在于提高职工的满足度，以提高职工的士气，从而提高劳动生产率。梅奥等人从上述关于"社会人"和"非正式组织"的观点出发，认为金钱或经济刺激对促进工人提高劳动生产率只起第二位的作用，起重要作用的是工人的情绪和态度，即士气。而士气又同工人的满足度有关。这个满足度在很大程度上是由社会地位决定的。梅奥等人认为，一个人是不是全心全意地为一个团体提供他的服务，在很大程度上取决于他对他的工作、对他工作上的同伴和他的领班的感觉，金钱只是他所需要满足的一部分。所以，所谓职工的满足度主要是指为获取安全和归属这些社会需求的满足度而言的。工人的满足度愈高，士气就愈高，劳动生产率也就愈高。而工人的满足度又依存于两个因素：一是工人的个人情况，即工人由于某段人生经历、家庭生活和社会生活所形成的个人态度；二是工作场所的情况，即工人相互之间或工人与上级之间的人际关系。

梅奥等人认为，管理人员的新的领导能力在于要同时具有技术－经济的技能和人际关系的技能。管理工作满足效率的能力与满足工人感情的能力是不同的。所以，要对各级管理人员进行训练，使他们学会了解人们的思想和行为，学会通过同工人交谈来了解其感情的技能、技巧，并提高他们平衡正式组织的经济需求和非正式组织的社会需求的能力。工人通过社会机构来获得别人的承认、安全感和满足感，从而愿意为达到组织的目的而合作并贡献其力量。这种新的领导能力就可以弥补古典管理理论的不足，解决劳资之间乃至工业社会的种种矛盾，提高劳动生产率。

新的领导能力，既然表现为通过提高职工的满足度，提高职工的士气，最后达到提高生产率的目的，那就要转变管理方式，应重视"人"的因素，采用以"人"为中心的管理方式，改变古典管理理论以"物"为中心的管理方式。

梅奥的人际关系理论对行为科学的产生起到了重要作用。行为科学是研究人的行为的一门综合性的科学，它研究人的行为产生的原因和影响行为的因素，目的在于激发人的积极性、创造性，达到组织目标。它的研究对象是人的行为表现和发展规律，以提高对人的行为的预测以及激发、引导和控制的能力。它运用心理学、社会学、社会人类学等学科的理论和自然科学的实验和观察方法，对于人的个体行为、群体行为、组织行为、领导行为进行研究。其中，比较有影响的代表性的理论有马斯洛的需要层次理论、赫茨伯格的双因素激励理论、弗隆的期望理论、麦格雷戈的 X 理论和 Y 理论等。自霍桑试验以来，行为科学得到了广泛的传播，在当代发达的资本主义国家中普遍受到重视。近几年来，行为科学发展的一个重要特点是，不仅注重基本理论研究，而且注重应用研究，特别是在培训领导人的实践中起到了很大的作用。

2. 行为科学

行为科学作为一种管理理论，开始于 20 世纪 20 年代末 30 年代初的霍桑实验，而真正发展却在 20 世纪 50 年代。其代表理论有以下四种。

1）人类需要层次论

代表人物为马斯洛，他认为人的需求分为五个层次，应针对不同的人对不同层次的需求的追求使其得到相对满足。

2）人性管理理论

人性管理理论研究同企业管理有关的所谓"人性"问题。其代表理论有麦格雷戈提出的"X 理论—Y 理论"，认为人不是被动的，只要给予一定的外界条件就能激励和诱发人的能动性；阿吉里斯提出的"不成熟—成熟理论"，认为在人的个性发展方面，有一个从不成熟到成熟的连续发展过程，这意味着人的自我表现程度的加强等。

3）群体行为理论

群体行为理论研究企业中非正式组织以及人与人的关系问题。其代表理论有勒温提出的"团体力理论"；布雷德福提倡实行的"敏感性训练"，通过受训者在团体学习环境中的相互影响，使其更明确自己在团体组织中的地位和责任等。

4）领导行为理论

领导行为理论研究企业中领导方式的问题。其代表理论有坦南鲍姆和沃伦·施密特提出的"领导方式连续统一体理论"；利克特提出的"支持关系理论"；赫兹伯格提出的"双因素理论"；布莱克和莫顿提出的"管理方格图"。具体内容参看模块四的任务二。

2.3.3　数量管理理论

数量管理理论产生于第二次世界大战时期，它是指以现代自然科学和技术科学的最新成果为手段，运用数学模型，对管理领域中的人、财、物和信息资源进行系统的定量分析，并作出最优规划和决策的理论。

数量管理理论的管理思想，注重定量模型的研究和应用，以求得管理的程序化和最优化。他们认为，管理就是利用数学模型和程序系统来表示管理的计划、组织、控制、决策等职能活动的合乎逻辑的过程，对此作出最优的解答，以达到企业的目标。数量管理理论就是制定用于管理决策的数学或统计模式，并把这种模式通过计算机应用于企业管理理论和方法的体系中，这种方法通常就是运筹学。所以该学派的狭义解释就是作为运筹学的同义语。

数量管理理论主要包括以下内容。

（1）运筹学：研究在既定的物质条件下，为达到一定目的，如何最经济、最有效地使用人、财和物等资源。

（2）系统分析：解决管理问题要从全局出发进行分析和研究，以制定出正确的决策。

（3）决策科学化：决策要以充足的事实为依据，按照事物的内在联系对大量的资料和数据进行分析和计算，遵循科学的程序，进行严密的逻辑推理，从而作出正确决策。

因为数量管理理论是新理论、新方法与科学管理理论相结合而逐渐形成的一种以定量分析为主要方法的学派，因此它是泰勒科学管理理论的拓展。随着计算机技术的发展，这个理论的数量特点得到进一步的发挥，因而被广泛应用于研究城市的交通管理、能源分配和利用、国民经济计划编制以及世界范围经济发展的模型等一些更大更复杂的经济与管理领域。

20 世纪 70 年代后运筹学日趋成熟，在企业界得到更广泛的应用。目前，在美国、日本、欧洲等地都有相当完善的运筹学机构。

但是也有学者对数量管理理论持批判态度，认为数量并不能真正地解决管理中的重大问题。而且有些管理学家侧重于定量的技术方面而不了解管理中存在的问题，更重要的是对管理对象中的人的因素往往无法进行定量计算，这样数量管理理论的特长就得不到很好的发挥。

2.3.4　系统管理理论

系统管理理论是指运用系统理论的范畴、原理，全面分析和研究企业与其他组织的管理活动和管理过程，重视对组织结构和模式的分析，并建立起系统模型以便于分析。

系统管理理论的要点包括两个方面。

（1）组织是一个由相互联系的若干要素组成的人造系统。

（2）组织是一个为环境所影响，并反过来影响环境的开放系统。组织不仅本身是一个系统，它同时又是一个社会系统的分系统，它在与环境的相互影响中取得动态平衡。组织同时要从外界接受能源、信息、物料等各种投入，经过转换，再向外界输出产品。

系统管理理论也是 20 世纪形成的新型学科。它是一门理论深刻、严谨而又有着强烈技术实践能力的科学学科。它的发展可以大致分为三个阶段。

第一阶段，是一般系统论与系统工程理论各自独立发展的阶段。

现代系统思想的发展应当说在一定程度上受到了 19 世纪辩证法哲学思想的影响，那种有机的相互作用、相互联系的整体性思维方式，渗透于 20 世纪初科学的理论与科学的工程实践当中。于是，在 20 世纪 20—30 年代，首先在两个相隔较远的领域——基础理论和工程实践中形成了两个看来互不联系的学科：一般系统理论和系统工程。

一般系统理论是由美籍奥地利理论生物学家贝塔朗菲创立的。20 世纪 20 年代，在理论生物学界存在着一场关于生命本质问题的争论。一些科学家持机械论的观点，认为无论生命有多么复杂，它在本质上只不过是一架更为精细的机器。另一些人则持着一种"活力论"的观点，他们认为：生命体之所以具有目的性、主动性和自动调节等能力，是因为生命体中有一种科学所不能解释的"活力"。贝塔朗菲批评了这两种各有片面性的观点，指出生命的本质在于它是一种由多个部分相互作用而形成的有机的整体。由此他先建立了一种"机体系统论"。1948 年，贝塔朗菲将这种机体系统论发展成了"一般系统论"的思想。一般系统论认为，所有复杂事物，如生命现象或社会现象等，无论其规律过程还是其所有复杂行为，原因都在于事物内部各要素之间的相互作用和有机结合。

与一般系统论相伴随，在实践领域中，系统工程理论也发展起来了。在泰勒的科学管理制度中就包含着系统工程的萌芽。后来美国贝尔电话公司在进行电话网络的设计和其他多种巨大复杂的工程设计中使用了一种方法，把每一项工程的进程划分为规划、研究、发展、发展期间研究和通用工程五个阶段，并且按照程序规定的五个阶段认真地执行，取得了很好的效果。20 世纪 40 年代，他们把这种方法称之为"系统工程"。1957 年，美国密歇根大学的古德（Harry Goode）和麦克霍尔（Robert Machol）合著了《系统工程学》（System Engineering），综合论述了运筹学方法及其一些具体分支，为系统工程初步奠定了基础。1962 年，霍尔（Arthur Hall）写了《系统工程方法论》（A Methodology for Systems Engineering）一书，他强调要把系统工程看做一个过程，看做一种解决实际问题的程序，并提出了系统工程的三维结构模型，推动了系统工程理论的进一步具体化和在更广泛的领域中的应用。

第二阶段，是在 20 世纪 40—50 年代系统技术理论的发展，也就是信息论、控制论和运筹学的形成与发展。

1948 年，由美国数学家、通信工程师克劳德·申农（Claude Shannon）和瓦伦·韦弗（Warren Weaver）建立了信息论。信息论一产生就表现出了巨大的影响，然而最初人们所注意的主要是它在通信工程和自动化控制工程中的作用，对于社会科学和管理科学似乎还没有表现出什么重要价值。但是随着计算机的发展和它在管理科学中的应用，信息论就越来越显现出它在社会科学管理方面的重要应用价值。申农于 1948 年发表的《通信的数学理论》（A Mathematical Theory of Communication）一书奠定了信息论的基础。

信息论发表的同一年，美国著名的数学家诺伯特·维纳出版了《控制论》（Cybernetics）一书。维纳一直对机电自动化的问题深感兴趣。第二次世界大战期间，他在美国军事科学研究机构中研究防空火力控制系统的预测装置。1943 年，他与生理学家罗森勃吕特（Arturo Rosenblueth）、毕格罗（Julian Bigelow）通过对神经生理学和军事工程中高射炮自动瞄准控制装置的研究，合作发表了《行为、目的和目的论》（Behaviour, Purpose and Teleology）一文。经战后的数年研究，他创立了能够使机电系统表现出来像生物那样有目的追踪目标行为的自动化控制的理论。对于控制论的应用领域，维纳说："从我对控制论感觉兴趣的一开始，我就已经完全领会到，我发现的那些可以用在工程学和生理学上的有关控制和通讯的想法，也可以用在社会学和经济学方面。"正如维纳所料，控制论原理不仅对机械技术工程和自动化工程起到了革命性的作用，而且也大大推动了社会科学和管理科学的发展。

许多社会学家认为，由于控制论所形成的关于信息和反馈的科学研究具有相当的普遍性，使社会科学也会因此而进入了一种具有科学性的新阶段。的确，自 20 世纪 50 年代以后的有关管理的书籍几乎无一不涉及信息、反馈和控制论。在控制论和信息论发展的同时，最初的运筹学也有了长足的发展。在第二次世界大战中，为了消灭法西斯，同盟国的军事领导机构组织了许多学科的科学技术专家研究和解决军事的攻防作战、后勤供给、武器部署、使用等的规律性问题。这样，便出现了军事运筹学。由布莱科特（Patrick Blackett）领导的科学家小组通过运筹学研究所提供的方案，使部队中的飞机侦察、舰艇搜索、后勤组织等多种军事活动的效率大大提高，其理论和实践价值得到了普遍承认。战后，运筹学的科学家们把目标转向各种民事经济工程和企业管理问题，在许多企业和经济组织中产生了显著的效果。著名的运筹学组织——美国兰德公司倡导了"系统分析方法"，取得许多成功。在解决不同的工程学问题过程中，运筹学逐渐形成了许多理论分支，如规划论、对策论（博弈论）、排队论、搜索论、库存论、决策论，等等，使运筹学逐渐发展成为一种独立的系统技术。运筹学对管理科学产生了巨大的影响，而在有些人看来，运筹学也就是管理技术学。

第三阶段，是 20 世纪 60—80 年代，一方面是基础理论的进一步深化，另一方面是向更加广泛的实践领域的发展。

在基础理论方面，从动态的角度更深入研究一般系统概念、原理的自组织理论发展起来了，它补充和发展了贝塔朗菲的一般系统论。自组织理论运用了实验和数学的方法，进一步研究了系统的产生、进化、质变、发展以及自调节、自稳定、自复制和自评价选择等问题。这就是普利高津的"耗散结构"理论，德国物理论学家哈肯的"协同学"，德国生物化学家艾肯的"超循环"理论等实验型自组织理论，以及突变论、混沌论、分形理论等有关非线性复杂系统的数学理论，等等。自组织理论把系统科学的理论向前大大地推进了一步，它的许多思想和方法已经渗透到社会科学和管理科学的领域中，而它将在这些领域中发挥的作用是难以估量的。

在技术和工程领域方面，系统工程快速地向社会实践领域深入。系统工程的基本方法方面，出现了像系统工程方法论、系统动力学、灰色系统理论和泛系统理论等一般系统工程方法，而这些理论、技术方法向实践领域的深入，则形成了大批的系统工程的领域和学科。我们大致上可以把它们分为五个方面。

（1）机械系统工程，包括工程系统工程、机械自动化工程、计算机科学、人工智能工程，等等。

（2）有机系统工程，包括生物系统工程、人口发展科学、生态系统工程、农业系统工程，等等。

（3）社会系统工程，包括经济系统工程、管理科学、领导科学、军事系统工程、企业系统工程，等等。

（4）文化系统工程，包括科学研究与发展系统工程、教育系统工程、人才学、文化发展学，等等。

（5）综合系统工程，包括环境科学、城市发展系统工程、国家发展工程、未来学、国际发展战略工程、空间科学系统工程，等等。

可以看出，系统科学与管理科学都是 20 世纪发展的新型科学，而且它们在发展中也总是有着各种各样的联系。如果说在基础理论的发展上管理科学紧密地依赖系统科学，那么在技术、工程和实践的发展上系统科学也总是离不开管理科学。

2.3.5 权变管理理论

权变管理理论是 20 世纪 60 年代末 70 年代初在美国经验主义理论基础上进一步发展起来的管理理论。权变理论认为，在组织管理中要根据组织所处的环境和内部条件的发展变化随机应变，没有什么一成不变、普遍适用、"最好的"管理理论和方法。权变管理就是依托环境因素和管理思想及管理技术因素之间的变数关系来研究的一种最有效的管理方式。

有的管理学者还把权变管理理论称为因地制宜理论或权变管理，即权宜管理和应变管理的合称。这个学派以系统观点为理论依据，从系统观点来考虑问题。以往的理论有两个方面的缺陷，一是忽视了外部环境的影响，主要侧重于研究加强企业内部的组织管理。如泰勒的科学管理、法约尔的古典组织理论、过程管理理论、行为科学等。而系统管理理论尽管也强调系统和环境之间的关系，但是它不太抽象，又把企业作为一个独立的系统来研究。其实在许多情况下，企业不仅是一个独立的系统，也是一个与环境紧密相连的实体。二是以往的管理理论大都带有普遍真理的色彩，追求理论的普遍适用性和最合理的原则、最优化的模式，但是真正在解决企业的具体问题时，常常显得无能为力，而权变理论的出现意味着管理理论向实用主义方向前进了一大步。

权变管理理论出现时，受到西方一些管理学者的高度评价，认为它比其他的管理理论有更大的前途，是解决在环境动荡不定情况下进行管理的一种好方法，能使管理走出管理理论的丛林。

现将权变管理理论的主要代表人物及著作介绍如下。

1. 伯恩斯和斯托克

伯恩斯（Tom Burns）和斯托克（George Stalker）最早运用权变思想来研究管理问题。他们对生产电子设备、机械产品和人造丝等不同产品的 20 个企业进行了调查，经过研究，得出了以下结论：企业按照目标、任务、工艺，以及外部环境等活动条件的不同，可以分为"稳定型"和"变化型"两大基本类型。"稳定型"的企业，适宜采用"机械式"的组织形式。它的特征是，有一种严格规定的组织结构；有很明确的任务、方法、责任和与各个职能作用一致的权力；管理系统内部的相互作用是上下级垂直的命令等级；在组织活动中，具有重要意义的是职务的权力和责任，而不是工作人员的技能和经验。如果是"变化型"的企业，那么采用"有机式"的组织模式较为适宜。它的特点是，有相当灵活的结构，可以不断调整每个人的任务；系统内部的相互关系是网络型的，而不是等级控制；强调横向的联系而不是垂直的领导；在组织活动中，技能与经验居于优先地位，权力的分散以技术业务专长为基础，而不是以等级职位为基础，等等。他们认为，这两种组织模式可以同时存在，甚至在同一个企业内部的不同部门中，也可同时并存。它们在不同的条件下都有效率。他们反对把"机械式"看做是陈旧的模式，把"有机式"看做是进步的和现代的模式。当前采用"有机式"组织结构的企业增多，这是由于资本主义企业活动条件不稳定性增加和它们渴望适应新的需要的反应，不能说是"机械式"的组织结构已经过时。1961 年伯恩斯和斯托克发表了《机械式和有机式的系统》（Mechanistic and Organic Systems），专门论述了上述观点。

2. 钱德勒

钱德勒在 1962 年发表了《战略与结构》（Strategy and Structure）一书，强调在不同的条件下，有多种组织方案的论点。他对杜邦、通用汽车、新泽西标准石油公司等近 70 家大型企业的组织结构的变化机理研究后指出，组织管理结构是随着企业战略的变化而变化的，而战略本身又因市场、金融、科学技术和其他条件的变化而变化。

3. 伍德沃德

20 世纪 50 年代，管理学家琼·伍德沃德（Joan Woodward）和她的助手们对英国南伊塞克斯的 100 家公司进行了广泛的调查，在此基础上于 1965 年发表了《工业组织：理论与实践》（Industrial Organization：Theory and Practice），证明了企业组织的技术分系统与结构分系统具有直接的相互关系。

4. 卢桑斯

弗雷德·卢桑斯，美国内布拉斯加大学的教授。1973 年，他发表了《权变管理理论：走出丛林的道路》；1976 年，他又出版了《管理导论：一种权变学说》（Introduction to Management：A Contingency Approach），系统地介绍了权变管理理论，提出了用权变理论可以统一各种管理理论的观点。卢桑斯是权变学派的主要代表人物。

卢桑斯把过去的管理理论划分为四种学说：过程学说、计量学说、行为学说和系统学说。他认为，这四种学说，即使是重视环境影响的系统学说，都没有把管理与环境妥善地联系起来；同时，这些学说的代表人物都强调他们的学说具有普遍的适用性，而实际上，上述任何一种学说的特有的管理观念和技术都不能使管理有效地进行，致使理论与实践相脱节。

权变学说试图把环境对管理的作用具体化，并使管理理论与管理实践密切联系起来。

2.3.6 全面质量管理

全面质量管理这个名称，最先是在 20 世纪 60 年代初由美国的著名专家菲根堡姆提出的。它是在传统的质量管理基础上，随着科学技术的发展和经营管理上的需要发展起来的现代化质量管理，现已成为一门系统性很强的科学。

全面质量管理是指在社会的全面推动下，企业中所有部门、所有组织、所有人员都以产品质量为核心，把专业技术、管理技术、数理统计技术集合在一起，建立起一套科学、严密、高效的质量保证体系，控制生产过程中影响质量的因素，以优质的工作、最经济的办法，提供满足用户需要的产品的全部活动。

全面质量管理过程的全面性，决定了全面质量管理的内容应当包括设计过程、制造过程、辅助过程、使用过程四个过程的质量管理。

（1）设计过程质量管理的内容。产品设计过程的质量管理是全面质量管理的首要环节。这里所指的设计过程，包括市场调查、产品设计、工艺准备、试制和鉴定等过程，即产品正式投产前的全部技术准备过程。主要工作内容包括通过市场调查研究，根据用户要求、科技情报与企业的经营目标，制定产品质量目标；组织有销售、使用、科研、设计、工艺、制度和质管等多部门参加的审查和验证，确定适合的设计方案；保证技术文件的质量；做好标准化的审查工作；督促遵守设计试制的工作程序，等等。

（2）制造过程质量管理的内容。制造过程，是指对产品直接进行加工的过程。它是产品质量形成的基础，是企业质量管理的基本环节。它的基本任务是保证产品的制造质量，建立一个能够稳定生产合格品和优质品的生产系统。主要工作内容包括组织质量检验工作；组织和促进文明生产；组织质量分析，掌握质量动态；组织工序的质量控制，建立管理点，等等。

（3）辅助过程质量管理的内容。辅助过程，是指为保证制造过程正常进行而提供各种物资技术条件的过程。它包括物资采购供应、动力生产、设备维修、工具制造、仓库保管、运输服务等。主要内容包括做好物资采购供应（包括外协准备）的质量管理，保证采购质量，严格入库物资的检查验收，按质、按量、按期地提供生产所需要的各种物资（包括原材料、辅助材料、燃料等）；组织好设备维修工作，保持设备良好的技术状态；做好工具制造和供应的质量管理工作等。此外，企业物资采购的质量管理也将日益显得重要。

（4）使用过程质量管理的内容。使用过程是考验产品实际质量的过程，它是企业内部质量管理的继续，也是全面质量管理的出发点和落脚点。这一过程质量管理的基本任务是提高服务质量（包括售前服务和售后服务），保证产品的实际使用效果，不断促使企业研究和改进产品质量。它主要的工作内容有：开展技术服务工作，处理出厂产品质量问题；调查产品使用效果和用户要求。

2.3.7　管理理论新发展

进入 20 世纪六七十年代以来，西方管理学界出现了许多新的管理理论，这些理论代表了管理理论发展的新趋势。

1. 学习型组织

1990 年，美国麻省理工学院斯隆管理学院的彼得·圣吉教授出版了他的享誉世界之作——《第五项修炼——学习型组织的艺术与实践》，引起世界管理界的轰动。从此，建立学习型组织、实行五项修炼成为管理理论与实践的热点。为什么要建立学习型组织？因为世界变化得太快，要求企业不能再像过去那样被动地适应。

彼得·圣吉提出了学习型组织的五项修炼技能，即系统思考、超越自我、改变心智模式、建立共同愿景和团队学习。

（1）系统思考。系统思考是为了看见事物的整体。进行系统思考，一是要有系统的观点，二是要有动态的观点。系统思考不仅是要学习一种思考方法，更重要的是在实践中要反复运用，从而可以从任何局部的蛛丝马迹中看到整体的变动。

（2）超越自我。超越自我既是指组织要超越自我，又是指组织中的个人也要超越自我。超越自我不是不要个人利益，而是要有更远大的目标，要从长期利益出发，要从整个全局的整体利益出发。

（3）改变心智模式。不同的人，对同一事物的看法不同，是因为他们的心智模式不同。人们在分析事物时，需要运用已有的心智模式作为基础。但是，如果现有的心智模式已不能反映客观事物，那么就会作出错误的判断。特别是企业领导层出现这种情况时，小则使企业经营出现困难，大则给企业带来灾难性的影响。而改变心智模式的办法是，一要反思自己的心智模式，二要探询他人的心智模式，从自己与他人的心智模式的比较中完善自己的心智模式。

（4）建立共同愿景。愿景是指对未来的愿望、景象和意象。企业作为一个组织，是以个人为单元的。企业一旦建立了共同愿景，建立了全体员工共同认可的目标，就能充分发挥每个人的力量。共同愿景的建立不是企业领导人的单方面设计，而是对每一个人的利益融合。

（5）团队学习。团队学习是发展员工与团体的合作关系，使每个人的力量能通过集体得以实现。团队学习的目的，一是避免无效的矛盾和冲突，二是让个别人的智慧成为集体的智慧。团队学习的一种很重要的形式是深度会谈。深度会谈是企业的重大而又复杂的议题，进行开放性的交流，使每一个人不仅能表达自己的看法，同时也能了解别人的观点，通过交流，减少差异，从而能够相互协作配合。

2. 精益思想

精益思想源于 20 世纪 80 年代日本丰田公司发明的精益生产方式，精益生产方式带来日本汽车的质量与成本优势，压得美国汽车抬不起头，造成世界汽车工业重心向日本倾斜。精益思想更进一步从理论的高度归纳了精益生产中所包含的新的管理思维，并将精益方式扩大到制造业以外的所有领域。尤其是第三产业，把精益生产方法外延到企业活动的各个方面，不再局限于生产领域，从而促使管理人员重新思考企业流程，消灭浪费，创造价值。

精益思想的核心就是（消除浪费）以越来越少的投入——较少的人力、较少的设备、较短的时间和较小的场地创造出尽可能多的价值；同时也越来越接近用户，提供他们确实需要的东西。精益地定义价值是精益思想关键性的第一步；确定每个产品（或在某些情况下确定每一产品系列）的全部价值流是精益思想的第二步；紧接着就是要使保留下来的、创造价值的各个步骤流动起来，使需要若干天才能办完的订货手续，在几小时内办完，使传统的物资生产完成时间由几个月或几周减少到几天或几分钟；随后就要及时跟上不断变化着的顾客需求，因为一旦具备了在用户真正需要的时候就能设计、安排生产和制造出用户真正需要的产品的能力，就意味着可以抛开销售，直接按用户告知的实际要求进行生产，这就是说，可以按用户需要拉动产品，而不是把用户不想要的产品硬推给用户。

3. 业务流程再造

业务流程再造又称企业重组，简称 BPR，是 20 世纪 80 年代末、90 年代初发展起来的企业管理的又一新理论。1993 年，迈克尔·海默与杰姆斯·钱皮合著了《企业再造工程》一书。该书总结了过去几十年来世界成功企业的经验，阐明了生产流程、组织流程在企业决胜于市场竞争中的决定作用，提出了应变市场变化的新方法，即企业流程再造。

业务流程再造的目的是提高企业竞争力，从业务流程上保证企业能以最小的成本、高质量的产品和优质的服务提供给企业顾客。业务流程再造的实施方法是，以先进的信息系统和信息技术为手段，以顾客中长期需要为目标，通过最大限度地减少对产品增值无实质作用的环节和过程，建立起科学的组织结构和业务流程，使产品的质量和规模发生质的变化。

业务流程再造的基本内容是，首先，以企业生产作业或服务作业的流程为审视对象，从多个角度，重新审视其功能、作用、效率、成本、速度、可靠性、准确性，找出其不合理因素；然后，以效率和效益为中心对作业流程和服务流程进行重新构造，以达到业绩质的飞跃和突破。企业再造强调以顾客为导向和服务至上的理念，对企业整个运作流程进行根本性的重新思考，并加以彻底的改革。企业必须把重点从过去的计划、控制和增长转到速度、创新、质量、服务和成本，目的是为了吸引顾客、赢得竞争和适应变化。

4. 核心能力理论

核心能力理论代表了战略管理理论在 20 世纪 90 年代的最新进展，它是由美国学者普拉哈拉德和英国学者哈默（C. K. Prahalad & G. Hamel）于 1990 年首次提出的，他们在《哈佛商业评论》所发表的《公司的核心能力》一文已成为最经典的文章之一。此后，核心能力理论成为管理理论界的前沿问题之一而被广为关注。

尽管对于核心能力的界定有各种不同的说法，但它们无一例外的都认为核心能力是企业获取竞争优势的源泉，是在企业资源积累的发展过程中建立起来的企业特有的能力，是企业的最重要的战略资产。归结起来，核心能力具有以下特性：

（1）有价值性：核心能力对于提高最终产品的用户价值起着至关重要的作用，是用户价值的来源。

（2）独特性：这种能力是企业所特有的，是"独一无二"的。

（3）难以模仿性：由于核心能力是企业特定发展过程的产物，具有路径依赖性和不可还原性，因而原因模糊，其他企业很难模仿。

（4）延伸性：核心能力可以给企业衍生出一系列新的产品/服务，使企业得以扩展到相关的新的业务领域。

（5）动态性：企业的核心能力虽是其资源长期积累的结果，但它并非一成不变的，随着时间与环境的演变和市场需求的变化，以及随之而来企业战略目标的转移，企业的核心能力必须予以重建和发展。

（6）综合性：核心能力不是一种单一的能力，而是多种能力和技巧的综合。从知识角度来看，它不是单一学科知识的积累，而是多学科知识在长期交叉作用中所累积而成。正是这一特性决定了核心能力是一种综合性的能力。

判断公司的核心能力，应遵循如下四个准则。

（1）用户价值：核心能力必须特别有助于实现用户看重的价值。那些能够使公司为用户提供根本性利益的技能，才能称得上是核心能力。区分核心能力和非核心能力的标准之一就是它带给用户的价值是核心的还是非核心的。正是基于这种区别，如我们可以把本田公司在发动机方面的技能称为核心能力，而把其处理同经销商关系的能力看做是次要能力。核心能力必须对用户所看重的价值起重要作用，但这并非意味着用户能够看到或很容易就理解到这种核心能力。用户所看到的是享有的好处，如显著的可靠性（汽车、摄像与录像机）、形象的清晰度（摄像与录像机）、使用的方便性（计算机），等等，而不是提供这些好处的技术细节。

（2）延展性：核心能力是通过未来市场的大门。有的能力在某一业务部门看来可能是算得上核心能力，经得起用户价值和特殊竞争力的考验，但是，如果无法想象能从该项能力衍生出一系列新产品或服务，那么从公司的角度来看，该能力就够不上核心能力。例如，本田公司的发动机上的独特能力，使它能进入各种不同的产品市场。

（3）独特性：可合格地定为"核心"的能力，必须具有竞争上的"独一无二"性，同竞争对手的产品/服务相比，具有"独特的"风格/效用，而不是在产业范围内普遍存在的。它必须是公司层次的、持续优异于其他竞争对手的。例如，本田汽车公司的汽车发动机，明显地优于其他汽车公司的同类产品，其独特性的形成经过几十年的积累和努力，不是在短短的1～2年或几年中所能形成的。在某些情况下，企业人员发现某种能力极其重要，在行业中尚未引起重视和发展，则可以把它定为"潜在"的核心能力，予以规划和开发。

（4）难以模仿和替代性：企业的核心能力是积累起来的，是许多不同单位和个人相互作用产生的，具有特殊性和不可交易性，因而竞争对手很难模仿。

 思考题

1. 泰罗科学管理理论的基本观点有哪些？
2. 儒家的管理思想有哪些内容？
3. 国外早期的管理思想包括哪些？
4. 如何评价科学管理理论？

案例 分析

管理理论真能解决实际问题吗？

　　海伦、汉克、乔、萨利四个人都是美国西南金属制品公司的管理人员。海伦和乔负责产品销售，汉克和萨利负责生产。他们刚参加过在大学举办的为期两天的管理培训学习班。在培训班里主要学习了权变理论、社会系统理论和一些有关职工激励方面的内容。他们对所学的理论有不同的看法，现正展开激烈的争论。

　　乔首先说："我认为社会系统理论对于像我们这样的公司是很有用的。例如，如果生产工人偷工减料或做手脚的话，如果原材料价格上涨的话，就会影响到我们的产品销售。系统理论中讲的环境影响与我们公司的情况很相似。我的意思是，在目前这种经济环境中一个公司会受到环境的极大影响。在油价暴涨时期，我们当时还能控制自己的公司。现在呢？我们要想在销售方面每前进一步，都要经过艰苦的战斗。这方面的艰苦，你们大概都深有体会吧？"萨利插话说："你的意思我已经知道了。我们的确有过艰苦的时期，但是我不认为这与社会系统理论之间有什么必然的内在联系。我们曾在这种经济系统中受到过伤害。当然，你可以认为这是与系统理论是一致的。但是我并不认为我们就有采用社会系统理论的必要。我的意思是，如果每个东西都是一个系统的话，而所有的系统都能对某一个系统产生影响的话，我们又怎么能预见到这些影响所带来的后果呢？所以，我认为权变理论更适用于我们。如果你说事物都是相互依存的话，系统理论又能帮我们什么忙呢？"

　　海伦对他们这样的讨论表示有不同的看法。她说："对社会系统理论我还没有很好地考虑。但是，我认为权变理论对我们是很有用的。虽然我们以前亦经常采用权变理论，但是我却没有认识到自己是在运用权变理论。例如，我有一些家庭主妇顾客，听到她们经常讨论关于孩子和如何度过周末之类的问题，从她们的谈话中我就知道她们要采购什么东西了。顾客也不希望我们逼他们去买他们不需要的东西。我认为，如果我们花上一两个小时与他们自由交谈的话，那肯定会扩大我们的销售量。但是，我也碰到一些截然不同的顾客，他们一定要我向他们推荐产品，要我替他们在购货中做主。这些人也经常到我这里来走走，但不是闲谈，而是做生意。因此，你们可以看到，我每天都在运用权变理论来对付不同的顾客。为了适应形势，我经常改变销售方式和风格，许多销售人员也都是这样做的。"

　　汉克显得有点激动，他插话说："我不懂这些被大肆宣传的理论是什么东西。但是，关于社会系统理论和权变理论问题，我同意萨利的观点。教授们都把自己的理论吹得天花乱坠，他们的理论听起来很好，但是他们的理论却无助于我们的实际管理。对于培训班上讲的激励要素问题我也不同意。我认为泰罗在很久以前就对激励问题有了正确的论述。要激励工人，就是要根据他们所做的工作付给他们报酬。如果工人什么也没有做，则就用不着付任何报酬。你们和我一样清楚，人们只是为钱工作，钱就是最好的激励。"

问题：

1. 你偏向哪一个人的意见？他们的观点有什么不同之处？
2. 如果你是海伦，你如何使萨利相信和接受系统理论？

技能 训练

实训一：管理理论的认识与分析

【实训目标】

1. 增强学生对管理思想与理论的感性认识。

2. 培养学生运用所学管理理论分析管理现状的能力。

【实训内容与要求】

1. 通过多种渠道，收集国内著名企业的管理案例或资料，案例或资料一定要体现现代管理理论或思想，也可以是从反面说明不符合或违背现代管理思想从而导致失败。案例或资料的具体形式可以是新闻消息、事迹报道，也可以是工作简报、工作总结，还可以是书籍与报纸上登载的管理案例等。

2. 走访本地企业、学校、医院，调查其管理状况。

3. 运用学过的管理理论分析所搜集的案例和调查资料并写出报告。

4. 分析材料的具体结构：要先介绍案例或资料；然后指出用以分析的理论所属的流派及主要观点；重点分析与评价其管理思想；最后写出自己的体会。

5. 组织全班同学进行讨论。在班级组织的关于管理理论与管理思想的沙龙上，发言者除要注意运用所学理论进行广泛的分析评价外，更应注意联系管理实际，特别是自己的心得体会。一定要注意营造出自由的学术氛围，鼓励学术畅所欲言，充分发挥。

【成果与检测】

1. 根据每人所写的简要分析报告，由教师予以评分占50%。

2. 根据个人在沙龙上的表现，有学生相互评定成绩占50%。

实训二：模拟公司的管理思想与组织文化

【实训目标】

1. 培养初步运用管理思想解决问题的能力。

2. 培养分析与建设组织文化的能力。

【实训内容与要求】

根据所学知识以及从实际企业获得的信息资料，研讨并确定本公司的管理理念与组织文化。

1. 结合本公司的实际，论证应以何种理论作为管理的理论依据。

2. 本公司应树立哪些先进的管理理念？

3. 对本公司的文化建设提出各种设想，并制定建设方案。

4. 班级组织一次交流，每个公司推荐两名成员谈管理的理论依据，并由总经理谈公司的文化建设方案。

【成果与检测】

1. 每个人写出一份论证应以何种理论作为管理的理论依据的简要材料。

2. 每个公司提交一份"公司管理理念"与文化建设方案。

3. 由教师与学生对各公司所交材料与交流中的表现进行评估打分。

课外练习

一、单项选择题

1. 认为没有一成不变的、普遍使用的"最好的"管理理论和方法的是（　　）。

A. 管理过程学派　　　　　　　　　B. 权变理论学派

C. 社会合作学派　　　　　　　　　D. 数学（管理科学）学派

2. 把管理理论的各个学派称之为"管理理论丛林"的管理学家是（　　）。

A. 泰罗　　　　　B. 韦伯　　　　　C. 孔茨　　　　　D. 马斯洛

3. 泰罗的科学管理理论出现在（　　）。

A. 19 世纪末 20 世纪初　　　　　　B. 20 世纪 30 年代

C. 20 世纪 40 年代　　　　　　　　D. 20 世纪 60 年代

4. 霍桑试验表明（　　）。

A. 非正式组织对组织目标的达成是有害的

B. 非正式组织对组织目标的达成是有益的

C. 企业应采取一切措施来取缔非正式组织

D. 企业应该正视非正式组织的存在

5. 梅奥通过霍桑试验得出，人是（　　）。

A. 经济人　　　　B. 社会人　　　　C. 理性人　　　　D. 复杂人

6. 科学管理理论是古典管理理论之一，科学管理的中心问题是（　　）。

A. 提高劳动生产率　　　　　　　　B. 提高工人的劳动积极性

C. 制定科学的作业方法　　　　　　D. 从整体来研究管理

7. "举贤才"是中国古代哪家的管理思想（　　）。

A. 道家　　　　　B. 儒家　　　　　C.《孙子兵法》　　　D. 法家

8. "上兵伐谋"的战略思想中"五事"指的是（　　）。

A. 道、天、地、将、法　　　　　　B. 天时、地利、人和、法治、道德

C. 地、道、天、法、和　　　　　　D. 天、法、将、德、仁

9. 劳动分工理论是（　　）提出来的。

A. 斯密　　　　　B. 小瓦特　　　　C. 博尔顿　　　　D. 凯恩斯

10. 泰罗的科学管理理论属于（　　）。

A. 行为管理理论　　　　　　　　　B. 系统管理理论

C. 古典管理理论　　　　　　　　　D. 经验管理理论

二、多项选择题

1. 中国古代管理思想的代表是（　　）。

A. 道家　　　　　B. 儒家　　　　　C.《孙子兵法》　　　D. 法家

2. 科学管理的原则包括（　　）。

A. 对工人操作的每个动作进行科学研究，用以代替老的单凭经验的办法

B. 科学地挑选工人，并进行培训和教育，使之成长；而在过去，则是由工人任意挑选

自己的工作，并根据其各自的可能进行自我培训

C. 与工人们亲密协作，以保证一切工作都按已发展起来的科学原则去办

D. 资方和劳方之间在工作和职能上几乎是均分的，资方把自己比工人更胜任的那部分工作承揽下来；而在过去，几乎所有的工作和大部分的职责都推到工人们的身上

3. 法约尔认为管理活动包括（　　　）。

A. 计划　　　　　　B. 组织　　　　　　C. 指挥

D. 协调　　　　　　E. 控制

4. 韦伯将权力分为以下哪几类（　　　）。

A. 合理的法定的权力　　　　　　　　B. 企业赋予的权力

C. 传统的权力　　　　　　　　　　　D. 神授的权力

5. 人际关系学说的主要论点有（　　　）。

A. 职工是"经济人"

B. 职工是"社会人"

C. 正式组织中存在着"非正式组织"

D. 新的领导能力在于提高职工的满足度，以提高职工的士气，从而提高劳动生产率

模块 2 计 划

简单的道理

有两个饥饿的人得到了一位长者的恩赐：一根鱼竿和一篓鲜活硕大的鱼。其中，一个人要了鱼，另一个人要了鱼竿，之后他们分道扬镳了。得到鱼的人原地就用干柴搭起篝火煮起了鱼，他狼吞虎咽，还没有品出鲜鱼的肉香，转瞬间，连鱼带汤就被他吃了个精光，不久，他便饿死在空空的鱼篓旁。另一个人则提着鱼竿继续忍饥挨饿，一步步艰难地向海边走去，可当他已经看到不远处那片蔚蓝色的海洋时，他浑身的最后一点力气也使完了，他也只能眼巴巴地带着无尽的遗憾撒手人间。

还有两个饥饿的人，他们同样得到了长者恩赐的一根鱼竿和一篓鱼。只是他们没有各奔东西，而是商定共同去找寻大海，他俩每次只煮一条鱼，他们经过遥远的跋涉，来到了海边，从此，两人开始了以捕鱼为生的日子，几年后，他们盖起了房子，有了各自的家庭、子女，有了自己建造的渔船，过上了幸福安康的生活。

一个人只顾眼前的利益，得到的终将是短暂的欢愉；一个人目标高远，但也要面对现实的生活。只有把理想和现实有机结合起来，才有可能成为一个成功之人。有时候，一个简单的道理，却足以给人意味深长的生命启示。

任务 1 计 划

1. 知识目标：理解计划工作的含义，掌握计划工作的种类、程序、方法特征。
2. 能力目标：能够制订一般的活动计划；制订企业的中短期计划。
3. 素质目标：制订和分析计划。

《三国演义》三十八回

玄德屏人促席而告曰："汉室倾颓，奸臣窃命，备不量力，欲伸大义于天下，而智术浅短，迄无所就。惟先生开其愚而拯其厄，实为万幸！"孔明曰："自董卓造逆以来，天下豪杰并起。曹操势不及袁绍，而竟能克绍者，非惟天时，抑亦人谋也。今操已拥百万之众，挟天子以令诸侯，此诚不可与争锋。孙权据有江东，已历三世，国险而民附，此可用为援而不可图也。荆州北据汉、沔，利尽南海，东连吴会，西通巴、蜀，此用武之地，非其主不能守；是殆天所以资将军，将军岂有意乎？益州险塞，沃野千里，天府之国，高祖因之以成帝业；今刘璋暗弱，民殷国富，而不知存恤，智能之士，思得明君。将军既帝室之胄，信义著于四海，总揽英雄，思贤如渴，若跨有荆、益，保其岩阻，西和诸戎，南抚彝、越，外结孙权，内修政理；待天下有变，则命一上将将荆州之兵以向宛、洛，将军身率益州之众以出秦川，百姓有不箪食壶浆以迎将军者乎？诚如是，则大业可成，汉室可兴矣。此亮所以为将军谋者也。惟将军图之。"言罢，命童子取出画一轴，挂于中堂，指谓玄德曰："此西川五十四州之图也。将军欲成霸业，北让曹操占天时，南让孙权占地利，将军可占人和。先取荆州为家，后即取西川建基业，以成鼎足之势，然后可图中原也。"玄德闻言，避席拱手谢曰："先生之言，顿开茅塞，使备如拨云雾而睹青天。但荆州刘表、益州刘璋，皆汉室宗亲，备安忍夺之？"孔明曰："亮夜观天象，刘表不久人世；刘璋非立业之主：久后必归将军。"玄德闻言，顿首拜谢。只这一席话，乃孔明未出茅庐，已知三分天下，真万古之人不及也！

从故事中可知，孔明为刘备分析了天下形势，指明了目标，制定实现目标的步骤，最后三分天下。

问题：

1. 你如何评价刘备？
2. 你如何评价诸葛亮？
3. 如果你是孙权，你该如何制定国策？

1.1　计划的概述

1.1.1　计划的概念

名词意义上的计划指用文字和指标等形式所表述的，在未来一定时期内组织以及组织内不同部门和不同成员，关于行动方向、内容和方式安排的管理文件；

动词意义上的计划指为了实现决策所确定的目标，预先进行的行动安排。

1.1.2　计划工作的任务

1. "5W1H"

（1）What——做什么？即计划工作的目标与内容。

（2）Why——为什么做？即计划工作的原因。

（3）Who——谁去做？即计划工作的人员。

（4）Where——何地做？即计划工作的地点。

（5）When——何时做？即计划工作的时间。

（6）How——怎样做？即计划工作的方式、手段。

2. 以海尔企业生产小小神童洗衣机为例

（1）What：生产 1 000 台小小神童洗衣机。

（2）Why：因为通过市场信息了解，有需求，企业有这样的实力生产。

（3）When：投入的起止时间。

（4）Where：投入的地点，消费者集中的地方。

（5）Who：明确具体的岗位、负责人。

（6）How：具体的操作流程、技术要求。

1.1.3　计划工作的特点

1. 目的性

每一个计划及其派生计划都旨在促使企业或各类组织的总目标和一定时期目标的实现。计划工作是最明白地显示出管理的基本特征的主要职能活动。

2. 首要性

计划工作相对于其他管理职能处于首位（图 2-1）。把计划工作摆在首位，不仅因为从管理过程的角度来看，计划工作先于其他管理职能，而且因为在某些场合，计划工作是付诸实施的唯一管理职能。计划工作的结果可能得出一个决策，即无需进行随后的组织工作、领导工作及控制工作等。例如，对于一个是否建立新工厂的计划研究工作，如果得出的结论是新工厂在经济上是不合算的，那也就没有筹建、组织、领导和控制一个新厂的问题了。

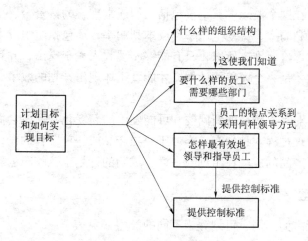

图 2-1　计划领先于其他职能

计划工作具有首要性的原因，还在于计划工作影响和贯穿于组织工作、人员配备、指导和领导工作及控制工作中。

计划工作对组织工作的影响是，可能需要在局部或整体上改变一个组织的结构，设立新的职能部门或改变原有的职权关系。例如一个企业要开发一种重要的新产品，可能要为此专门成立一个项目小组，并实行一种矩阵式的组织形式和职权关系。

计划工作对人员配备的影响可能是需要委任新的部门主管，调整和充实关键部门的人员以及培训员工等。而组织结构和员工构成的变化，必然会影响到领导方式和激励方式。

计划工作和控制工作尤其是分不开的——它们是管理的一双孪生子。未经计划的活动是无法控制的，因为控制就是纠正脱离计划的偏差，以保持活动的既定方向。没有计划指导的控制是毫无意义的，计划是为控制工作提供标准的。此外，控制职能的有效行使，往往需要根据情况的变化拟定新的计划或修改原定计划，而新的计划或修改过的计划又被作为连续进行的控制工作的基础。计划工作与控制工作的这种连续不断的关系，通常被称为计划—控制—计划循环。

3. 普遍性

虽然计划工作的特点和范围随各级主管人员职权的不同而不同，但它却是各级主管人员的一个共同职能。所有的主管人员，无论是总经理还是班组长都要从事计划工作。主管人员的主要任务是作决策，而决策本身就是计划工作的核心。如果将主管人员的决策权限制过严，那就会束缚他们的手脚，使他们无法自由地处置那些本应由他们处置的问题。久而久之，他们就会失去计划工作的职能与职责，养成依赖上级的习惯。这样，他们也就丧失了主管人员的基本特征。

4. 效率性

计划工作的任务，不仅是要确保实现目标，而且是要从众多方案中选择最优的资源配置方案，以求得合理利用资源和提高效率。用通俗的语言来表达，就是既要"做正确的事"又要"正确地做事"。显然，计划工作的任务同经济学所追求的目标是一致的。计划工作的效率，是以实现企业的总目标和一定时期的目标所得到的利益，扣除为制订和执行计划所需要的费用和其他预计不到的损失之后的总额来测定的。效率这个概念的一般含义是指投入和产出之间的比率。但在这个概念中，不仅包括人们通常理解的按资金、工时或成本表示的投入产出比率，如资金利润率、劳动生产率和成本利润率，还包括组织成本个人和群体的动机和程度这一类主观的评价标准。所以，只有能够实现收入大于支出，并且顾及国家、集体和个人三者利益的计划才是一个完美的计划，才能真正体现出计划的效率。

5. 创造性

计划工作总是针对需要解决的新问题和可能发生的新变化、新机会而作出决定的，因而它是一个创造性的管理过程。计划有点类似于一项产品或一项工程的设计，它是对管理活动的设计。正如一种新产品的成功在于创新一样，成功的计划也依赖于创新。

1.1.4 计划的类型

计划依据分类标准的不同，可划分为不同的类型（见表 2 – 1）。

表 2 – 1　计划的类型

分类标准	类　型
时间长短	• 长期计划 • 短期计划

续表

分类标准	类 型
职能空间	<ul><li>业务计划</li><li>财务计划</li><li>人事计划</li></ul>
综合性程度 （涉及的时间长短和涉及的范围广狭）	<ul><li>战略性计划</li><li>战术性计划</li></ul>
明确性	<ul><li>具体性计划</li><li>指导性计划</li></ul>
程序化	<ul><li>程序性计划</li><li>非程序性计划</li></ul>

1. 长期计划和短期计划

（1）长期计划：描述了组织较长时期（通常为五年以上）的发展方向和方针。

（2）短期计划：具体地规定了组织的各个部门在目前到未来的各个较短的阶段应该从事何种活动和应达到的要求。

2. 业务计划、财务计划和人事计划

（1）业务计划：组织的主要计划，包括产品开发、物资采购、仓储后勤、生产作业以及销售促进等。

（2）财务计划：研究如何从资本的提供和利用上促进业务活动的有效进行。

（3）人事计划：分析如何为业务规模的维持或扩大提供人力资源的保证。

3. 战略性计划与战术性计划

（1）战略性计划：指应用于整体组织的，为组织未来较长时期（通常为五年以上）设立总体目标和寻求组织在环境中的地位的计划。

（2）战术性计划：指规定总体目标如何实现的细节的计划，其需要解决的是组织的具体部门或职能在未来各个较短时期内的行动方案。

4. 具体性计划与指导性计划

（1）具体性计划：具有明确的目标的计划。

（2）指导性计划：只规定某些一般的方针和行动原则，给予行动者较大自由处置权。

5. 程序性计划与非程序性计划

西蒙把组织活动分为两类：一类是例行活动，指一些重复出现的工作，如订货、材料的出入库等；另一类活动是非例行活动，不重复出现，比如新产品的开发、生产规模的扩大、品种结构的调整、工资制度的改变，等等。针对于这两种活动所做的计划就是程序化计划和非程序化计划。

此外，纽曼还将计划分为用来处理常发性问题的常规计划和处理一次性的而非重复性的问题专用计划。

1.2 计划原理与计划工作程序

1.2.1 确定决策目标

1. 限定因素原理

限定因素是指妨碍组织目标实现的主要因素、主要矛盾。如公司要回答的问题是：影响公司发展的关键因素是什么？决定公司成功的主要因素是什么？

2. 许诺原理

任何一项计划都是对完成各项工作所作出的许诺。许诺越大，实现许诺的时间就越长，实现许诺的可能性就越小。

3. 灵活性原理

制订计划要留有余地。计划中体现的灵活性越大，由于未来意外事件引起损失的危险性就越小。

4. 改变航道原理

执行计划要有应变能力。计划制订后，在执行计划过程中，必要时应根据实际情况做必要的检查和修订。

1.2.2 计划编制过程

计划编制本身也是一个过程。为了保证编制的计划合理，实现决策的组织落实，计划编制必须采用科学的方法。

虽然可以用不同标准把计划分为不同类型，计划的形式也多种多样，但管理人员在编制任何完整的计划时，实质上都遵循相同的逻辑和步骤。

任何计划工作的程序，即工作步骤都是相似的，依次包括以下内容：估量机会；确定目标；确定前提条件；拟订可供选择的方案；评价各种备选方案；选择方案；拟订派生计划；编制预算（如图2-2所示）。

（1）估量机会。对机会的估量，要在实际的计划工作开始之前就着手进行，它虽然不是计划的一个组成部分，但却是计划工作的一个真正起点。其内容包括：对未来可能出现变化和预示的机会进行初步分析，形成判断；根据自己的长处和短处搞清自己所处的地位；了解自己利用机会的能力；列举主要的不肯定因素，分析其发生的可能性和影响程度；在反复斟酌的基础上，定下决心，扬长避短。

（2）确定目标。计划工作的第一步，是在估量机会的基础上，为组织及其所属的下级单位确定计划工作的目标。在这一步上，要说明基本的方向和要达到的目标，说明制定战略、政策、规则、程序、规划和预算的任务，指出工作的重点。

（3）确定前提条件。计划工作的第二步是确定一些关键性的计划前提条件，并使设计人员对此取得共识。所谓计划工作的前提条件就是计划工作的假设条件，换言之，即计划实施时的预期环境。负责计划工作的人员对计划前提了解得愈细愈透彻，并能始终如一地运用它，则计划工作也将做得协调。

按照组织的内外环境，可以将计划工作的前提条件分为外部前提条件和内部前提条件。还可以按可控程度，将计划工作前提条件分为不可控的、部分可控的和可控的三种前提条

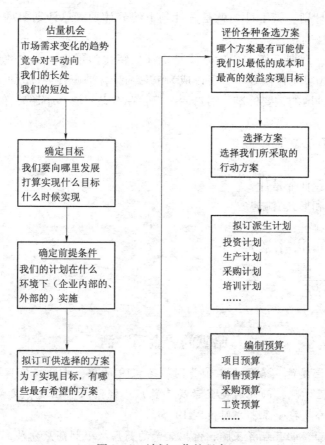

图 2-2　计划工作的程序

件。前述的外部前提条件多为不可控的和部分可控的，而内部前提条件大多是可控的。不可控的前提条件越多，不肯定性越大，就越需要通过预测工作确定其发生的概率和影响程度的大小。本书模块七将对此作详细阐述。

（4）拟订可供选择的方案。计划工作的第三步是调查和设想可供选择的行动方案。通常，最显眼的方案不一定就是最好的方案。在过去的计划方案上稍加修改和略加推演也不会得到最好的方案。这一步工作需要发挥创造性。此外，方案也不是越多越好。即使我们可以采用数学方法和借助电子计算机的手段，还是要对候选方案的数量加以限制，以便把主要精力集中在少数最有希望的方案的分析方面。

（5）评价各种备选方案。计划工作的第四步是按照前提和目标来权衡各种因素，比较各个方案的利弊，对各个方案进行评价。评价实质上是一种价值判断。它一方面取决于评价者所采用的标准；另一方面取决于评价者给各个标准所赋予的权数。显然，确定目标和确定计划前提条件的工作质量直接影响方案的评价。在评价方法方面，可以采用运筹学中较为成熟的阵评价法和层次分析法。在条件许可的情况下还可采用多目标评价方法。

（6）选择方案。计划工作的第五步是选择方案。这是在前四步工作基础上作出的关键一步，也是决策的实质性阶段——抉择阶段。可能遇到情况是有时会发现同时有两个可取的方案。在这种情况下，必须确定出先采取哪个方案，而将另一个方案也进行细化和完善，并作为后备方案。

（7）拟订派生计划。派生计划就是总计划下的分计划。总计划要靠分计划来保证，派生计划是总计划的基础。

（8）编制预算。计划工作的最后一步是把计划转化为预算，使之数化。预算实质上是资源的分配计划。预算工作做好了，可以成为汇总和综合平衡各类计划的一种工具，也可以成为衡量计划完成进度的重要标准，对这后一点，在本书模块六中还要详细讨论。

1. 计划的概念及任务是什么？
2. 计划的种类和形式有哪些？
3. 计划原理有哪些？
4. 计划的工作程序是什么？

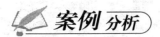

哈默的"金币"酒

1898 年 5 月，阿曼德·哈默出生于美国纽约。1917 年，哈默在修完两年的医学预科之后考上了哥伦比亚医学院，而此时他父亲的小药厂已经陷入了困境，父亲要他接管制药厂，但又不许他退学，哈默接受了，当时他刚 19 岁。

哈默很善于经营，很有经济头脑，他把父亲的药厂从小制药厂发展到大制药厂，再发展到西方石油公司，年营业额 200 亿美元，拥有资产几十亿美元，获得了巨大成功。哈默成功的要诀在哪里？这与他能够审时度势地判断形势，并作出正确的决策有很大的关系。

第二次世界大战爆发后，由于战争造成了食物紧张，美国政府下令禁止用谷物酿酒。哈默知道这个信息后，立即预测到威士忌酒要紧缺。当时美国酿酒厂的股票为每股 90 元，而且以一桶烈性威士忌酒作为股息。哈默立即买下了 5 500 股酿酒厂的股票，因此得到了作为股息的 5 500 桶烈性威士忌酒。

果不出哈默所料，市场上很快便短缺威士忌酒，哈默不失时机地把桶装威士忌酒改为瓶装，并贴上了"制桶"的商标卖出。于是，哈默的"制桶"牌威士忌酒大受欢迎，买酒的人排起了长龙般的队伍。

当哈默的 5 500 桶卖掉 2 500 桶的时候，一位叫艾森柏路的化学工程师前来拜访哈默。他告诉哈默，如果在威士忌酒中加上 80% 的廉价土豆酒精，数量就可以增加 5 倍，而且这种混合酒的味道也不错。

接着，哈默遵照这位工程师的建议做了试验和科学的分析，证实他说得不错。于是，哈默将所剩的 3 000 桶威士忌酒变成了 15 000 桶，并把这种酒商标定为"金币"。

在那个缺酒的年代，"金币"酒十分畅销。而哈默用价钱极便宜的土豆酒精掺入这 3 000 桶威士忌，赚了更多的钱。不久，他干脆买下一间土豆酒精厂，大量生产土豆酒精，继续大量生产"金币"混合酒，获得了很高的利润。

但是，形势忽然发生转变。美国政府从 1944 年 8 月 1 日起决定谷物开放，不再限制用谷物酿酒，这对哈默来说简直就是一场灾难。但是，哈默立即对形势作了全面的分析，他认为第二次世界大战不会马上结束，即使马上结束了，美国的经济也不会很快地好转，因此，谷物的开放时间并不会很长。

哈默为了验证预测是否正确，特意请了一批经济学家及有关人士对这个问题进行预测分析，大家的看法与他的结论完全一致，于是哈默下决心继续廉价收购无人问津的土豆以生产酒精，用来混配"金币"酒。果然，"谷物开放"政策只持续了一个月就宣告失败，而哈默的"金币"酒比以前更为畅销了。

管理启示：

管理者要想在复杂的市场环境中取得成功，必须有准确无误的决策。要做到决策无误，必须对影响市场变化的种种因素进行研究、分析，并善于捕捉各种及时的最新信息，善于审时度势，因时而变，相机而动。哈默生产威士忌酒的例子就很好地说明了这一点。

问题：

1. 哈默在创办"金币"酒厂的过程中经历了哪几个阶段？请分析每个阶段的环境状况。
2. 在各阶段中，哈默是怎样作决策的？其风险是什么？
3. 结合这个案例，说明一下应怎样依据环境进行正确决策？

 **技能** 训练

实训："五一"促销方案

一、活动时间：4 月 30 日～5 月 8 日

二、活动目的：

五月有几个重大节日如五一国际劳动节、五四青年节、母亲节等。为了更好地促进销售，提高单价，并且产生较有影响力的社会效应，进一步提升××的企业形象，特举办"五一"促销活动。

三、活动主题："庆五一，享方便实惠，赢精彩大奖"。

四、活动口号："五一逛××，购物中大奖；低价降到底，好运转不停"。

五、广告宣传：DM 海报 4 月 30 日～5 月 4 日，户外宣传广告喷绘介绍促销活动，车身条幅，大门条幅，店内 POP，广播宣传。

六、场景布置：大门口条幅，夏季吊旗，特价区吊牌 12 块，上下电梯 3 块宣传指示牌，平步梯广告帖纸，中空巨幅两条。

七、活动策略：

（1）"五一黄金周，低价降到底"，推出一期 DM 海报（4 月 30 日～5 月 4 日），单品分类，生鲜 25 元，食品 50 元，非食品 40 元，专柜 30 元，老店 25 元。

（2）"五一逛××，购物中大奖"（具体方案见附页）。

（3）"低价降到底，好运转不停"（具体方案见附页）。

（4）5 月 1 日第二届"劳动颂歌"青年卡拉 OK 竞赛决赛，"大浪淘沙显高明，群星荟萃看今朝"。

（5）5 月 4 日"青春风采，活力无限"青年节精彩文艺演出。

（6）5月5日"五一逛××，购物中大奖"抽奖晚会，精彩演出（内部员工）。

（7）"六一儿童才艺秀"报名正式启动，4月25日至5月10日报名，5月13日第一场预赛（具体方案见附页）。

（8）5月8日母亲节，母亲购物有礼。凡于5月8日到商场购物的已婚女性顾客，一次性购物满50元以上，凭电脑小票送礼品一份。每人每票限送一份，礼品数量有限送完即止。

（9）5月12日"五一逛××，购物中大奖"颁奖晚会。

 课外 练习

一、选择题

1. 影响行业竞争的五种力量模型是一种非常好用的分析工具，在进行竞争分析和制定竞争战略时，大多数人都会借鉴使用这一模型。现在，假设我们对某大城市一家经营手机业务的企业所面临的竞争状况进行分析。结合现实，你认为表2-2中序号（   ）所对应的分析结论最合理。

表2-2 竞争状况分析

序号	行业内竞争者	潜在竞争者	替代产品	供方的 讨价还价能力	买方的 讨价还价能力	对手机业务竞争地位的 分析结论
①	增加不多	很少	几乎没有	减弱	有所增强	巩固并略有提升
②	快速增加	很多	威胁不大	变化不大	明显增强	有明显下降
③	明显增加	较多	威胁很大	快速减弱	明显增强	略有下降
④	竞争十分激烈	存在	威胁不大	减弱	明显增强	快速提升

A. ①   B. ②   C. ③   D. ④

2. 企业计划从上到下可分成多个层次，通常越低层次目标就越具有（   ）特点。

A. 定性和定量结合   B. 趋向于定性

C. 模糊而不可控   D. 具体而可控

3. 计划制订中的滚动计划法是动态的和灵活的，它的主要特点是（   ）。

A. 按前期计划执行情况和内外环境变化，定期修订已有计划

B. 不断逐期向前推移，使短、中期考虑有机结合

C. 按近细远粗的原则来制定

D. 以上三方面都是

4. 某企业在编制预算时规定，在产品销量为1 000件时，预算的单位成本为2.80元；而当销量达到1 500件时，则以单位成本2.65元作为控制标准。此种做法（   ）。

A. 违背了控制的严肃性原则

B. 体现了控制的例外原则

C. 以弹性预算法来谋求控制严肃性与灵活性的统一

D. 在控制工作中引入了激励原则

5. 按照计划内容表现形式的不同，可以将其分为目标、策略、政策等多种。在决策或处理问题时，用以指导并沟通思想活动的方针和一般规定就是（   ），它指明了组织活动

的方向和范围。

A. 策略   B. 政策   C. 规则   D. 规则

二、思考题

1. 简述各种类型的计划。

2. 试述计划工作的程序。

3. 计划如何影响组织的绩效？如何影响组织未来的发展？

4. 何谓预测？预测的技术方法分类如何？

三、论述题

怎样根据不同的实际需要制订不同类型的计划？

任务 2 决 策

学习目标

1. 知识目标：通过学习，了解决策的定义，按各种不同的标准对决策进行的分类，决策过程通常所包括的几个步骤，常用的决策方法。

2. 能力目标：风险分析法（掌握、运用）。

3. 素质目标：提高学生对事物的判断能力，提高自身的自信心，通过对案例的分析不断提高学生的管理决策能力。

小故事

袋鼠与笼子

一天动物园管理员发现袋鼠从笼子里跑出来了，于是开会讨论，一致认为是笼子的高度过低。所以他们决定将笼子的高度由原来的 10 米加高到 20 米。结果第二天他们发现袋鼠还是跑到外面来，所以他们又决定再将高度加高到 30 米。没想到隔天居然又看到袋鼠全跑到外面，于是管理员们大为紧张，决定一不做二不休，将笼子的高度加高到 100 米。一天长颈鹿和几只袋鼠们在闲聊，"你们看，这些人会不会再继续加高你们的笼子？"长颈鹿问。"很难说，"袋鼠说："如果他们再继续忘记关门的话！"

管理心得：事有"本末"、"轻重"、"缓急"，关门是本，加高笼子是末，舍本而逐末，当然就不得要领了。管理是什么？管理就是先分析事情的主要矛盾和次要矛盾，认清事情的"本末"、"轻重"、"缓急"，然后从重要的方面下手。

2.1 决策的概念

"决策"一词的英语表述为 Decision Making，意思就是作出决定或选择。时至今日，对决策概念的界定不下百种，但仍未形成统一的看法，诸多界定归纳起来，基本有以下三种理解。

一是把决策看做是一个包括提出问题、确立目标、设计和选择方案的过程。这是广义的理解。

二是把决策看做是从几种备选的行动方案中作出最终抉择，是决策者的拍板定案。这是狭义的理解。

三是认为决策是对不确定条件下发生的偶发事件所做的处理决定。这类事件既无先例，又没有可遵循的规律，作出选择要冒一定的风险。也就是说，只有冒一定风险的选择才是决策。这是对决策概念最狭义的理解。以上对决策概念的解释是从不同的角度作出的，要科学地理解决策概念，有必要考察决策专家赫伯特·西蒙在决策理论中对决策内涵的看法。

一般理解，决策就是作出决定的意思，即对需要解决的事情作出决定。按汉语习惯，"决策"一词被理解为"决定政策"，主要是对国家大政方针作出决定。但事实上，决策不仅指高层领导作出决定，也包括人们对日常问题作出决定。如某企业要开发一个新产品，引进一条生产线，某人选购一种商品或选择一种职业，都带有决策的性质。可见，决策活动与人类活动是密切相关的。

正确理解决策概念，应把握以下几层意思。

1）决策要有明确的目标

决策是为了解决某一问题，或是为了达到一定目标。确定目标是决策过程第一步。决策所要解决的问题必须十分明确，所要达到的目标必须十分具体。没有明确的目标，决策将是盲目的。

2）决策要有两个以上备选方案

决策实质上是选择行动方案的过程。如果只有一个备选方案，就不存在决策的问题。因而，至少要有两个或两个以上备选方案，人们才能从中进行比较、选择，最后选择一个较满意方案作为行动方案。

3）选择后的行动方案必须付诸实施

如果选择后的方案没有付诸实施，决策也就等于没有决策。决策不仅是一个认识过程，也是一个行动的过程。

决策是人类社会自古就有的活动，决策科学化是在 20 世纪初开始形成的。第二次世界大战之后，决策研究在吸引了行为科学、系统理论、运筹学、计算机科学等多门科学成果的基础上，结合决策实践，到 20 世纪 60 年代形成了一门专门研究和探索人们作出正确决策规律的科学——决策学。决策学研究决策的范畴、概念、结构、决策原则、决策程序、决策方法、决策组织等，并探索这些理论与方法的应用规律。随着决策理论与方法研究的深入与发展，决策渗透到社会经济、生活各个领域，尤其应用在企业经营活动中，从而也就出现了经营管理决策。

2.2 决策的分类

2.2.1 长期决策与短期决策

从决策影响的时间看，可把决策分为长期决策与短期决策。

长期决策是指有关组织今后发展方向的长远性、全局性的重大决策，又称长期战略决策，如投资方向的选择、人力资源的开发和组织规模的确定等。

短期决策是为实现长期战略目标而采取的短期策略手段，又称短期战术决策，如企业日常营销、物资储备以及生产中资源配置等问题的决策都属于短期决策。

2.2.2 战略决策、战术决策与业务决策

从决策的重要性看，可把决策分为战略决策、战术决策与业务决策。

战略决策对组织最重要，通常包括组织目标、方针的确定，组织机构的调整，企业产品的更新换代，技术改造等，这些决策牵涉组织的方方面面，具有长期性和方向性。

战术决策又称管理决策，是在组织内贯彻的决策，属于战略决策执行过程中的具体决策。战术决策旨在实现组织中各环节的高度协调和资源的合理使用，如企业生产计划和销售计划的制订、设备的更新、新产品的定价以及资金的筹措等都属于战术决策的范畴。

业务决策又称执行性决策，是日常工作中为提高生产效率、工作效率而作出的决策，牵涉范围较窄，只对组织产生局部影响。属于业务决策范畴的主要有：工作任务的日常分配和检查、工作日程（生产进度）的安排和监督、岗位责任制的制定和执行、库存的控制以及材料的采购等。

2.2.3 集体（群体）决策与个人决策

从决策的主体看，可把决策分为集体决策与个人决策。

集体决策是指多个人一起作出的决策，个人决策则是指单个人作出的决策。

相对于个人决策，集体决策有如下优点：能更大范围地汇总信息；能拟订更多的备选方案；能得到更多的认同；能更好地沟通；能作出更好的决策等。但集体决策也有一些缺点，如花费较多的时间、产生"从众现象"以及责任不明或出现冒险转移现象等。

2.2.4 初始决策与追踪决策

从决策的起点看，可把决策分为初始决策与追踪决策。

初始决策是零起点决策，它是在有关活动尚未进行、环境未受到影响的情况下进行的决策。

随着初始决策的实施，组织环境发生变化，在这种情况下所进行的决策就是追踪决策。因此，追踪决策是非零起点决策。

2.2.5 程序化决策与非程序化决策

从决策所涉及的问题看，可把决策分为程序化决策与非程序化决策。

组织中的问题可被分为两类：一类是例行问题，另一类是例外问题。例行问题是指那些重复出现的、日常的管理问题，如管理者日常遇到的产品质量、设备故障、现金短缺、供货单位未按时履行合同等问题；例外问题则是指那些偶然发生的、新颖的、性质和结构不明的、具有重大影响的问题，如组织结构变化、重大投资、开发新产品或开拓新市场、长期存在的产品质量隐患、重要的人事任免以及重大政策的制定等问题。

赫伯特·西蒙根据问题的性质把决策分为程序化决策与非程序化决策。程序化决策涉及的是例行问题，而非程序化决策涉及的是例外问题。

2.2.6 确定型决策、风险型决策与不确定型决策

从环境因素的可控程度看，可把决策分为确定型决策、风险型决策与不确定型决策。

确定型决策是指在稳定（可控）条件下进行的决策。在确定型决策中，决策者确切知道自然状态的发生，每个方案只有一个确定的结果，最终选择哪个方案取决于对各个方案结果的直接比较。

风险型决策也称随机决策，在这类决策中，自然状态不止一种，决策者不能知道哪种自然状态会发生，但能知道有多少种自然状态以及每种自然状态发生的概率。

不确定型决策是指在不稳定条件下进行的决策。在不确定型决策中，决策者可能不知道有多少种自然状态，即便知道，也不能知道每种自然状态发生的概率。

2.3　决策的程序

决策的程序如图 2 - 3 所示。

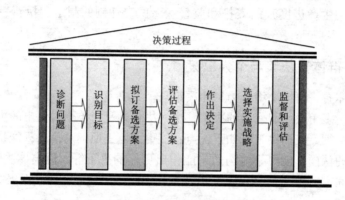

图 2 - 3　决策的程序

2.3.1　识别机会或诊断问题

这是制定决策的第一步。首先要研究组织的外部环境，明确组织面临的挑战和机会，然后要分析组织的内部条件，清醒地认识到组织的优势与劣势。在分析组织存在的问题的同时，应当明确造成问题的原因，也就是说，要把现象和原因二者区分清楚。现象是指首先引起人们注意的，总是存在的某种特征或事态发展。例如某公司出现亏损，但亏损并不是该公司的问题所在，而是问题的现象或后果。那么，该公司的问题到底是什么？答案能有许多个，如产品质量不好、产品定价太高、广告宣传做得不好、员工士气低下，等等。最终的研究结果可能是公司的生产和销售总额低于该产品的盈亏平衡点。

2.3.2　识别目标

目标体现的是组织想要获得的结果。所想获得的结果的数量和质量都要明确下来，因为目标的这两个方面都最终指导决策者选择合适的行动路线。

目标的衡量方法有很多种，如我们通常用货币单位来衡量利润或成本目标，用每人时的产出数量来衡量生产率目标，用次品率或废品率来衡量质量目标。

确定决策目标很关键。目标不当，必然会影响到其后一系列措施和行动的合理性。组织在经营过程中的目标很多，但在一定时期内，应以一两个目标为重点。要分清并处理好长期目标和短期目标、主要目标和次要目标之间的关系。

2.3.3 拟订备选方案

一旦机会或问题被正确地识别出来，管理者就要提出达到目标和解决问题的各种方案。管理者常常借助其个人经验、经历和对有关情况的把握来提出方案。为了提出更多、更好的方案，需要从多种角度审视问题，这意味着管理者要善于征询他人的意见。

备选方案可以是标准的和明显的，也可以是独特的和富有创造性的。标准方案通常是指组织以前采用过的方案。通过头脑风暴法、名义组织技术和德尔菲技术等，可以提出富有创造性的方案。

2.3.4 评估备选方案

决策过程的第四步是确定所拟订的各种方案的价值或恰当性，即确定最优的方案。为此，管理者起码要具备评价每种方案的价值或相对优势/劣势的能力。在评估过程中，要使用预定的决策标准（如所想要的质量）以及每种方案的预期成本、收益、不确定性和风险。最后对各种方案进行排序。例如，管理者会提出以下的问题：该方案会有助于我们质量目标的实现吗？该方案的预期成本是多少？与该方案有关的不确定性和风险有多大？

2.3.5 作出决定

在决策过程中，管理者通常要作出最后选择，但作出决定仅是决策过程中的一个步骤。尽管选择一个方案看起来很简单——只需要考虑全部可行方案并从中挑选一个能最好解决问题的方案，但实际上，作出选择是很困难的。由于最好的决定通常建立在仔细判断的基础上，所以管理者要想作出一个好的决定，必须仔细考察全部事实、确定是否可以获取足够的信息并最终选择最好方案。

2.3.6 选择实施战略

方案的实施是决策过程中至关重要的一步。在方案选定以后，管理者就要制订实施方案的具体措施和步骤。实施过程中通常要注意做好以下工作。

（1）制定相应的具体措施，保证方案的正确实施。

（2）确保与方案有关的各种指令能被所有有关人员充分接受和彻底了解。

（3）应用目标管理方法把决策目标层层分解，落实到每一个执行单位和个人。

（4）建立重要的工作报告制度，以便及时了解方案进展情况，及时进行调整。

2.3.7 监督和评估

一个方案可能涉及较长的时间，在这段时间内，形势可能发生变化，而初步分析建立在对问题或机会的初步估计上，因此，管理者要不断对方案进行修改和完善，以适应不断变化的形势。

由于组织内部条件和外部环境的不断变化，管理者要不断修正方案来减少或消除不确定性，定义新的情况，建立新的分析程序。具体来说，职能部门应对各层次、各岗位履行职责情况进行检查和监督，及时掌握执行进度，检查有无偏离目标，及时将信息反馈给决策者。决策者则根据职能部门反馈的信息，及时追踪方案实施情况，对与既定目标发生部分偏离的，应采取有效措施，以确保既定目标的顺利实现；对客观情况发生重大变化，原先目标确实无法实现的，则要重新寻找问题或机会，确定新的目标，重新拟订可行的方案，并进行评估、选择和实施。

需要说明的是，管理者在以上各个步骤中都要受到个性、态度和行为，伦理和价值，以及文化等诸多因素的影响。

2.4 决策的影响因素

2.4.1 环境

环境对组织决策的影响是不言而喻的，这种影响是双重的。

（1）环境的特点影响着组织的活动选择。比如，就企业而言，需对经营方向和内容经常进行调整；位于垄断市场上的企业，通常将经营重点致力于内部生产条件的改善、生产规模的扩大以及生产成本的降低，而处在竞争市场上的企业，则需密切注视竞争对手的动向，不断推出新产品，努力改善营销宣传，建立健全销售网络。

（2）对环境的习惯反应模式也影响着组织的活动选择。即使在相同的环境背景下，不同的组织也可能作出不同的反应。而这种调整组织与环境之间关系的模式一旦形成，就会趋向固定，限制人们对行动方案的选择。

2.4.2 过去决策

今天是昨天的继续，明天是今天的延伸。历史总是要以这种或那种方式影响着未来。在大多数情况下，组织决策不是在一张白纸上进行初始决策，而是对初始决策的完善、调整或改革。组织过去的决策是目前决策过程的起点；过去选择的方案的实施，不仅伴随着人力、物力、财力等资源的消耗，而且伴随着内部状况的改变，带来了对外部环境的影响。"非零起点"的目前决策不能不受到过去决策的影响。过去的决策对目前决策的制约程度要受到它们与现任决策者的关系的影响。如果过去的决策是由现在的决策者制定的，而决策者通常要对自己的选择及其后果负管理上的责任，因此会不愿对组织活动进行重大调整，而倾向于把大部分资源投入到过去方案的执行中，以证明自己的一贯正确。相反，如果现在的主要决策者与组织过去的重要决策没有很深的渊源关系，则易于接受重大改变。

2.4.3 决策者对风险的态度

风险是指失败的可能性。由于决策是人们确定未来活动的方向、内容和目标的行动，而人们对未来的认识能力有限，目前预测的未来状况与未来的实际状况不可能完全相符，因此在决策指导下进行的活动，既有成功的可能，也有失败的危险。任何决策都必须冒一定程度的风险。组织及其决策者对待风险的不同态度会影响决策方案的选择。愿意承担风险的组织，通常会在被迫对环境作出反应之前就已采取进攻性的行动；而不愿承担风险的组织，通常只能对环境作出被动的反应。愿意冒风险的组织经常进行新的探索，而不愿承担风险的组织，其活动则要受到过去决策的严重限制。

2.4.4 组织文化

组织文化制约着组织及其成员的行为以及行为方式。在决策层次上，组织文化通过影响人们对变化的态度而发生作用。任何决策的制定，都是对过去在某种程度上的否定；任何决策的实施，都会给组织带来某种程度的变化。组织成员对这种可能产生的变化会怀有抵触或欢迎两种截然不同的态度。在偏向保守、怀旧、维持的组织中，人们总是根据过去的标准来判断现在的决策，总是担心在变化中会失去什么，从而对将要发生的变化产生怀疑、害怕和抵触的心理与行为；相反，在具有开拓、创新气氛的组织中，人们总是以发展的眼光来分析决策的合理性，总是希望在可能产生的变化中得到什么，因此渴望变化，欢迎变化，支持变化。显然，欢迎变化的组织文化有利于新决策的实施，而抵触变化的组织文化则可能给任何新决策的实施带来灾难性的影响。在后一种情况下，为了有效实施新的决策，必须首先通过大量工作改变组织成员的态度，建立一种有利于变化的组织文化。因此，决策方案的选择不能不考虑改变现有组织文化而必须付出的时间和费用的代价。

2.4.5 时间

美国学者威廉·R. 金和大卫·I. 克里兰把决策类型划分为时间敏感决策和知识敏感决策。时间敏感决策是指那些必须迅速而尽量准确的决策。战争中军事指挥官的决策多属于此类，这种决策对速度的要求远甚于质量。例如，当一个人站在马路当中，一辆疾驶的汽车向他冲来时，他所要做的关键是要迅速跑开，至于跑向马路的左边近些还是右边近些，相对于及时行动来说则显得比较次要。

相反，知识敏感决策对时间的要求不是非常严格。这类决策的执行效果主要取决于其质量而非速度。制定这类决策时，要求人们充分利用知识，作出尽可能正确的选择。组织关于活动方向与内容的决策，即前面提到的战略决策，基本属于知识敏感决策。这类决策着重于运用机会，而不是避开威胁，着重于未来，而不是现在。所以，选择方案时，在时间上相对宽裕，并不一定要求必须在某一日期以前完成。但是，也可能出现这样的情况，外部环境突然发生了难以预料和控制的重大变化，对组织造成了重大威胁。这时，组织如不迅速作出反应，进行重要改变，则可能引起生存危机。这种时间压力可能限制人们能够考虑的方案数量，也可能使人们得不到足够的评价方案所需的信息，同时，还会诱使人们偏重消极因素，忽视积极因素，仓促决策。

2.5 决策方法

2.5.1 定性决策方法

定性决策方法是指在决策过程中充分发挥专家集体的智慧、能力和经验，在调查、研究分析的基础上，根据掌握的情况与资料，进行决策的方法。定性决策方法主要有头脑风暴法、名义小组技术、德尔菲技术等。

1. 头脑风暴法

头脑风暴法是比较常用的集体决策方法，是由英国心理学家奥斯本首次提出来的。通常是将对解决某一问题有兴趣的人集合在一起，在完全不受约束的条件下，敞开思路，畅所欲言。奥斯本还为该决策方法的实施提出了四项原则：① 延迟批评（对别人的建议不作任何评价，将相互讨论限制在最低限度内）；② 以量求质（建议越多越好，在这个阶段，参与者不要考虑自己建议的质量，想到什么就应该说出来）；③ 自由思考（鼓励每个人独立思考，广开思路，想法越新颖、越奇异越好）；④ 结合改善（可以补充和完善已有的建议以使它更具说服力）。

头脑风暴法的目的在于创造一种畅所欲言、自由思考的氛围，诱发创造性思维的共振和连锁反应，产生更多的创造性思维。这种方法的时间安排应在 1 ～ 2 小时，参加者以 5 ～ 6 人为宜。

2. 名义小组技术

在集体决策中，如对问题的性质不完全了解且意见分歧严重，则可采用名义小组技术。在这种技术下，小组的成员互不通气，也不在一起讨论、协商，从而小组只是名义上的。这种名义上的小组可以有效地激发个人的创造力和想象力。

在这种技术下，管理者先召集一些有知识的人，把要解决的问题的关键内容告诉他们，并请他们独立思考，要求每个人尽可能地把自己的备选方案和意见写下来。然后再按次序让他们一个接一个地陈述自己的方案和意见。在此基础上，由小组成员对提出的全部备选方案进行投票，根据投票结果，赞成人数最多的备选方案即为所要的方案，当然，管理者最后仍有权决定是接受还是拒绝这一方案。

3. 德尔菲技术

德尔菲技术也称专家预测法，是在 20 世纪 40 年代由兰德公司提出的，被用来听取有关专家对某一问题或机会的意见。德尔菲是古希腊传说中的神谕之地，据说城中有座阿波罗神殿，可以预卜未来，故借用其名。如管理者面临着一个有关用煤发电的重大技术问题时，运用这种技术的第一步是要设法取得有关专家的合作（专家包括大学教授、研究人员以及能源方面有经验的管理者）。然后把要解决的关键问题（如把煤变成电能的重大技术问题）分别告诉专家们，请他们单独发表自己的意见并对实现新技术突破所需的时间作出估计。在此基础上，管理者收集并综合各位专家的意见，再把综合后的意见反馈给各位专家，让他们再次进行分析并发表意见。在此过程中，如遇到差别很大的意见，则把提供这些意见的专家集中起来进行讨论并综合。如此反复多次，最终形成代表专家组意见的方案。

运用该技术的关键是：① 选择好专家，这主要取决于决策所涉及的问题或机会的性质；② 决定适当的专家人数，一般 10 ～ 50 人较好；③ 拟订好意见征询表，因为它的质量直接关系到决策的有效性。

2.5.2 定量决策方法

1. 确定型决策方法

确定型决策指决策面对的问题的相关因素是确定的，从而建立的决策模型中的各种参数是确定的。确定型决策的方法有线性规划、非线性规划、动态规划等。

例：某企业可以生产 A、B 两种产品。生产单位产品 A 和 B 所需要的机器、人工、原材料的数量，每天可用资源总量和各种资源的价格，都在表 2 - 3 中给出。已知产品 A 的售价 600 元，B 的售价 400 元，市场需求旺盛。问：如何安排生产能使企业的利润最大？

表 2-3　A、B 两种产品资料

项　目	产品 A	产品 B	资源总量（天）	资源单价（元）
机器（时）	6	8	1 200	5
人工（时）	10	5	1 000	20
原材料（千克）	11	8	1 300	1

2. 不确定型决策方法

如果决策问题涉及的条件中有些是未知的，对一些随机变量，连它们的概率分布也不知道，这类决策被称为不确定型决策。

例：某企业打算生产某产品。根据市场预测分析，产品销路有三种可能性：销路好、一般和差。生产该产品有三种方案：改进生产线、新建生产线、外包生产。各种方案的收益值在表 2-4 中给出。

表 2-4　各种方案的收益值

企业产品生产各方案同市场情况下的收益/万元			
项　目	销路好	销路一般	销路差
改进生产线	180	120	-40
新建生产线	240	100	-80
外包生产	100	70	16

3. 风险型决策方法

如果决策问题涉及的条件中有些是随机因素，它虽然不是确定型的，但我们知道它们的概率分布，这类决策被称为风险型决策。风险型决策常用方法为决策树。

1）决策树的定义

以图解方式分别计算各个方案在不同自然状态下的期望值，通过综合期望值的比较分析，作出决策。由于这种方法所用的图形如树状，故叫决策树。

2）决策树构成（三点两枝）

决策树构成如图 2-4 所示。

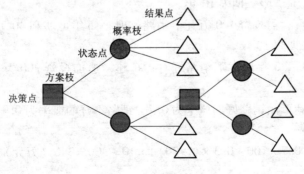

图 2-4　决策树构成

决策点：代表最后的方案选择；

状态点：代表方案将会遇到的不同状态；

结果点：代表每一种状态所得到的结果；

方案枝：由决策点引出的线段，连接决策点和状态点，每一线段代表一个方案；

概率枝：由状态点引出的线段，连接状态点和结果点，每一线段代表一种状态。

3）计算

例：假设某公司为满足某种新产品的市场需求，拟规划建设新厂。预计市场对这种新产品的需求量可能比较大，但也存在销路差的可能性。另一种可能是最初几年销路很好，但几年后可能保持旺销，也可能需求量减少。公司面临三种可能的选择（图2-5）：建一座大厂，如果需求量很大则产品可完全占领市场，并获得很大的收益；但如果需求量小，工厂会亏损。若建立一座小厂，在需求量小的情况下仍可收回投资，并可获得一定的收益；但如果遇到需求量大的情况，则很快会让竞争对手占领市场，这样不仅失去了获得高收益的机会，还可能因竞争而使小厂原有的收益降低。还有一种方案是先建小厂，若试销期需求量很大再将工厂扩大。各方案具体情况如下。

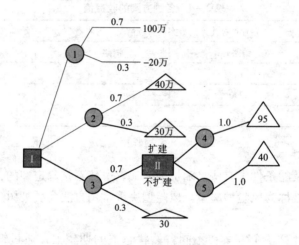

图2-5 三种选择方案

方案一：新建大厂，需投资300万元。据初步设计，销路好时，每年可获利100万元；销路不好时亏损20万元。服务期限10年。

方案二：新建小厂，需投资140万元。销路好时，每年可获利40万元；销路不好时仍可获利30万元。服务期限10年。

方案三：先建小厂，3年后肯定销路好时再扩建，追加投资200万元，服务期限7年，估计获利95万元。

根据市场预测，新产品销路好的概率为0.7，销路不好的概率为0.3。

方案一的期望值：

$$[0.7 \times 100 + 0.3 \times (-20)] \times 10 - 300 = 340（万元）$$

方案二的期望值：

$$(0.7 \times 40 + 30 \times 0.3) \times 10 - 140 = 230（万元）$$

方案三，由于结点④的期望收益465（$95 \times 7 - 200$）万元大于结点⑤的期望收益280（40×7）万元，所以销路好时，扩建比不扩建好。方案三（结点③）的期望收益为：（0.7×

$40 \times 3 + 0.7 \times 465 + 0.3 \times 30 \times 10) - 140 = 359.5$（万元）

计算结果表明，在三种方案中，方案三最好。

由于方案一期望值为 340 万元；方案二期望值为 230 万元；方案三期望值为 359.5 万元。所以，方案三是最优方案。

练习：

某企业计划生产某种新产品，有两个方案可供选择：

方案一：大批量生产，据估计，销路好时，每年可获利 80 万元；销路不好时仍可获利 20 万元。

方案二：小批量生产，据估计，不论销路好坏，都可获利 40 万元。

据市场调查估计，这种产品投入市场后，销路好的概率为 0.7，销路不好的概率为 0.3。服务期限为两年。请用决策树法选出最优方案。

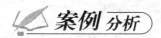 **思考题**

1. 如何理解决策的含义？
2. 决策的过程包括哪些步骤？每一步骤需要注意哪些问题？
3. 决策的影响因素有哪些？
4. 定性决策的方法有哪些？

案例分析

市政府的决策失误

某城市繁华地段有一个食品厂，因经营不善长期亏损，该市政府领导拟将其改造成一个副食品批发市场，这样既可以解决企业破产后下岗职工的安置问题，又方便了附近居民。为此进行了一系列前期准备，包括项目审批、征地拆迁、建筑规划设计等。不曾想，外地一开发商已在离此地不远的地方率先投资兴建了一个综合市场，而综合市场中就有一个相当规模的副食品批发场区，足以满足附近居民和零售商的需求。

面对这种情况，市政府领导陷入了两难境地：如果继续进行副食品批发市场建设，必然亏损；如果就此停建，则前期投入将全部泡汤。在这种情况下，该市政府盲目作出决定，将该食品厂厂房所在地建成一居民小区，由开发商进行开发，但对原食品厂职工没能作出有效的赔偿，使该厂职工陷入困境，该厂职工长期上访不能解决赔偿问题，对该市的稳定造成了隐患。

案例分析：

该市领导解决问题时是出于好心，既要解决企业生产不景气的问题，又要为城市居民解决购物问题，对企业职工也有一个比较好的安排，但作出决策比较仓促，没能充分考虑清楚问题涉及的各种因素，在决策失误时又进一步决策失误，造成了非常被动的工作局面，也给企业职工造成了不可挽回的损失。用领导科学来分析，该决策反映出以下几个问题。

（1）此案例反映了领导决策中信息原则的重要性。造成这种两难境地的主要原因是没有很好地坚持领导决策的信息优先原则。信息是决策的基础，充分、及时、全面、有效的信息是科学决策的前提。该区政府领导在决定副食品批发市场项目之前，显然缺乏全面细致的市场调查，不了解已有在建的综合市场特别是其内部包含副食品批发场区。因此盲目决策，匆忙上马，陷入困境。

（2）此案例反映了追踪决策的重要性。当原有决策方案实施后，主客观情况发生了重大变化，原有的决策目标无法实现时，要对原决策目标或方案进行根本性修订，这就是追踪决策。该市领导在客观情况发生了重大变化时，没能认真分析，而是仓促作出新的决策，在追踪决策上存在失误。

（3）走出两难境地的方案，可以有不同的思路。比如，一种是迎接挑战，继续兴建。但要调查研究，对原决策方案进行修订和完善，使得所建批发市场在规模、设施、服务和管理等方面超过竞争对手，以期在市场竞争中获胜；另一种是及早决断，对原决策方案进行根本性修订，重新考察、确立和论证新的项目，实行转向经营。该市领导在没有确立和论证新的项目的情况下，对该地进行房地产开发，带有很大的随意性。

（4）没能把人的问题放在首要地位。领导者作出决策，首先要解决的问题归根到底是人的问题，而处理好人的问题是领导决策得以实现的关键。如果仅从经济效益上考虑问题，而忽略了人的问题的解决，全然不顾人的思想工作，那么引起的社会问题和社会矛盾等可能会让政府付出更大的代价。

五个经营决策案例

在棋界有句话："一着不慎，满盘皆输；一着占先，全盘皆活。"它喻示这样一个道理，无论做什么事情，成功与失败取决于决策的正确与否。科学的经营决策能使企业充满活力，兴旺发达，而错误的经营决策会使企业陷入被动，濒临险境。综观世界各国，经营决策失败的案例有之，当然，也不乏成功的案例。从以下的案例中我们会得到许多有益的启示。

案例一：1985 年，由马来西亚国营重工业公司和日本三菱汽车公司合资 2.8 亿美元生产的新款汽车"沙格型"隆重推出市场。马来西亚政府视之为马来西亚工业的"光荣产品"，然而产品在推出后，销售量很快跌至低潮。经济学家们经过研究，认为"沙格型"汽车的一切配件都从日本运来，由于日元升值，使它的生产成本急涨，再加上马来西亚本身的经济不景气，所以汽车的销售量很少。此外，最重要的因素是政府在决定引进这种车型时，主要考虑到满足国内的需要。因此，技术上未达到先进国家的标准，无法出口。由于在目标市场决策中出现失误，"沙格型"汽车为马来西亚工业带来的好梦，只是昙花一现而已。

此例说明，科学经营决策的前提是确定决策目标。它作为评价和监测整个决策行动的准则，不断地影响、调整和控制着决策活动的过程，一旦目标错了，就会导致决策失败。

案例二：1962 年，英法航空公司开始合作研制"协和"式超音速民航客机，其特点是快速、豪华、舒适。经过十多年的研制，耗资上亿英镑，终于在 1975 年研制成功。十几年时间的流逝，情况发生了很大变化。能源危机、生态危机威胁着西方世界，乘客和许多航空公司都因此而改变了对在航客机的要求。乘客的要求是票价不要太贵，航空公司的要求是节省能源、多载乘客、噪声小。但"协和"式飞机却不能满足这些要求。首先是噪声大，飞行时会产生极大的声响，有时甚至会震碎建筑物上的玻璃。再就是由于燃料价格增长快，运行费用也相应大大提高。这些情况表明，消费者对这种飞机需求量不会很大。因此，不应大批量投入生产。但是，由于公司没有决策运行控制计划，也没有重新进行评审，而且，飞机是由两国合作研制的，雇用了大量人员参加这项工作，如果中途下马，就要大量解雇人员。上述情况使得飞机的研制生产决策不易中断，后来两国对是否要继续协作研制生产这种飞机发生了争论，但由于缺乏决策运行控制机制，只能勉强将决策继续实施下去。结果，飞机生产出来后卖不出去，原来的宠儿变成了弃儿。

此例说明，企业决策运行控制与企业的命运息息相关。一项决策在确定后，能否最后取得成功，除了决策本身性质的优劣外，还要依靠对决策运行的控制与调整，包括在决策执行过程中的控制，以及在决策确定过程中各阶段的控制。

案例三：美国国际商用机器公司为了从规模上占领市场，大胆决策购买股权。1982 年用 2.5 亿美元从美国英特尔公司手中买下了 12% 的股权，从而足以付国内外电脑界的挑战；在 1983 年，又以 2.28 亿美元收购了美国一家专门生产电信设备的企业——罗姆公司 15% 的股权，从而维持了办公室自动化设备方面的"霸王"地位。又如，早在 1965 年，美国的一家公司发明了盒式电视录像装置。可是美国公司只用它来生产一种非常昂贵的广播电台专用设备。而日本索尼的经营者通过分析论证，认识到电视录像装置一旦形成大批量生产，其价格势必降低，许多家庭可以购买得起此种录像装置。这样一来，家用电子产品这个市场就会扩大，如果马上开发研究家用电视录像装置，肯定会获得很好的经济效益和社会效益。由于这一决策的成功，家用电视录像装置的市场一度被日本占去了 90% 多，而美国则长期处于劣势。

此例说明，经营决策正确，可以使企业在风雨变幻的市场上独居领先地位，并可保持企业立于不败之地。

案例四：1960 年，爱奥库卡升为美国福特公司副总裁兼总经理，他观察到 60 年代一股以青年人为代表的社会革新力量正式形成，它将对美国社会、经济产生难以估量的影响，爱奥库卡认为，设计新车型时，应该把青年人的需求放在第一位。在他精心组织下，经过多次改进，1962 年底新车最后定型。它看起来像一部运动车，鼻子长、尾部短，满足了青年人喜欢运动和刺激的心理。更重要的是，这种车的售价相当便宜，只有 2 500 美元左右，一般青年人都能买得起。最后这种车还取了一个令青年人遐想的名字——"野马"。1964 年 4 月纽约世界博览会期间，"野马"正式在市场上露面，在此之前，福特公司为此大造了一番舆论，掀起了一股"野马"热。在头一年的销售活动中，顾客买走了 41.9 万辆"野马"，创下全美汽车制造业的最高纪录。"野马"的问世和巨大成功显示了爱奥库卡杰出的经营决策才能。从此，他便扬名美国企业界，并荣任福特汽车公司总裁。

此例说明，决策成功，可以扩大销售额，降低成本，提高利润，进而占领市场。

案例五：日本尼西奇公司在第二次世界大战后初期，仅有三十余名职工，生产雨衣、游泳帽、卫生带、尿布等橡胶制品，订货不足，经营不稳，企业有朝不保夕之感。公司董事长多川博从人口普查中得知，日本每年大约出生 250 万婴儿，如果每个婴儿用两条尿布，一年就需要 500 万条，这是一个相当可观的尿布市场。多川博决心放弃尿布以外的产品，把尼西奇公司变成尿布专业公司，集中力量，创立名牌，成了"尿布大王"。资本仅 1 亿日元，年销售额却高达 70 亿日元。

此例说明，经营决策成功，还可以使企业避免倒闭的危险，转败为胜。如果企业长期只靠一种产品去打天下，势必潜藏着停产倒闭的危险，因为市场是多变的，人们的需要也是多变的，这就要求企业家经常为了适应市场的需要而决策新产品的开发。这种决策一旦成功，会使处于"山穷水尽"状况的企业顿感"柳暗花明"。

怎样扭转生产率下降的局面？

生产率下降的原因是什么？

赵先生是一家大型电子厂的制造经理。该公司的管理部门最近安装了一些新机器，实行了一种简化的工作系统，令每一个人包括他自己在内感到惊讶的是，提高生产率的期望并未实现。实际上。生产率开始下降，质量降低，离职的雇员数目增多。

他认为机器没有任何故障。有使用这种机器的其他公司的报告，这些报告坚定了他的想法。他也曾要求制造这种机器的公司的一些代表对机器进行过仔细检查，他们报告说，机器运行正处于最高效率。

赵先生怀疑，问题可能出在新的工作系统上。但是，他的直接下属并非都持有这种看法，他们是四个基层主管人，每人负责一个科组，还有一个是他的物资供应经理。他们对生产率下降的原因看法不同，分别认为是操作工训练差、缺乏适当的经济刺激体制和士气低落。显然，对这一问题各人有各人的想法，下属中存在着潜在的分歧。

这天早晨，赵先生接到分部经理的一个电话，他刚刚得到最近6个月的生产数字，打电话表示他的关切。他指示说，应以赵先生认为的最好方式解决这一问题，他很想在一周内知道计划采取什么步骤。赵先生和部门经理同样关心生产率的下降。问题在于采取什么步骤扭转这种情况。

【供分析的问题】
1. 试分析这位制造经理所面临的问题。
2. 对造成生产率下降的原因进行分析。
3. 猜测赵先生可能采取的步骤或程序（有几种可能方案）。
4. 提出你的对策建议。

【训练目标】
1. 培养分析界定问题的能力。
2. 培养设计备选方案的能力。
3. 培养从多种方案中进行抉择的能力。

【组织实施建议】
1. 建议在讲完决策一节之后安排本案例分析。
2. 在课下准备，可安排1～2课时集中讨论。
3. 每个人认真阅读分析案例，并收集有关资料。
4. 由模拟公司组织小组讨论。
5. 每人写出发言提纲。
6. 以班级为单位组织讨论。

训练项目：策划与交流

【实训目标】

1. 培养学生的创意思维。

2. 培训学生运筹与决策能力。

3. 培养学生对决策方案分析评价能力。

【实训内容与要求】

1. 将全班分成 A、B 两组，并相对而坐，围成圆圈。

2. 教师每十分钟发放一个题目（也可以抽签）。教师公布题目后，负责制订计划的一组用抢答的方式确定制订计划者，经过 5～10 分钟准备后提出一个简要的创意或计划构想。也可在课前先确定题目，以使同学有更充分的准备时间。

3. 每一个计划的题目大约进行 10～15 分钟，总共利用大约两节课时间。

4. 第一节课由 A 组对指定题目进行策划，提出计划要点或构想；B 组成员对该计划构想进行分析评论，指出其合理之处，存在的问题和不足；制订一方的成员可对计划构想做进一步补充和解释说明。第二节课 A、B 两组轮换角色。

课外 练习

一、单项选择题

1. 有一种说法认为"管理就是决策"，这实际上意味着（　　）。

A. 对于管理者来说只要善于决策就一定能够获得成功

B. 管理的复杂性和挑战性都是由于决策的复杂性而导致的

C. 决策能力对于管理的成功具有特别重要的作用

D. 管理首先需要的就是面对复杂的环境作出决策

2. 某企业拟购置一套大型设备，甲、乙、丙三个供应商的报价相同，设备性能也一样，只是使用过程中需要的维修费不同，预计情况如表 2-5 所示。

表 2-5　维修费预计情况

供应商	甲		乙		丙	
设备每年维修费（万元）	40	10	30	20	50	10
发生的可能性（%）	40	60	40	60	30	70

根据以上数据，企业应购买（　　）供应商的设备。

A. 甲或丙　　　　　　B. 乙　　　　　　C. 甲　　　　　　D. 丙

3. 企业面临的境况正日益变得更为复杂多变，企业的决策越来越难以靠个人的智力与经验来应付了，因此现代决策应该更多地依靠（　　）。

A. 多目标协调　　　　　　　　　B. 集体智慧

C. 动态规划　　　　　　　　　　D. 下级意见

4. 有家牛奶公司最近推出了送奶上门的新服务项目。平均每个服务人员每天要负责临近 10 个街区住户的送奶任务，交通工具目前仅有三轮车。为减轻送奶员的不必要负担，公司有关人员想预先为各位送奶员安排好最短路线。计划发现，每个送奶员实际上平均有128条可行的路线可供选择。在这种情况下，送奶路线安排问题属于（　　　）。

A. 不确定型决策
B. 确定型决策
C. 风险型决策
D. 纯计划问题，与决策无关

5. 某集团公司主要根据综合增长率来评判其成员企业的业绩，并规定：综合增长率 = 销售增长率 + (2×利润增长率)。现有属于该集团的某企业，预计今年的销售增长率与利润增长率分别为15%与8%。最近，为了提高综合增长率，该企业领导决定投资100万元以加强促销和降低成本。据初步估计，在促销上每增加投资10万元可分别提高销售增长率0.5%和利润增长率0.25%，在降低成本上每增加投资20万元可提高利润增长率1%。这样，如果由你来决定分配这100万元投资，你同意以下哪种观点？（　　　）。

A. 全部投在加强促销上要比全部投在降低成本上好
B. 如果对该投资进行科学分配，可以实现较高的综合增长率
C. 全部投在降低成本上要比全部投在加强促销上好
D. 无论怎样分配，都只能提高综合增长率10%

二、思考题

1. 举例说明在确定、不确定和风险条件下进行决策的过程，并简述环境对决策的影响。
2. 什么是满意决策？
3. 为什么说决策是管理者工作的本质？
4. 如何提高决策的科学性？
5. 什么是委员会决策？有哪些特点？

三、论述题

1. 为什么近20年来组织越来越倾向于群体决策？它有效果吗？为什么？
2. 如何理解西蒙的"管理就是决策"？

任务3　目标管理

学习目标

1. 知识目标：目标的性质，确定目标的原则，目标管理的特点、发展、实施过程、应用与评价。
2. 能力目标：充分运用目标管理。
3. 素质目标：提高学生的自我管理能力，充分运用目标管理来管理自己的学习和生活。

小故事

三个石匠的寓言

有人经过一个建筑工地，问那里的石匠们在干什么？三个石匠有三个不同的回答。
第一个石匠回答："我在做养家糊口的事，混口饭吃。"

第二个石匠回答："我在做最棒的石匠工作。"

第三个石匠回答："我正在盖一座教堂。"

如果我们用"自我期望"、"自我启发"和"自我"三个指标来衡量这三个石匠，我们会发现第一个石匠的自我期望值太低，在职场上，此人缺乏自我启发的自觉和自我发展的动力。第二个石匠的自我期望值过高，此人很可能是个特立独行、"笑傲江湖"式的人。第三个石匠的目标才真正与工程目标、团队目标高度吻合，他的自我启发意愿与自我发展行为将会与组织目标的追求形成和谐的合力。

一个优秀的管理团队，必然会制订一个合力的企业目标，把这个目标分解成一系列的子目标，并把这些目标化到每一个员工的心里去，落实到每一个员工的行为中去。

我曾经看到一家销售类的企业，他们在 2005 年的销售额达到了 1 000 万元，比上年提高了 50% 以上。管理层在高兴之余开始头脑发热，在没有任何业务依据的前提下把 2006 年的销售目标一下子提到了 4 000 万元！兴奋把企业的目标盲目拔高，而这样的拔高让所有的员工尤其是业务人员感到不可思议，都认为根本无法实现。其结果是可想而知的，有的业务骨干离职了，有的则毫无信心的就事论事地做着。这就是典型的企业目标管理的失败案例，而企业目标管理的失败，一定导致员工的茫然和迷失目标！

除了这种情况以外，还有就是个人目标管理问题。我们一直在流行一句话，"不愿做将军的士兵不是好士兵！"。诚然，一个人在职场要有自身发展的规划和目标，而这个目标应该是不断地超越自我。我不能说这句话是错的，问题是如果士兵只想把自己磨砺成优秀士兵，甚至是具有特别战斗力的"超级士兵"，难道就不是一个好士兵吗？

无论是个人还是企业，目标管理中的 SMART 原则是给我们的最好答案。任何目标的确立应该是明确具体并可衡量的，在一定时间内经过自己的努力去超越挑战并切实可行！诚如第三位石匠那样，只有在最合理的时间内优质地完成每座教堂，他在完成每个子目标的同时，就迈向了他真正的职业目标！

问题：

你认为该案例给你什么启示？

3.1 目标的概念与作用

3.1.1 目标的概念

目标的概念是由美国管理学家彼得·德鲁克于 1954 年提出的，其基本思想包括如下内容。

（1）企业的任务必须转化为目标，企业管理人员要通过这些目标对下级进行领导，并以此来保证企业总目标的实现。

（2）目标管理是一种程序，使一个组织中的上下各级管理人员统一起来制订共同的目标，确定彼此的责任，并将此项责任作为指导业务和衡量各自贡献的准则。

（3）每个企业管理人员或工人的分目标就是企业总目标对他的要求，同时也是这个企业管理人员或工人对企业总目标的贡献。

（4）管理人员和工人是依据设定的目标进行自我管理，他们以所要达到的目标为依据，进行自我指挥、自我控制，而不是由他的上级来指挥和控制。

（5）企业管理人员对下级进行考核和奖惩也依据这些分目标。

彼得·德鲁克（Peter F. Drucker）（也译作杜拉克）是美国著名的管理学家，现代管理学理论的奠基人。德鲁克一生成果丰硕。著有管理著作 15 部；经济学、政治学和社会问题著作 13 部；小说 2 部，自传 1 部。

德鲁克在管理理论方面的代表著作有：1954 年出版的《管理的实践》；1974 年出版的《管理：任务，责任与实践》；1983 年出版的《公司的概念》；1985 年出版的《有效的管理者》；1993 年出版的《后资本主义社会》；1994 年出版的《旁观者》；1995 年出版的《巨变时代的管理》；1999 年出版的《21 世纪的管理挑战》等。

彼得·德鲁克

3.1.2　目标的作用

1. 为管理工作指明方向

如果没有明确的目标，组织内的个人就会得过且过，在不断变化的环境中，不知道究竟应该做些什么。一旦有了明确的目标，个人或组织就会鼓足勇气去克服前进道路上的困难。

2. 考核主管人员和员工的客观标准

那种凭主观印象进行考核的办法，显然不公正，而且也容易挫伤那些积极工作的人们。公司制定可考核的目标，并把它作为考核的依据，就能够保持考核工作的公正性。也只有依据这种考核结果，才能真正激励起人们的工作热情。

3. 激励作用

在人的多层次需要中，目标层就是最高层次的需要。凡是有事业心的人，几乎遵循同样的活动规律，这就是"选定合适的目标—努力奋斗去实现目标—达成目标—制定更高的目标—再奋斗……"。为此，在目标管理中，要运用激励理论解决好目标激励问题。

4. 凝聚作用

共同的目标是群体动力的源泉。对一个组织而言，如果其部门或其成员不了解组织的目标和组织赋予自己的工作目标，就会随意行动，往往产生本位主义或各自为政，甚至发生无谓的纠纷，相互抵消力量。而统一的组织目标能够沟通协调组织各部门、各岗位的关系，将整个组织团结在一起，增强其成员的整体观念和组织观念，促使人们相互配合、彼此协调，从而产生组织内人际向心力与凝聚力。对个人而言，目标同样具有凝聚功能。一个人没有既定的奋斗目标，或许他（她）会出于某种兴趣和某种冲动，发生某种行为。在一定的条件下可能产生一定的"成绩"，但是，这种所谓的"成绩"对行为发生者来说，绝无成就感而言。这种无目标的行为所招来的更多的是"无为之举"，甚至是不良后果。相反，一个人一旦确定了自己的奋斗方向，目标就会调动其精力物力，并对此进行有效的整合，形成一股合力，促使其为达到目标而不懈努力。此外，目标的凝聚功能还表现为目标能够使人们在工作中自觉地把个人目标与组织目标、个人利益与组织利益结合起来。

3.2　目标的性质

目标表示最后结果，总目标需要由子目标来支持。这样，组织及其各层次的目标就形成了一个目标网络。

目标具有的特征如图 2-6 所示。

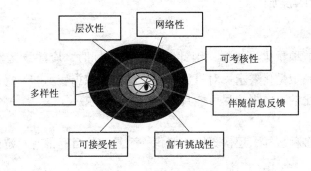

图 2-6　目标的特征

3.3　制定目标的步骤及原则

3.3.1　制定目标的步骤

1. 明确制定组织目标的目的

制定目标首先要明确目标所要解决的问题，进而为未来组织的发展提供方向以及为组织下一步计划、控制等管理职能奠定基础。

2. 进行组织环境分析

环境分析包括组织外部环境分析和组织内部环境的分析，在大量调研的基础上，对组织内外环境的现状、发展趋势及环境对组织的影响程度作客观的分析和判断，作为确定组织目标的依据。

3. 制订总体目标方案

根据组织所要解决问题及组织内外环境的分析收集到的各种相关信息，制定出两个或两个以上的总体目标方案。对于不同的方案，其内容都应包括解决组织所面临的各个方面。

4. 选择目标方案并具体化

对不同的目标方案进行可行性论证，评价方案主要从以下方面考虑：方案能否有效地解决组织所面临的问题；实现方案的各项条件是否具备；各方面的指标是否科学；方案的综合效益如何；方案所潜在的风险如何等。在评价各方案的基础上，选择最优或满意的目标方案，同时进一步把总体目标层层落实到各个层次、部门、岗位、个人等。

5. 明确组织目标责任

确定总体目标并得到最高管理层的批准后，应把各个层次的目标和具体执行人员的工作责任紧密结合，逐级落实，建立目标责任体系，以激发组织成员的工作责任心和积极性，同时也确保组织目标能够得到具体落实。

6. 组织目标优化

在执行组织目标过程中，由于外部环境的变化及内部不同部门、不同等级利益不一致，可能导致部门目标偏离总体目标。因此，在组织实践过程中，高层管理小组要不断收集反馈信息，加强对不同部门、不同等级的组织目标的管理和综合平衡，防止出现目标体系中各目标相互不协调、损害组织总体目标实现的情况，从而达到不断完善与优化组织目标的目的。

3.3.2　制定目标的原则

1. 量化

目标必须尽可能地量化为指标，因此，在制定目标时，应注意区别不同情况、不同类别，尽量使目标达到定量化要求。对目标任务，能够用数据表示的，提出明确的数量、质量的要求；对不能量化的，应提出尽可能具体的定性的要求。

2. 时效性

企业目标虽然多种多样、层次不同，但每一个具体的目标都有一定的完成期限，即具有时效性。

3. 可行性和以结果为导向

企业的具体目标，可以分解成子目标或分目标，各个层次的目标又可以进一步分解成个人的具体目标和任务。通过目标的分解，把抽象的总目标具体化、数量化，而这些分解后的目标组合起来又恰恰是企业整体目标。

4. 激励性和可实现性结合

目标应既富有挑战性，又切实可行。有证据表明，富有挑战性的目标通常会激励员工发挥更高的水平，取得更高效益。一个不需要费力就可以实现的目标，会降低整个组织的效率，对员工个人而言，没有挑战性的目标也不能满足员工的成就感，无法激发员工的工作热情。因此，目标必须具有激励性和可实现性。

3.4　目标管理

3.4.1　目标管理的内涵

目标管理是指组织的最高领导层根据组织面临的形势和社会需要制定出一定时期内组织经营活动所需达到的总目标，然后层层落实，要求下属各部门主管人员以至每个职工根据上级制定的目标，分别制定目标和保证措施，形成一个目标体系，并把目标的完成情况作为各部门或个人考核依据的管理制度。

目标管理是让组织的主管人员和员工亲自参加目标的制定，在工作中实行"自我控制"并努力完成工作目标的一种管理制度或方法。

3.4.2　目标管理的特点

1. 重视人的因素

目标管理是一种参与的、民主的、自我控制的管理制度，也是一种把个人需求与组织目标结合起来的管理制度。在这一制度下，上级与下级的关系是平等、尊重、依赖和支持的，下级在承诺目标和被授权之后是自觉、自主和自治的。

2. 建立目标锁链与目标体系

目标管理通过专门设计的过程，将组织的整体目标逐级分解，转换为各单位、各员工的分目标。从组织目标到经营单位目标，再到部门目标，最后到个人目标。在目标分解过程中，权、责、利三者已经明确，而且相互对称。这些目标方向一致，环环相扣，相互配合，形成协调统一的目标体系。只有每个人员完成了自己的分目标，整个企业的总目标才有完成的希望。

3. 重视成果

目标管理以制定目标为起点，以目标完成情况的考核为终结。工作成果是评定目标完成程度的标准，也是人事考核和奖评的依据，是评价管理工作绩效的唯一标志。至于完成目标的具体过程、途径和方法，上级并不过多干预。所以，在目标管理制度下，监督的成分很少，而控制目标实现的能力却很强。

3.4.3 目标管理的程序

目标管理的程序如图 2 - 7 所示。

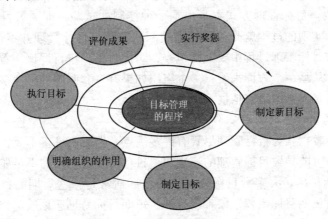

图 2 - 7 目标管理的程序

3.4.4 目标管理的评价

1. 目标管理的优点

目标管理的优点至少有以下五个方面。

（1）形成激励。当目标成为组织的每个层次、每个部门和每个成员未来时期内欲达到的一种结果，且实现的可能性相当大时，目标就成为组织成员们的内在激励。特别当这种结果实现之后组织还有相应的报酬时，目标的激励效用就更大。从目标成为激励因素来看，这种目标最好是组织每个层次、每个部门及组织每个成员自己制订的目标。

（2）有效管理。目标管理方式的实施可以切切实实地提高组织管理的效率。目标管理方式比计划管理方式在推进组织工作进展、保证组织最终目标完成方面更胜一筹。因为目标管理是一种结果式管理，不仅仅是一种计划的活动式工作。这种管理迫使组织的每一层次、每个部门及每个成员首先考虑目标的实现，尽力完成目标，因为这些目标是组织总目标的分解，故当组织的每个层次、每个部门及每个成员的目标完成时，也就是组织总目标的实现之时。在目标管理方式中，一旦分解目标确定，且不规定各个层次、各个部门及各个组织成员完成各自目标的方式、手段，反而给了大家在完成目标方面创新的空间，这就有效地提高了组织管理的效率。

（3）明确任务。目标管理使组织各级主管及成员都明确了组织的总目标、组织的结构体系、组织的分工与合作及各自的任务。这些职责方面的明确，使得主管人员意识到为了完成目标必须给予下级相应的权力，而不是大权独揽，小权也不分散。同时，许多着手实施目标管理方式的公司或其他组织，通常在目标管理实施的过程中会发现组织体系存在的缺陷，从而帮助组织对自己的体系进行改造。

（4）自我管理。目标管理实际上也是一种自我管理的方式，或者说是一种引导组织成员自我管理的方式。在实施目标管理过程中，组织成员不再只是做工作、执行指示、等待指导和决策，组织成员此时已成为有明确规定目标的单位或个人。一方面组织成员们已参与了目标的制定，并取得了组织的认可；另一方面，组织成员在努力工作实现自己的目标的过程中，除目标已定以外，如何实现目标则是他们自己决定的事，从这个意义上看，目标管理至少可以算作自我管理的方式，是以人为本的管理的一种过渡性试验。

（5）控制有效。目标管理方式本身也是一种控制的试验，即通过目标分解后的实现最终保证组织总目标实现的过程就是一种结果控制的方式。目标管理并不是简单的目标分解，事实上组织高层在目标管理过程中要经常检查，对比目标，进行评比，看谁做得好，如果有偏差就及时纠正。从另一个方面来看，一个组织如果有一套明确的可考核的目标体系，那么其本身就是进行监督控制的最好依据。

2. 目标管理的不足

哈罗德·孔茨教授认为目标管理尽管有许多优点，但也有许多不足，对这样的不足如果认识不清楚，那么可能导致目标管理的不成功。目标管理最主要的不足如下所述。

（1）强调短期目标。大多数目标管理中的目标通常是一些短期的目标。短期目标比较具体易于分解，而长期目标比较抽象难以分解；短期目标易迅速见效，长期目标则不然。所以，在目标管理方式的实施中，组织常常强调短期目标的实现而对长期目标不关心。这样一种概念若深入组织的各个方面及组织所有人员的脑海和行为中，将对组织发展产生不利影响。

（2）目标设置困难。真正可用于考核的目标很难设定，尤其组织实际上是一处产出联合体，它的产出是一种联合的、不易分解出谁的贡献大小的产出，即目标的实现是大家共同合作的成果，这种合作中很难确定你应做多少，他应做多少，因此可度量的目标确定也就十分困难。一个组织的目标有时只能定性地描述，尽管我们希望目标可度量，但实际上定量是困难的。例如组织后勤部门有效服务于组织成员，虽然可以采取一些量化指标来度量，但完成了这些指标，未必达成了"有效服务于组织成员"这一目标。

（3）无法权变。目标管理执行过程中目标是不可以改变的，因为这样做会导致组织的混乱。事实上目标一旦确定就不能轻易改变，也正是如此使得组织运作缺乏弹性，无法通过权变来适应变化多端的外部环境。中国有句俗话叫做"以不变应万变"，许多人认为这是僵化的观点，非权变的观点，实际上所谓不变的不是组织本身，而是客观规律，掌握了客观规律就能应万变，这实际上是真正的更高层次的权变。

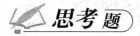 **思考题**

1. 目标的概念及作用的有哪些?
2. 目标的性质有哪些?
3. 制定目标的步骤有哪些?
4. 何谓目标管理? 其特点是什么? 如何利用目标管理组织计划的实施?

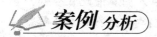 **案例分析**

案例一:

东成印刷公司

东成印刷公司始建于 1991 年, 是一家以完成上级指令性计划任务为主的印制类中型国有企业, 现有员工 1 500 余名。作为特殊行业的国有企业, 东成印刷公司的首要任务就是完成总公司每年下达的国家指令性计划, 并在保证安全生产、质量控制的前提下, 按时按质按量地完成总公司交给的各项任务, 支持国家宏观经济的正常运转。拥有百余年历史的东成印刷公司, 在传统的管理体制下, 企业的供、产、销一系列工作都是在总公司计划下完成的, 因此, 企业在经营自主性和自我调控等方面较弱。随着市场经济的发展, 东成印刷公司在原材料采购、生产技术创新、第三产业的开拓等方面逐渐拥有更大的发展空间和自主权, 使得企业在成本控制、技术水平、产品市场销售等各个方面能力不断提高, 同时迫切要求建立适合企业自身发展的现代企业管理制度, 摒弃国有企业存在的众多痼疾, 更好地适应企业的管理和经营。

2000 年, 为促进总公司发展纲要的实施及战略目标的达成, 推动印制企业现代化、集体化、国际化的建设进程, 建立和完善印制企业的激励约束机制, 科学解析和真实反映印制企业的管理绩效, 总公司制定了印制企业管理绩效评价规则, 对印制企业一定生产经营期间的安全质量、资产运用、成本费用控制等管理成效进行定量及定性对比分析, 作出综合评价。

东成印刷公司为了更好地完成总公司下达的各项考核指标, 提高本企业的管理能力、优化企业的管理水平, 并充分发挥企业各职能部门的作用, 充分调动 1 500 余名员工的积极性, 在各个处室、车间、工段和班组逐级实施了目标管理。多年的实践表明, 目标管理改善了企业经营管理, 挖掘了企业内部潜力, 增强了企业的应变能力, 提高了企业素质, 取得了较好的经济效益。

(一) 东成印刷公司目标管理现状

第一, 目标的制定。总公司制定的印制企业管理绩效评价内容主要包括四个方面: 企业成本费用控制状况、企业专业管理能力状况、企业资产效益状况、企业发展能力状况。东成印刷公司每年的企业总目标是根据总公司下达的考核目标, 结合企业长远规划, 并根据企业的实际, 兼顾特殊产品要求, 总目标主要体现在东成印刷公司每年的行政报告上。依据厂级行政报告, 东成印刷公司将企业目标逐层向下分解, 将细化分解的数字、安全、质量、纪律、精神文明等指标，落实到具体的处室、车间，明确具体的负责部门和责任承担人，并签署《企业管理绩效目标责任状》以确保安全、保质、保量、按时完成任务，此为二级目标即部门目标。然后部门目标进一步向下分解为班组和个人目标，此为三级目标，由于班组的工作性质，不再继续向下分解。部门内部小组（个人）目标管理，其形式和要求与部门目标制定相类似，签订班组和员工的目标责任状，由各部门自行负责实施和考核。具体方法是：先把部门目标分解落实到职能组，任务再分解落实到工段，工段再下达给个人。要求各个小组（个人）努力完成各自目标值，保证部门目标的如期完成。

第二，目标的实施。《企业管理绩效目标责任状》实行承包责任人归口管理责任制，责任状签订后，承包方签字人为承包部门第一责任人，负责组织在部门内部进行目标分解，细化量化指标，进行第二次责任落实，实行全员承包。各部门可以根据具体情况在部门内部制定实施全员交纳风险抵押金制度。各部门的第二次责任分解可根据具体情况按两种形式进行，部门负责人直接与全员签字落实责任。部门负责人与班组长签字落实责任，班组长再与全员签字落实责任。管理绩效目标责任状签订并经主管人员批准后，一份存上一级主管部门，一份由制定单位或个人自存。承包方责任人负责组织进行本部门日常检查管理工作；专业部门负责人负责组织进行本专业日常检查管理工作；企管处负责组织对处室、车间的日常检查管理工作。在此基础上还实行了承包责任人交纳风险抵押金制度。副主办以上责任承包人依据级别的不同，分别向厂交纳一定数额的责任风险抵押金，并在目标达成后给予一定倍数的返还。

第三，目标考评。考评机构上，东成印刷公司成立了专门负责考核工作的厂绩效考核小组，厂长任组长，三位副厂级领导任组员，共由9位管理部门的相关人员组成。厂考核领导小组下设部门绩效考核小组，由责任状的承包方责任人负责组织本部门日常检查管理工作；专业部门负责人负责组织本专业日常检查管理工作；企管处负责组织对处室、车间的日常检查管理工作；考核领导小组、部门考核工作组负责对各自处室、车间的结果进行考评。

考评周期上，企业对部门的考核周期为一年，平时有日常考核和月度报告，对班组和管理技术人员的综合考核一般也是在年底，平时主要是日常出勤的考核。

考评办法上，东成印刷公司对绩效目标落实情况每月统计一次，年终进行总考评，并根据考评结果与奖惩挂钩。各部门于每季度末将其完成管理绩效目标责任状情况的季度工作总结与下一季度的工作计划交与相关部门。各专业处室按照绩效目标责任状中本专业的管理目标和工作要求，对车间及有关部门进行每半年一次的专业考评。

考评方式上，考核中采用了"自我评价"和上级部门主观评价相结合的做法，在每季度末月的29日之前，将本部门完成管理绩效目标责任状、行政工作计划情况的季度工作总结与下一季度的工作计划一并报企管处。企管处汇总核实后，由考核工作组给予恰当的评分。

考评处理上，对日常考核中发现的问题，由相应主管负责人实施相应奖惩。年终，企管处汇总各处室、车间的考核目标完成情况，上报厂级考核小组，由其根据各部门的重要性和完成情况，确定奖惩标准。各处室、车间内部根据企业给予本部门的奖惩情况，确定所属各部门或个人的奖惩标准。考评结果一般不公开，对奖惩有异议的可以层层向上一级主管部门反映。

（二）东成印刷公司目标管理存在的问题

通过对东成印刷公司分析得知，企业具备实施目标管理的基本条件，并且有比较全面的目标管理工作意识，但是东成印刷公司目标管理体系仍旧存在着一些问题，在一定程度上阻碍了企业的发展，其问题主要表现在以下几个方面。

第一，缺乏明确量化的厂级目标体系。东成印刷公司以每年的行政工作报告作为年度厂级总目标，行政工作报告主要包括年度总公司下达的产品生产任务计划以及总公司重点检查和考核的目标体系。但是东成印刷公司没有一个明确量化的厂级目标体系文本，各个部门按照行政工作报告的精神领会制定部门目标。

第二，目标值的制定缺乏系统明确的量化方法体系。各个部门的目标任务主要由部门向厂绩效考评小组上报后确定，厂绩效考评小组难以衡量各个部门目标制定的客观性。实际中，员工普遍认为只要不出大的差错，比如重大安全事故、重大质量事故等，每个部门的年度目标任务都是可以顺利完成的，换句话来说就是目标值基本上都可以很容易的完成。而且，目标值未能体现出动态性，没有提升。主要问题在于目标值的制定缺乏系统明确的量化方法体系，很多部门只是根据往年的数据粗略估计，数据来源难以查考，更谈不上提升了。

第三，考核工作主观化，负激励明显。东成印刷公司目标责任状没有明确的权重分值，使得厂绩效考核小组和部门绩效考核小组考核评分过于主观化。此外，日常考核工作主要以企业制定的考核细则为主，而考核细则多以惩罚为主，负激励明显。

第四，部门之间协调困难。各个部门工作协调困难，部门只注重自身的绩效，不关注兄弟部门的绩效，导致工作效率低下，组织内耗大。

第五，目标管理组织体系不全面。因为企业员工考核结果反馈一般是逐层反馈，员工常常感到考核结果不公的时候没有一个很好的反馈和沟通部门。厂绩效考评小组得不到更好的互动信息支持，难以进一步以目标为导向开展企业管理和目标控制工作。由于目标的制定和考核工作是由同一个组织来完成的，使得各级目标制定和绩效考评工作的公正性和客观性缺乏相关责任部门的监督和控制。

案例二：

任天堂公司

任天堂公司是日本一家专营家用电子游戏机和游戏软件的中型公司，从1980年开始经营儿童电子游戏机。转产之初销售额仅230亿日元，而10年后却超过了4 500亿日元，特别是在1991年9月中期决算中，其经营利润达1亿日元，跃居全国企业第六位，引起日本产业界的极大关注；从职工人均经济指标看，则已大大超过许多大企业。这不能不说是一个奇迹，因此人们称之为"任天堂之谜"或"任天堂奇迹"。任天堂的成功主要得益于它独特的经营方式、科学的决策思想和自成体系的销售管理。

任天堂的经营方式十分独特。它几乎不在自己的工厂中生产最终产品，而是将生产任务交给合作工厂，然后对合作工厂进行生产指导。这种经营方式使得生产成本大幅度降低。

任天堂的成功也是科学决策思想发挥作用的结果。1980年任天堂开始经营儿童电子游戏机时，许多人认为经营这种小孩子的玩意儿成不了大气候。但总经理山内认为，只要硬件软件配合得好，价格适中，家用电子游戏机将会被大多数的日本孩子所接受，甚至会风靡全球。于是公司开始致力研制图像清晰、音响动人、反应速度快的硬件，终于在1983年推出用特别的CPU（中央处理器）和PPU（图像处理器）制造的家庭用音像电子游戏机"花迷康"（音译），同时配之以有趣的游戏软件，价格也便宜，新产品一炮打响，至今已有约1 700 万台"花迷康"进入日本家庭。1989 年公司又推出了液晶显示的电子游戏机种——"竞技男童"，如今已卖出 600 万台。1990 年在"花迷康"的基础上又推出一种性能更优秀的高级家用电子游戏机种——"超级花迷康"，现已售出 290 万台。以此计算，日本 10 来岁的小孩中，平均每 2 人就有一台任天堂的儿童电子游戏机。任天堂的领导者充满开拓精神，在"花迷康"国内售量已超过 500 万台的 1985 年，他们不畏强敌，决定将产品打入美国。"打入美国？谈何容易！"许多人表示怀疑。因为美国是当代计算机技术最为发达的国家，无论硬件技术还是软件研制都居世界前列。其电视游戏软件研制已有相当基础，并出现了像阿达力公司那样专门制作电视游戏软件的公司，曾在美国掀起过"阿达力热"。面对这样实力雄厚的竞争对手，任天堂的领导者是怎么想的呢？总经理山内认为：电子游戏机的成功与否，在于硬件与软件巧妙组合，在于使用者是否喜欢你的游戏软件。游戏机不同于一般的个人电子计算机，它的重点不在于文字处理和数据计算能力，而在于图像的变化速度、音响的配合等。这些恰好都不是一般个人计算机的长处，况且键盘操作又是儿童所不喜欢的。游戏机软件也不同于一般的商业软件，它需要优秀的脚本，要求对出场的角色进行精心的设计和分析，还需要奇妙的音响配合，任天堂在这方面已有相当的经验，可借此取胜。于是推出了"花迷康"的美国机种 NES，即"任天堂娱乐系统"，以其装饰新颖、动作迅速、图像优异取得了美国儿童的欢心。经过 6 年的努力，已在美国售出 NES"花迷康"3 000 万台，"超级花迷康"140 万台，"竞技儿童"740 万台，总销售台数超过在日本本国的销售量。目前，差不多每 3 个美国儿童就有一台任天堂游戏机。在美国取得成功之后，任天堂又开始进军欧洲，1990 年任天堂在欧洲共同体的中心法兰克福设厂。目前已在欧洲售出"花迷康"460 万台，"竞技儿童"350 万台，预测今后的销售量将急速增加。

任天堂的设计思想是一切从用户出发。总经理山内认为，企业的活力就在于得到用户的支持；得不到用户的支持，则其存在的价值就成了问题。例如在"花迷康"硬件设计上，为满足用户所追求的动作迅速和图像鲜明，不采用 8 位微型机的中央处理器，而是设计了价格稍高一些但游戏性能较强的特殊竞技元件。在软件设计方面也是如此，为吸引孩子们，销售时总是把硬件与有魅力的软件合在一起售出。在非投机的正常贸易中，没有什么商品会像游戏机软件这样强烈地依存于市场。顺利的时候 1 件 3 000 日元到 1 万元的软件可在多国售出 200 万件至 300 万件，不顺利时 1 万件都售不出去也是有的。这完全取决于能否满足用户的需要。这种游戏软件的用户绝大多数是孩子，他们的好恶决定了软件的命运。

一般说，孩子们是好奇的，用一般的手法、老一套的格式制造出来的软件，就算好的情况下最多也只不过售出 10 万件上下，绝不会引起轰动。相反，如果超出这种水平，能制造出得到用户爆发性支持的软件，就可能在短期内得到巨大利益，这是其他商品所无法比拟的。因此，与其限定时间每年制造出二三件可售出 2 万件至 10 万件的软件，不如花二三年时间制造出一种可卖出几百万件的得到爆发性支持的软件。在这一思想指导下，任天堂成功地售出大量的游戏机和游戏软件。

任天堂的成功，还得益于它自成体系的销售管理。任天堂游戏机只能使用任天堂制作的游戏软件，它与其他厂家的游戏软件不兼容；在任天堂游戏机上用的游戏软件只通过专门经营任天堂产品的批发店向零售店批发，如果发现某个零售店廉价卖出软件，则立即切断向该零售店供应软件的渠道。任天堂游戏软件的制作管理也非常严格，制作可在"花迷康"上使用的软件，必须得到任天堂的认可契约，无此契约不得制作，而且制作完成的软件必须由任天堂组织生产。因此，一个零售店一旦被切断任天堂软件的供应渠道，它就再也得不到任天堂的游戏软件了。这种自成体系的销售管理，防止了零售店随意降价，这样就能在推出优异软件时，取得高额的垄断利润。

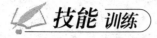 **技能** 训练

乔森家具公司五年目标

乔森家具公司是乔森先生在 20 世纪中期创建的，开始时主要经营卧室和会客室家具，取得了相当大的成功，随着规模的扩大，自 20 世纪 70 年代开始，公司又进一步经营餐桌和儿童家具。1975 年，乔森退休，他的儿子约翰继承父业，不断拓展卧室家具业务，扩大市场占有率，使得公司产品深受顾客欢迎。到 1985 年，公司卧室家具方面的销售量比 1975 年增长了近两倍。但公司在餐桌和儿童家具的经营方面一直不得利，面临着严重的困难。

一、董事长提出的五年发展目标

乔森家具公司自创建之日起便规定，每年 12 月份召开一次公司中、高层管理人员会议，研究讨论战略和有关的政策。1985 年 12 月 14 日，公司又召开了每年一次的例会，会议由董事长兼总经理约翰主持。约翰在会上首先指出了公司存在的员工思想懒散、生产效率不高的问题，并对此进行了严厉的批评，要求迅速扭转这种局面。与此同时，他还为公司制定了今后五年的发展目标。具体包括：

1. 卧室和会客室家具销售量增加 20%；
2. 餐桌和儿童家具销售量增长 100%；
3. 总生产费用降低 10%；
4. 减少补缺职工人数 3%；
5. 建立一条庭院金属桌椅生产线，争取五年内达到年销售额 500 万美元。

这些目标主要是想增加公司收入，降低成本，获取更大的利润。但公司副总经理托马斯跟随乔森先生工作多年，了解约翰董事长制定这些目标的真实意图。尽管约翰开始承接父业时，对家具经营还颇感兴趣。但后来，他的兴趣开始转移，试图经营房地产。为此，他努力寻找机会想以一个好价钱将公司卖掉。为了能提高公司的声望和价值，他准备在近几年狠抓一下经营，改善公司的绩效。

托马斯副总经理意识到自己历来与约翰董事长的意见不一致，因此在会议上没有发表什么意见。会议很快就结束了，大部分与会者都带着反应冷淡的表情离开了会场。托马斯有些垂头丧气，但他仍想会后找董事长就公司发展目标问题谈谈自己的看法。

二、副总经理对公司发展目标的质疑

公司副总经理托马斯觉得，董事长根本就不了解公司的具体情况，不知道他所制定的目标意味着什么。这些目标听起来很好，但托马斯认为并不适合本公司的情况。他心里这样分析道：第一项目标太容易了——这是本公司最强的业务，用不着花什么力气就可以使销售量增加 20%；第二项目标很不现实——在这领域的市场上，本来公司就不如竞争对手，绝不可能实现 100% 的增长；第三项目标亦难以实现——由于要扩大生产，又要降低成本，这无

疑会对工人施加更大的压力，从而也就迫使更多的工人离开公司，这样空缺的岗位就越来越多，在这种情况下，怎么可能降低补缺职工人数3%呢？第五项目标倒有些意义，可改变本公司现有产品线都是以木材为主的经营格局，但未经市场调查和预测，怎么能确定五年内公司的年销售额达到500万美元呢？

经过这样的分析后，托马斯认为他有足够的理由对董事长所制定的目标提出质问。除此之外，还有另外一些问题使他困扰不解，一段时期以来，发现董事长似乎对这公司已失去了兴趣；他已50多岁，快要退休了。他独身一人，也从未提起他家族将由谁来接替他的工作。如果他退休以后，那该怎么办呢？托马斯毫不怀疑，约翰似乎要把这家公司卖掉。董事长企图通过扩大销售量，开辟新的生产线，增加利润收入，使公司具有更大的吸引力，以便在出卖中捞个好价钱。"如董事长真是这样的话，我也无话可说了。他退休以后，公司将会变成什么样子，他是不会在乎的。他自己愿意在短期内葬送掉自己的公司，我有什么办法呢？"

问题：

1. 你认为约翰董事长为公司制定的发展目标合理吗？为什么？你能否从本案例中概括出制定目标需注意哪些基本要求？

2. 约翰董事长的目标制定体现了何种决策和领导方式？其利弊如何？

3. 假如你是托马斯，如果董事长在听取了你的意见后同意重新考虑公司目标的制定，并责成你提出更合理的公司发展目标，你将怎么做？

 **课外** *练习*

一、单项选择题

1. 你是一家连锁快餐集团属下的一个分店经理，集团公司为你确定了今年上半年的经营目标：从今年1月1日到6月30日之间，将销售额相对去年同期提高6%，你认为（　　）。

A. 该目标已经给分店经理一个明确无误的指令，是一个可考核的执行性目标

B. 该目标没有提出一个度量目标是否完成的客观标准，所以需要进一步改进

C. 该目标没有平衡利润与销售增长之间的关系，可能给分店经理以误导，需要改进

D. 该目标没有规定清楚如何达成目标的步骤、措施和资源配置，需要进一步改进

2. 目标管理理论的理论基础是（　　）。

A. 科学管理理论

B. 行为科学理论

C. 科学管理理论与行为科学理论的有效统一

3. 在目标设立过程中要注意，目标数量要适中。一般地，要把目标限制在（　　）以内。

A. 4个　　　　　　　B. 5个　　　　　　　C. 6个　　　　　　　D. 7个

4. 传统的目标设定过程是由企业的最高管理者完成的，现代管理学提倡（　　），让企业员工参与企业目标的设立。

A. 参与制目标设定法　　　　　　　B. 专家目标设定法

C. 员工目标设定法　　　　　　　　D. 以上均正确

5. 目标管理是 1954 年由美国著名学者德鲁克提出的计划管理方法，但是任何先进的管理方法在推行过程中，都有一定的局限性。就比较而言，目标管理更适合于（　　　）。

A. 经营环境复杂多变的组织　　　　B. 外部环境业务与技术相对稳定的组织

C. 高科技、风险性企业　　　　　　D. 特大型跨国公司

二、思考题

1. 什么是目标？目标的作用是什么？

2. 如何设置合理的目标？

3. 什么是目标管理？其实质是什么？请结合实际评价目标管理。

三、论述题

目标管理的过程如何？结合实际评价目标管理。

任务4 战略管理

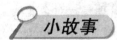

学习目标

1. 知识目标：战略的含义（掌握），企业的内外部环境（了解），一体化战略（掌握），波特的三种竞争战略（掌握）。

2. 能力目标：充分理解和运用各种战略选择方法。

3. 素质目标：提高学生对企业战略选择的重视程度。

小故事

狮子当选为国王的秘密

上帝在造物完成之后，有意在每一个物种里都安排了一位国王，用来协助自己管理物种群体的事务，使每个物种群体协调发展、共同进步。上帝在有了这个想法后，就将国王的选举权利交给了每个物种的所有成员。于是，优胜劣汰中强者和英雄脱颖而出。狮子就是在动物王国里脱颖而出的英雄。狮子品尝过征服的野性快感，也遭遇过被别的精灵征服的耻辱。一句话：国王就是上帝，要么你来领导，要么你被领导。狮子道出的自己当选为国王的秘密让动物精灵们不能理解。

一场疫病在动物王国里肆意泛滥，因这种疾病而死的动物不计其数。动物之王狮子召开了紧急会议。

听完各类动物代表汇报的情况后，狮子说："动物王国现在遭受不幸，肯定是有谁触怒了上帝。现在我们就反省自己做的坏事吧，看看到底是什么原因。不管是谁，只要是它的行为触犯了戒律，我们就用它祭献上帝，以此恳求上帝的饶恕。"

大家都觉得有道理，也很公平，于是都同意了。先是肉食动物述说自己的罪行。狮子说："我有过不对，前两天我看到一只受伤的斑马，就把它抓来吃了。"

裁定者狐狸马上说："大王您本来就是肉食动物，吃点肉无可厚非，再说，斑马受伤了，您正好把它从痛苦中解脱出来了。"

接下来的肉食动物轮流叙述自己微不足道的错误。狐狸裁断说，它们做的事情都不足以激怒上帝。

轮到草食动物，驴子老老实实地说："我前几天看到树上的新芽绿油油的，禁不住吃了一些，除此以外，我一直安分守己！"

狐狸听后，立即说："你是草食动物，吃草就行了，啃树芽就是抢大家的食物。树芽肯定特别难受，就是你的行为违背了上帝的安排。"

以狮子为首的肉食动物立即提议把驴子杀了，祭祀上帝，表达动物们的忏悔。仪式完毕后，驴子成了狮子口中的美食。

管理心得：强者定出来的规矩肯定会疏忽弱者的利益，或者可以说是其本身的意图就是要欺压弱小。解释权在强者手上，即使再悲天悯人、再公平合理的规定和条约都是一纸空言，甚至会成为弱者的判决书。

4.1 战略的概念

"战略"一词的希腊语是 strategos，意思是"将军指挥军队的艺术"，原是一个军事术语。20 世纪 60 年代，战略思想开始运用于商业领域，并与达尔文"物竞天择"的生物进化思想共同成为战略管理学科的两大思想源流。

什么是企业战略？从企业未来发展的角度来看，战略表现为一种计划（Plan）；而从企业过去发展历程的角度来看，战略则表现为一种模式（Pattern）；如果从产业层次来看，战略表现为一种定位（Position）；而从企业层次来看，战略则表现为一种观念（Perspective）；此外，战略也表现为企业在竞争中采用的一种计谋（Ploy）。这是关于企业战略比较全面的看法，即著名的 5P 模型（Mintzberg，et，1998）。什么是战略管理？战略管理是指对企业战略的管理，包括战略制定/形成（Strategy Formulation/Formation）与战略实施（Strategy Implementation）两个部分。

战略并不是"空的东西"，也不是"虚无"，而是直接左右企业能否持续发展和持续盈利最重要的决策参照系。战略管理则是依据企业的战略规划，对企业的战略实施加以监督、分析与控制，特别是对企业的资源配置与事业方向加以约束，最终促使企业顺利达成企业目标的过程管理。

战略定义为：企业根据内外环境的变化趋势，结合企业自身的条件，为求得长期的生存和发展而进行的总体性和系统性谋划。

4.2 战略的管理

战略管理，主要是指战略制定和战略实施的过程。一般说来，战略管理包含四个关键要素：

战略分析——了解组织所处的环境和相对竞争地位；

战略选择——战略制定、评价和选择；

战略实施——采取措施发挥战略作用；

战略评价和调整——检验战略的有效性。

（1）战略分析的主要目的是评价影响企业目前和今后发展的关键因素，并确定在战略选择步骤中的具体影响因素。战略分析包括三个主要方面：其一，确定企业的使命和目标。

企业的使命和目标是企业战略制定和评估的依据。其二，外部环境分析。战略分析要了解企业所处的环境（包括宏观、微观环境）正在发生哪些变化，了解这些变化将给企业带来更多的机会还是更多的威胁。其三，内部条件分析。战略分析还要了解企业自身所处的相对地位，具有哪些资源以及战略能力；还需要了解与企业有关的利益和相关者的利益期望，了解在战略制定、评价和实施过程中，这些利益相关者会有哪些反应，这些反应又会对组织行为产生怎样的影响和制约。

（2）战略分析阶段明确了"企业目前状况"，战略选择阶段所要回答的问题是"企业走向何处"。第一步需要制定战略选择方案。在制定战略过程中，当然是可供选择的方案越多越好。企业可以从对企业整体目标的保障、对中下层管理人员积极性的发挥以及企业各部门战略方案的协调等多个角度考虑，选择自上而下的方法、自下而上的方法或上下结合的方法来制定战略方案。第二步是评估战略备选方案。评估备选方案通常使用两个标准：一是考虑选择的战略是否发挥了企业的优势，克服劣势，是否利用了机会，将威胁削弱到最低程度；二是考虑选择的战略能否被企业利益相关者所接受。需要指出的是，实际上并不存在最佳的选择标准，管理层和利益相关团体的价值观和期望在很大程度上影响着战略的选择。此外，对战略的评估最终还要落实到战略收益、风险和可行性分析的财务指标上。第三步是选择战略，即选择最终的战略决策，确定准备实施的战略。如果由于用多个指标对多个战略方案的评价不一致时，最终的战略选择可以考虑以下几种方法：① 根据企业目标选择战略。企业目标是企业使命的具体体现，因而，选择对实现企业目标最有利的战略方案。② 聘请外部咨询专家进行战略选择工作，利用专家们广博和丰富的经验，能够提供较客观的看法。③ 提交上级管理部门审批。对于中下层机构的战略方案，提交上级管理部门能够使最终选择的方案更加符合企业的整体战略目标。最后是战略政策和计划。制定有关研究与开发、资本需求和人力资源方面的政策和计划。

（3）战略实施就是将战略转化为行动。主要涉及以下一些问题：如何在企业内部各部门和各层次间分配及使用现有的资源；为了实现企业目标，还需要获得哪些外部资源以及如何使用；为了实现既定的战略目标，需要对组织结构做哪些调整；如何处理可能出现的利益再分配与企业文化的适应问题，如何进行企业文化管理，以保证企业战略的成功实施等。

（4）战略评价就是通过评价企业的经营业绩，审视战略的科学性和有效性。战略调整就是根据企业情况的发展变化，即参照实际的经营事实、变化的经营环境、新的思维和新的机会，及时对所制定的战略进行调整，以保证战略对企业经营管理进行指导的有效性。包括调整公司的战略展望、公司的长期发展方向、公司的目标体系、公司的战略以及公司战略的执行等内容。企业战略管理的实践表明，战略制定固然重要，战略实施同样重要。一个良好的战略仅是战略成功的前提，有效的企业战略实施才是企业战略目标顺利实现的保证。另一方面，如果企业没能完善地制定出合适的战略，但是在战略实施中，能够克服原有战略的不足之处，那也有可能最终导致战略的完善与成功。当然，如果对于一个不完善的战略选择，在实施中又不能将其扭转到正确的轨道上，结果就只有失败。

4.3 战略选择

战略的本质是选择。企业之所以要做战略选择，是因为企业的资源和能力有限，不能所有的战略都选择。

企业战略选择是以市场为主导的，技术逻辑是以科技发展为主导的。对于技术逻辑而言，技术本身的进步就足够了；但对于企业战略而言，技术本身的进步仅仅是必要条件，还必须综合考虑市场竞争的多种因素，才能取得成功。

所以，企业的技术路线必须服从于战略选择，而不能是技术专家决定论，企业战略之中应包含对技术路线（技术发展方向）及企业在技术方面的一切努力。

4.3.1　总成本领先战略

总成本领先战略也称为低成本战略，是指企业通过有效途径降低成本，使企业的全部成本低于竞争对手的成本，甚至是在同行业中最低，从而获取竞争优势的一种战略。根据企业获取成本优势的方法不同，我们把成本领先战略概括为如下几种主要类型：① 简化产品型成本领先战略，就是使产品简单化，即将产品或服务中添加的花样全部取消；② 改进设计型成本领先战略；③ 材料节约型成本领先战略；④ 人工费用降低型成本领先战略；⑤ 生产创新及自动化型成本领先战略。

4.3.2　差别化战略

差别化战略是提供与众不同的产品和服务，满足顾客的特殊需求，形成竞争优势的战略。所谓差别化战略就是使企业在行业中别具一格，具有独特性，并且利用有意识形成的差别化，建立起差别竞争优势，以形成对"入侵者"的行业壁垒，并利用差别化带来的较高的边际利润补偿因追求差别化而增加的成本。企业形成这种战略主要是依靠产品和服务的特色，而不是产品和服务的成本。但是应该注意，差别化战略不是讲企业可以忽略成本，只是强调这时的战略目标不是成本问题。

1. 优势

企业采用这种战略，可以很好的防御行业中的五种竞争力量，获得超过行业平均水平的利润。具体来讲，其优势主要表现在以下几个方面。

1）形成进入障碍

由于产品的特色，顾客对产品或服务具有很高的忠实程度，从而该产品和服务具有强有力的进入障碍。潜在的进入者要与该企业竞争，则需要克服这种产品的独特性。

2）降低顾客敏感程度

由于差别化，顾客对该产品或服务具有某种程度的忠实性，当这种产品的价格发生变化时，顾客对价格的敏感程度不高。生产该产品的企业便可以运用产品差别化的战略，在行业的竞争中形成一个隔离带，避免竞争者的伤害。

3）增强讨价还价的能力

产品差别化战略可以为企业带来较高的边际收益，降低企业的总成本，增强企业对供应者的讨价还价的能力。同时，由于购买者别无其他选择，对价格的敏感程度又有所降低，企业可以运用这一战略削弱购买者的讨价还价的能力。

4）防止替代品的威胁

企业的产品或服务具有特色，能够赢得顾客的信任，便可以在与替代品的较量中比同类企业处于更有利的地位。企业成功的实施差别化战略，通常需要特殊类型的管理技能和组织结构。例如，企业需要从总体上提高某项经营业务的质量、树立产品形象、保持先进技术和建立完善的分销渠道的能力。为实施这一战略，企业需要具有很强的研究开发与市场营销能力的管理人员。同时在组织结构上，成功的差别化战略需要有良好的结构以协调各个职能领域，以及有能够确保激励员工创造性的激励体制和管理体制。在这里，企业文化也是一个十分重要的因素，高技术的企业格外需要良好的创造性文化，鼓励技术人员大胆地创新。

2. 风险

企业在实施差别化战略时，面临两种主要的风险：一是企业没有能够形成适当的差别化；二是在竞争对手的模仿和进攻下，行业的条件又发生了变化时，企业不能保持差别化。第二种风险经常发生。企业在保持差别化上，普遍存在着四种威胁：① 企业形成产品差别化的成本过高，大多数购买者难以承受产品的价格，企业也就难以盈利。竞争对手的产品价格降得很低时，企业即使控制其成本水平，购买者也不再愿意为具有差别化的产品支付较高的价格。② 竞争对手推出相似的产品，降低产品差别化的特色。③ 竞争对手推出更有差别化的产品，使得企业的原有购买者转向了竞争对手的市场。④ 购买者不再需要本企业赖以生存的那些产品差别化的因素。例如，经过一段时间的销售，产品质量不断的提高，顾客对电视机、录放机等家用电器的价格越来越敏感，这些产品差别化的重要性就降低了。由于差别化与市场份额有时是矛盾的，企业为了形成产品的差别化，有时需要放弃获得较高市场份额的目标。同时，企业在进行差别化的过程中，需要进行广泛的研究开发、设计产品形象、选择高质量的原材料和争取顾客等工作，代价是高昂的。企业还应该认识到，并不是所有的顾客都愿意支付产品差别化后形成的较高的价格。

3. 实施条件

实施差别化战略，企业需具备下列条件：① 具有很强的研究与开发能力，研究人员要有创造性的眼光。② 企业具有以其产品质量或技术领先的声望。③ 企业在这一行业有悠久的历史或吸取其他企业的技能并自成一体。④ 企业具有很强的市场营销能力。⑤ 研究与开发、产品开发以及市场营销等职能部门之间要具有很强的协调性。⑥ 企业要具备吸引高级研究人员、创造性人才和高技能职员的物资设施。

4.3.3　专一化战略

专一化战略是指主攻某一特殊的客户群或某一产品线的细分区段、某一地区市场的战略。与成本领先战略和差异化战略不同的是，专一化战略具有为某一特殊目标客户服务的特点，组织的方针、政策、职能的制定，都首先要考虑到这样的特点。

这一战略依靠的前提思想是：公司业务的专一化能够以高的效率、更好的效果为某一狭窄的战略对象服务，从而超过在较广阔范围内竞争的对手们。这样做的结果，是公司或者通过满足特殊对象的需要而实现了差别化，或者在为这一对象服务时实现了低成本，或者二者兼得。这样的公司可以使其盈利的潜力超过产业的普遍水平。这些优势保护公司抵御各种竞争力量的威胁。但专一化战略常常意味着限制了可以获取的整体市场份额，专一化战略必然地包含着利润率与销售额之间互以对方为代价的关系。

4.4 战略原则

4.4.1 以社会需要为出发点

制定战略应当有一个基本的出发点和立足点，这个出发点不应当建立在主观臆想之上，而应当建立在客观的社会需要之上。一个组织只有不断地满足社会的某种日益增长的需要，才可能存在和发展。因此，满足社会需要应当做为一条基本的战略原则。具体到一个企业，满足社会需要也是满足市场需要、顾客需要。

制定战略时一个常犯的错误是：把眼光局限于现有的产品和服务上，认识不到产品只是一种满足顾客需求形式，而形式是可以改变的。任何产品都有它的生命周期，但顾客的基本要求却是永存的。这就是企业制定战略时，要根据科学技术的发展、社会的变迁，以及顾客的偏好变化，采用不同形式满足顾客的需要，而不要固守于现有的产品和服务。

不能够认识到顾客需要的到底是什么，以及顾客对企业商品的价值准则是什么，这又是制定战略常犯的另一个错误。早年的众信集团，在经营塑料色母方面，只满足高端科技用途的领域产品，却忽视了低端产品的市场，因而放慢了塑料色母进入领头企业的步伐。

4.4.2 把握时机

制订计划，要防备可能发生的变化；而制定战略则不同，是要利用可能发生的变化，因为变化预示着机会。旧垄断的打破，新事业的创办，无不是利用变化带来的良机。

制定企业战略的核心问题，是回答企业应该是什么的问题。其意图也旨在强调预测环境变化、利用新的发展机会的重要性。特别是行业结构可能发生的重大变化，行业核心技术和相关技术的重大革新及商业应用，人口、自然资源、教育水平、环境保护方面的演变趋势，以及政府重大经济政策的改变等，都将给企业、部门、城市和地区带来新的发展机会。而所谓"企业应该是什么企业"的问题，也就是应该如何利用这些变化，不失时机向哪个方向发展的问题。

4.4.3 扬长避短

战略具有对抗的含义，制定战略的实质是要研究如何以弱胜强、以小胜大、后来居上。而欲达此目的，必须扬长避短，发挥优势，这应作为一条企业基本的战略原则。

扬长避短，重在扬长，也就是充分发挥优势，不断强化优势地位，这就要求专心本行。处于当今瞬息万变的经营环境中，许多企业选择了多元化经营战略。多元化经营的好处是：一方面，它有助于充分利用企业的生产能力、技术开发能力和销售能力；另一方面，当企业的一种主导产品经营受挫时，可以使企业在其他方面有较大的回旋余地。但是，尽管多元化经营使得许多企业获得了巨大的发展，如果盲目追求多元化和新颖，只求"攻城略地"，而不注意巩固已占领市场，或者轻率地进入同企业的传统技术和业务不相关的新行业，就会失去自身的特色和优势，被竞争者乘虚而入，这样的事例也俯拾皆是。多元化战略取得成功的关键就在于把多元化战略建立于企业的核心技术和中心市场的基础上。尽管企业的业务领域在不断扩展，但始终围绕核心技术和不断强化业已形成的优势地位，才能胜人一筹。事实表明，没有特色的多元化商品和没有核心的多元化大多是低效益的，是最容易失败的，经验表明，与其如此，不如"宁肯少些，但要好些"。

4.4.4　出奇制胜

以弱制胜、以小胜大、后来居上，除了要扬长避短，发挥优势以外，还要靠出奇制胜，也就是靠创新，靠另辟蹊径获得成功。制定战略过程的创新，属于管理创新。经验表明，创新可以总结一些一般规律。

（1）创新来源于人们对创新机会分析。有七种来源：① 意想不到的成功或失败；② 实际情况与人们的主观设想之间极不协调的现象；③ 过程需要；④ 行业与市场结构的变化；⑤ 人口变动；⑥ 观念转变；⑦ 新知识的发现。

（2）创新既要依靠推理，更要依靠想靠想象力。想象力知识更重要，因为知识是有限的，而想象力概括着世界上的一切，推动着进步。

（3）创新要从小起步，要简易而且重点突出。

（4）创新必须有强烈的欲望。一心想成为行业的领先者，从不甘居人后，定能不断迸发出创造力的火花。

4.4.5　集中资源

任何一个组织和企业，资源总是有限的，要使有限资源发挥出最大的效益，就必须集中使用企业资源。集中资源的前提，是方向明确，重点突出。也就是说，首先要明确经营方向和找出关键的成功因素。实践表明，不同行业关键的成功因素不同。只有找准了行业的关键成功因素，再加上集中资源，才可能获得成功。

4.4.6　量力而行

制定战略还应遵循量力而行的原则，也就是应使企业战略与组织或企业的规模相适应。企业规模、结构和战略是密切相关的。规模本身对战略有重大影响，不同的规模要求不同的战略。小企业能够做大企业不能做的事，它能对市场需求变化作出迅速的反应，能够灵活而集中地使用其资源。但是，大企业能做一些小企业不能做的事，它能把主资源投入到超过小企业所能承担的长期研究项目和大型开发中去。因此，"适应于不同规模的战略是什么?"这个问题对于上层决策者来说，具有极端的重要性。此外，不同的战略又要求不同的规模。一个试图在某一大市场中取得领先地位的企业，必须是一个大企业。而如果企业的规模小，那还是以一个大市场中占据一个特殊位置或有利的细分市场为目标更好。

📖 思考题

1. 战略的概念是什么?
2. 战略的程序有哪些?
3. 企业可选择的战略类型有哪些?
4. 战略原则有哪些?

 案例 *分析*

通用与福特迥异的跨国并购战略及成效

提前出版的美国《财富》杂志日前公布了 1999 年度的美国 500 强企业的排名。通用汽车公司连续 12 年名列 500 强之首，年收入达到 1 890 亿美元。而 1998 年排在第二位的福特汽车公司以年收入 1 625 亿美元跌到第四位。

1999 年亚洲经济开始复苏，1998 年美国 500 家大公司的销售总额比前年增加了 10.2%，盈利增加了 28.7%。通用汽车能连续 12 年屹立在龙头老大的位置不动摇，而福特汽车不仅未保住以往的经营业绩，反而跌落到第四位，这与他们迥异的跨国经营战略是紧密相关的。

1. 通用：尊重被并购方的优势及自主权

通用汽车公司早就在摸索如何在全球实行最佳的并购战略。它最初收购了欧宝汽车公司，后来入股五十铃、铃木汽车公司。它谋求在美国的生产上与丰田汽车公司在引擎上进行合作。就是说，它实行的摸着石头过河的并购战略，尊重各家公司的自主经营，充分发挥各自的长处。从微型汽车、商用汽车到中高级汽车，通用汽车公司各种类型的汽车几乎都生产，但与福特汽车公司相比，在高级轿车的生产上却略逊一筹。

通用汽车公司推行的并购战略，在确立各自的品牌优势、最大限度地发挥企业自主经营能力上取得了显著效果。但目前还不能说在共享汽车车底盘和基础设施等资源上取得了很大的整体效果。

2. 福特：统一树立自己品牌

与通用汽车公司相比，福特汽车公司的战略却大不相同。除了最近收购美洲虎、阿斯顿马丁等汽车公司之外，福特汽车公司的战略是树立自己的品牌形象，走批量生产之路。它收购马自达汽车公司也是为了全面统一事业，比如开发利用福特汽车底盘和引擎，实现零部件采购的全球化等。与此同时，福特汽车公司还在管理上鲜明地打出了福特色彩。

在对欧洲福特公司和美国福特公司的组织与领导权实行统一之后，福特公司的这种战略更加明确，进一步加快了在全球实行统一的步伐。在产品开发上，美国福特公司、欧洲福特公司、美洲虎公司和马自达公司分工明确，立足于全球化的角度统一使用汽车底盘。福特汽车公司在实现零部件供应的全球化上也花费了很大气力，这几年大幅度降低了成本。此外，福特汽车公司还对错综复杂的经营体制、开发工序和生产线进行了调整和统一。

然而，最近福特汽车公司的战略也开始发生了变化：调整了方针，重新恢复了欧洲福特公司的组织，对各地区的经营进行区别对待；在收购沃尔沃汽车公司之后，建立了高级轿车部门；加强服务和金融等与汽车相关的事业，向顾客提供全面服务；实行销售改革，计划建立为顾客着想的零售店网以及重建销售连锁店。

问题：

1. 请分别叙述通用、福特公司的并购战略。

2. 请分析通用、福特公司并购战略的不同之处，它们各有何利弊？

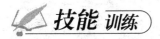技能 训练

失败的营销决策

A 厂是我国北方一家生产电工产品的大型企业，也是"一五"期间我国 156 个重点工程项目之一，一直位列全国 500 家最大工业企业和 500 家利税大户之中。20 世纪 90 年代初，企业主要经济指标一直居同行业之首，生产的产品是名牌产品，产品主要用在电力、铁路、矿山系统和大型基础建设项目中。但就是这样一个企业，目前经营却陷入困境，明亏潜亏达 7 亿元，到了资不抵债的边缘。

一、病急乱投医——遍地设点

20 世纪 90 年代以前，A 厂产品内国家计划订货量每年就有 3 亿～4 亿元。国家物资部根据订货以计划价格向其供料，在当时，中小企业和乡镇企业是无法与之匹敌的。20 世纪 90 年代以后，随着我国的经济体制逐步由计划经济向市场经济转变，市场全面放开，A 厂面临着严峻的形势。

为了适应新的形势，厂领导采取了很多措施。其中之一就是专门成立了销售总公司，统一销售 A 厂的产品。但由于观念陈旧和根深蒂固的老人思想，销售公司的工作远不能适应市场竞争的需要。这时，厂领导受相邻厂家实行"全员销售"经验的启发，也搞起了全员销售，除销售总公司的直属门点外，又陆续办了大批销售门点。这些销售门点有四种类型：

一是厂里投资在各中心城市办的销售处或销售公司；

二是各分厂、车间办的集体性质的销售门点，解决部分富余人员就业问题，厂里给予优惠条件；

三是本厂职工合伙或个人办的销售门点，人员停薪留职或是业余时间销售；

四是各地其他单位或个人挂 A 厂的牌子办的门点，每年向 A 厂交管理费。

这些销售公司和门点销售形式各异，或是厂里下达任务，或是承包，或是代销，还有的做中间人牵线。一般是先交一部分定金，由厂里按出厂价供货，货售完后，货款返回厂里，高出出厂价部分（费用加利润）归个人或单位。

二、彻底失去控制

经过几年的运营，A 厂的销售门点几乎失去控制，总厂、分厂、各部门、三厂、个人和其他单位在各地办的大大小小的门点近 1 000 个，具体到底多少谁也说不清，这些销售环节出现了严重问题：

（1）各销售门点普遍拖欠货款，每年有上亿元收不回来，到 1998 年年底，账面反映有 162 户门点欠 A 厂货款共达 1.5 亿元。

（2）厂里投资的销售公司有的大量占用货款挪作他用。其中本厂所属的南方一家销售公司，1992 年至 1998 年，销售 A 厂产品 4 亿元，其中 1.6 亿元货款没有直接返回厂里，而是无偿地占用这笔货款与他人共同投资兴办了一个股份公司，还打时间差，不间断地用货款做流动资金，发展起了一个净资产 3 亿多元的企业。

（3）由于推销组织没有统一规划，分散、重复设置，出现各销售门点争夺市场，破坏了统一的价格体系，使客户有机可乘，压低产品价格。

（4）本厂职工或三厂办的门点公开赖账，有钱不还。

（5）外单位和个人以 A 厂名义办的门点，拿到货款后，人走点空，无处追寻。有的根本不卖 A 厂的货，而卖其他厂家的货。

厂领导针对这种情况，曾绞尽脑汁想了一些对策。比如，简单地要求客户先交款后提货，但这样做又赶走了一些大的客户；再有，让中间商直接带客户到厂里签合同，返给一定的利，结果有些有推销手段和固定客户的门点感到利少而不愿做。两种方法都影响了产品的销售。更致命的是，有些门点已控制了 A 厂的部分销售渠道，使 A 厂处于想清理这些门点又不能清理的境地。

三、难咽的苦果

由于 A 厂销售环节管理出现的问题，使 A 厂的整个营销活动受到了严重的影响。

（1）滞留在销售中间环节的货款不能及时回收，使 A 厂流动资金原本不足的困难状况更加严重，不得不增加贷款。20 世纪 90 年代中期是银行利率较高时期，贷款的增加使 A 厂财务费用激增，加剧了营销活动的困难。

（2）由于财务费用和原材料价格上升以及其他原因，A 厂的产品成本在同行业中处于较高水平，失去了市场竞争优势，又使困境中的 A 厂雪上加霜。

（3）由于许多销售门点以 A 厂名义注册或挂靠 A 厂，当这些门点发生民事纠纷后，由 A 厂承担连带责任，又造成一部分损失。

四、亡羊补牢说教训

A 厂的这种推销策略，从理论上和别人的实践上都无可非议，问题是这种策略是否适应 A 厂的产品，是否是所有情况都适用这种策略，更主要的是如何控制这些销售的中间环节。

首先，A 厂的产品不适应"全员销售"的方式。

全员销售、办连锁点、大量依靠中间商等销售方式一般适于用途广泛的工业产品、大众日用品或食品等，它的消费者范围广、数量多，厂家没有力量完全直接同消费者见面。A 厂的产品用户主要是电网系统、基建项目、通信系统等，产品用户比大众日用品用户范围窄的多，因而恰恰应该减少中间环节和销售渠道层次。

其次，对销售中间环节的控制不力。

既然已经采用"全员销售"的方式，就必须加强管理和控制，A 厂只建门点，却疏于管理：①门点建立缺乏计划性，厂内各个层次，各类人员都办，不看他们是否有办门点的能力、实力和必要性，是否能推销 A 厂的产品。对于外地外单位要求办门点，同样没有审查其能力和资信情况，没有分析市场需求情况来统一销售计划，建立销售中间环节。②对门点缺乏财务监督，不能及时、定期地对本厂所属单位和人员的门点进行财务检查，了解销售情况和贷款回收情况，及时清欠货款；对外单位的门点没有采取有效的控制措施，防止他们拖欠货款。

再次，法律意识淡薄。

A 厂只顾大办门点推销产品，却忽视了同这些门点签订责任条款，厂内各单位自己办的门点和职工办的门点都挂 A 厂牌子，为厂注册，都由 A 厂向工商登记部门作出资证明，特别是外单位门点挂 A 厂牌子的每年只要交 1 万元管理费就行了。结果，当这些门点同第三方发生民事纠纷时，第三方起诉到法院，法院从工商注册文件中认定 A 厂是投资主体，所以法院以 A 厂为诉讼主体或由 A 厂承担连带责任，这是 A 厂所始料不及的。另外，对于拖欠货款的单位和本人，A 厂也没有意识到用诉讼的方式解决问题。

【供分析的问题】

1. 请分析一下 A 厂的内外部销售环境。

2. A 厂营销决策错在哪里？造成的后果有哪些？

3. 从总结经验教训的角度，提出你对该厂促销的建议方案。

【训练目标】

1. 训练环境分析的能力。

2. 提高分析企业实际管理决策问题的能力。

3. 培养结合实际进行运筹与合理配置资源的能力。

【组织实施建议】

1. 建议在讲完决策与计划方案之后安排本案例分析。

2. 在课下准备，可安排 1 ～ 2 课时集中讨论。

3. 每个人认真阅读分析案例，并收集有关资料。

4. 由模拟公司组织小组讨论。

5. 每人写出发言提纲。

6. 可以班级为单位组织讨论。

训练项目：活动策划

【实训目标】

1. 培养创新能力与策划能力。

2. 掌握实际编制计划的方法。

【实训内容与形式】

1. 在调研的基础上，运用创造性思维，策划一项活动，制定计划书。要求：

（1）所策划的活动的内容与主题，既可以由教师统一指定，又可以由学生自选。选题尽可能是与所学专业相关。

（2）应通过调研，占有较为充分的材料。

（3）要运用创造性思维，所策划的活动一定要有创意。

（4）要科学地规划有关要素，计划书的结构要合理、完整。

2. 在每个人进行个别策划的基础上，以模拟公司为单位，运用"头脑风暴法"等方法，组织深入研讨，形成公司的创意。

3. 利用课余时间进行系统的活动策划，编制公司的活动策划书或计划书。也可在课上进行交流。

 课外 练习

一、单项选择题

1. 被称为决策"硬技术"的决策方法是指（　　　　）。

A. 计量决策技术　　　　B. 主观决策法　　　　C. 边际分析法　　　　D. 德尔菲法

2. 下列因素中，哪个不属于企业的外部环境因素？（　　　　）

A. 人口　　　　　　　　B. 营销组合　　　　　C. 人均国民收入　　　　D. 都不属于

3. 下面几种组织环境中，不确定性最高的状况是（　　　）。

A. 简单和稳定的环境　　　　　　　　　　B. 复杂和稳定的环境

C. 简单和动态的环境　　　　　　　　　　D. 复杂和动态的环境

4. （　　　）是日常工作中为提高生产效率、工作效率而作出的决策，牵涉范围较窄，只对组织产生局部影响。

A. 战略决策　　　　　B. 战术决策　　　　　C. 管理决策　　　　　D. 业务决策

5. 以满意标准衡量决策有效性的决策称为（　　　）。

A. 有限理性决策　　　　B. 最优决策　　　　C. 非理性决策　　　　D. 经验决策

6. 在目标设立过程中要注意，目标数量要适中。一般地，要把目标限制在（　　　）以内。

A. 4 个　　　　　　　B. 5 个　　　　　　　C. 6 个　　　　　　　D. 8 个

7. 计划工作的核心是（　　　）。

A. 确定目标　　　　　　　　　　　　　　B. 确定计划的前提条件

C. 确定可供选择的方案　　　　　　　　　D. 作决策

8. 我国决定开发西部的决策属于（　　　）。

A. 战术决策　　　　　B. 激进决策　　　　　C. 目标决策　　　　　D. 战略决策

9. 在其他因素不变的情况下，抓住某些因素，就能实现预期目标，这反映了计划工作的（　　　）。

A. 改变航道原理　　　B. 许诺原理　　　　　C. 灵活性原理　　　　D. 限定因素原理

10. 使计划数字化的工作被称为（　　　）。

A. 规划　　　　　　　B. 决策　　　　　　　C. 预测　　　　　　　D. 预算

二、多项选择题

1. 战略制定的原则是（　　　）。

A. 扬长避短　　　　　B. 趋长避短　　　　　C. 满足顾客　　　　　D. 及时制定

2. （　　　）可作为企业的竞争对手。

A. 不在本行业，但可以克服进入壁垒进入本行业的企业

B. 进入本行业可以产生明显的协同效应的企业

C. 其战略实施而自然进入本行业的企业

D. 通过后向或前向一体化进入本行业的买方或供方

3. 企业的基本活动包括（　　　）。

A. 内部和外部后勤　　B. 生产作业　　　　　C. 市场营销和销售　　D. 服务

4. 滚动计划方法的作用是（　　　）。

A. 计划更加切合实际，并且使战略性计划的实施也更加切合实际

B. 使长期计划、中期计划与短期计划相互衔接

C. 使短期计划内部各阶段相互衔接

D. 大大加强了计划的弹性

5. 影响管理宽度的因素有（　　　）。

A. 计划　　　　　　　　　　　　　　　　B. 组织沟通的类型及方法

C. 授权　　　　　　　　　　　　　　　　D. 组织的稳定性

E. 管理者与其下属双方的能力

模块 3 组 织

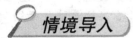

情境导入

鸽 子 搬 家

一只鸽子老是不断地搬家。

它觉得，每次新窝住了没多久，就有一种浓烈的怪味，让它喘不上气来，不得已只好一直搬家。它觉得很困扰，就把烦恼跟一只经验丰富的老鸽子诉苦。老鸽子说："你搬了这么多次家根本没有用啊，因为那种让你困扰的怪味并不是从窝里面发出来的，而是你自己身上的味道啊。"

任务 1 认 识 组 织

学习目标

1. 知识目标：了解组织的概念、要素和职能；了解正式组织和非正式组织的含义。
2. 能力目标：正确认识组织的职能；认识非正式组织对正式组织的影响。
3. 素质目标：正确对待组织中的非正式群体。

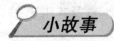

小故事

全球家电业开始对组织结构动手术

随着全球经济变冷、全球客户经济时代的到来以及信息技术对组织结构的影响，一场新的组织结构调整的浪潮正在全球悄然涌现。

索尼公司正在对其全球管理结构进行彻底的改革，整合旗下的电子、娱乐和游乐部门，强调地区特色，成立地区总部。松下电器自 2001 年以来，一直在进行事业结构改革和新成长战略的构筑，并称之为"破坏与创造"，现已经到了创造的阶段。伴随中国松下的独资运动，中国松下也在进行大规模的组织结构改造，以便更好的实现直接面向客户的自我完善结构经营体制。早期仿效日本企业实行事业部制的海尔，提前 4 年时间对自己的事业部制进行了以流程重组为创新主题的大规模组织结构改造，并已取得显著成效。还有很多全球家电巨头都在调整着自己的组织结构。

　　全球家电企业的组织结构调整主要体现在以下几个方面：放权，区域市场出现区域中心，强化区域决策的反应能力；不同产品事业部共同职能的共享，以终端客户为目标，竭尽全力开放流程，与其他企业合作，提高生产链的作业效率。

　　这种组织结构变革的最终目标是从客户的角度看待交易环节上的所有问题，尽最大可能提高反应速度。正如迈克尔·哈默所说的，客户经济时代的企业必须成为容易做生意的企业，企业要从客户的角度来看待交易环节上的所有问题，简单地讲就是要简化一切浪费客户金钱的手续，消除一切消耗客户精力的多余环节。

　　新组织结构变革的目的是从客户和市场需求的角度来重新界定企业的组织形态，而不是以产品为中心来构建组织。从提供产品或服务到提供整体解决方案的演变，实际是这种组织变革的方向。

　　市场改变了公司的模样。我们的时代已经从卖方走向了买方，网络技术的发展提高了企业的运行效率并开始迫使企业改变组织形态，引向更为快捷的竞争，我们的组织也应该有相应的变化。不要当感觉自己的产品难销售了，才开始重新审视自己的组织结构，尤其是中国的家电企业。

　　我们应该怎样审视自己的组织结构，以适应现代企业的发展呢？

1.1　组织的概念

　　不同学科的学者都给"组织"一词下过定义。路易斯·A. 艾伦（Louis A. Allen）将正式的组织定义为：为了使人们能够最有效地工作去实现目标而进行明确责任、授予权力和建立关系的过程。切斯特·巴纳德（Chester Barnard）将一个正式的组织定义为：有意识地协调两个或多个人活动或力量的系统。多数对组织的定义都强调如下因素。

　　1. 协作与管理

　　管理学家曼尼（J. D. Money）指出，当人们为了一定的目的集中力量时，组织也因而产生。也就是说，不论是多么简单的工作，为了达到某个明确的目标，需要两个人以上的协作劳动时，就会产生组织问题。在这里，组织几乎成了协作与管理的代名词或同义词，因此，曼尼给组织下的定义是：组织，就是为了达到共同目的的所有人员协力合作的形态。为了达到共同的目的，并协调各组织成员的活动，就有必要明确规定各个成员的职责及其相互关系，这是组织的中心问题。

　　2. 有效管理

　　管理学家布朗（A. Brown）认为，组织就是为了推进组织内部各组成成员的活动，确定最好、最有效果的经营目的，最后规定各个成员所承担的任务及成员间的相互关系。他认为组织是达成有效管理的手段，是管理的一部分，管理是为了实现经营的目的，而组织是为了实现管理的目的。也就是说，组织是为了实现更有效的管理而规定各个成员的职责及职责之间的相互关系。

　　根据布朗的解释，组织有两个问题：一是规定各成员的职责；二是规定职责与职责之间的相互关系。例如，直线系与参谋系之间的协调问题等。布朗以职责的概念为出发点，提出了权力与责任概念，而且根据职责的分类，提出要合理地形成组织的主要部门、辅助部门和参谋部门。这是布朗关于组织概念的一个重要贡献。

3. 分工与专业化

泰罗、法约尔的组织理论中所谈的组织，主要是针对建立一个合理的组织结构而言的。为了使组织结构高效、合理，他们强调了分工与专业化，强调了职能参谋的作用，强调了直线权力的完整与统一性，强调了规章制度与集中。他们把组织分为两个层面的形态：一是管理组织；二是作业组织。

所谓管理组织，主要是规定管理者的职责以及他们之间的相互关系，研究人与人之间的关系问题，其重点是研究合理组织的社会结构问题，即主要研究人们在组织内部的分工协作及其相互关系。所谓作业组织，就是规定直接从事作业的工人的职责，包括作业人员与作业对象的关系，其重点是研究人与物的关系问题。按照法约尔的观点，作业组织是研究合理组织的物质结构问题，即主要研究如何合理配置和使用组织的各种物力、财力资源。物质结构又常常是通过社会结构的组织来实现的。

4. 协作群体

在现代组织理论中，巴纳德认为，由于生理的、物质的、社会的限制，人们为了达到个人的和共同的目标，就必须合作，于是形成协作的群体，即组织。这是一般意义上的组织概念，它的核心是协作群体，目的是为了实现个人及群体的共同目标。它隐含的意思是人们由于受到生理、物质及社会等各方面的限制而不得不共同合作。也就是说，如果人们没有受到任何限制，凭个人的力量也可以实现个人的目标，那就没有必要组织起来。从这个意义上来说，组织是一种从被迫到自愿的协作群体和协作过程。

那么，从管理学的意义上来说，什么是组织呢？根据国内外有关学者的最新研究，可以给组织作出如下的定义：所谓组织，是人们为了实现一定共同目标而建立的组织机构，是按照一定的规则、程序而有效地配置内部有限资源的一种责权结构安排和人事安排的载体。

1.2　组织的要素

1. 共同的目标

任何组织都是为目标而存在的，目标是组织存在和发展的前提。组织作为一个整体，只有有了共同的目标，才能统一指挥、统一意志、统一行动。

2. 人员与职责

为了实现共同的目标，就必须建立组织机构并对机构中全体人员指定职位、明确职责。良好的人际关系是建立组织系统的基本条件。同时，组织中的每个职位都要安排合适的人员才能发挥该职位的最大效用。

3. 协调关系

协调关系就是把组织上下联合起来，把组织成员中愿意合作、愿意为共同目标作出贡献的意志统一起来，这是实现组织目标的有效保障。

4. 交流信息

交流信息就是将组织的共同目标和各成员协作意愿联系起来，它是进行协作关系的必要途径。交流的信息分为两类：一类是非肯定型的，如命令、报告、指示等；另一类是肯定型的，如规章、制度等。

1.3 组织的职能

组织职能是指为有效实现组织目标，建立组织结构，配备人员，使组织协调运行的一系列活动。它主要体现在以下几个方面。

1. 组织结构设计与建立

组织结构的设计与建立包括组织内横向管理部门的设置和纵向管理层次的划分。

2. 适度分权和正确授权

分权适度和授权成功有利于组织内各层次、各部门为实现组织目标而协同合作。

3. 人员的选择和配备

人员的选择和配备包括人员的招聘和定岗、训练和考核、奖惩制度，以及对人的行为的激励等。

4. 组织文化的培育和建设

组织文化的培育和建设指为创造良好的组织氛围而进行的团队精神的培育和组织文化的建设。

5. 组织运作和组织变革

组织运作是指管理者使已设计好的组织系统目标有效的运转，它包括制定和落实各种规章制度及建立组织内部的信息沟通模式。组织变革是指不断适应实现目标的需要，对组织工作进行必要的调整、改革与再设计。

1.4 非正式组织

非正式组织是伴随着正式组织的运转而形成的，在当代西方行政理论中，对非正式组织的研究起源于"霍桑试验"，而非正式组织理论则是由巴纳德首次提出并创立的。非正式组织主要是因其成员的性质相近、社会地位相当、对一些具体问题的认识基本一致或者观点基本相同，或者在其成员的性格、业余爱好以及感情相投的基础上，产生了一些被大家所接受并遵守的行为准则，从而使原来松散的、随机性的群体逐渐成为趋向固定的非正式群体。

1.4.1 非正式组织的概念

非正式组织是人们在共同的工作过程中自然形成的以感情、喜好等情绪为基础的松散的、没有正式规定的群体。人们在正式组织所安排的共同工作和在相互接触中，必然会以感情、性格、爱好相投为基础形成若干人群，这些群体不受正式组织的行政部门和管理层次等的限制，也没有明确规定的正式结构，但在其内部也会形成一些特定的关系结构，自然涌现出自己的"头头"，形成一些不成文的行为准则和规范。

1.4.2 非正式组织形成的原因

1. 员工同质化

非正式组织形成的重要原因就在于同质化，这是非正式组织存在和发展的基础。一般而言，年龄、背景和文化层次是潜在的非正式组织存在的基础。同时，如果员工有相似的成长背景和价值观，加上长期在同一个企业共同工作，默契会使员工迅速达成一致；而且当员工自身具备的技能转移困难，或者在市场上其技能价值并不大，那么他们要求加入非正式组织的愿望就会强烈。尤其在感到自身利益会被侵犯的时候，希望被其他非正式成员认同的欲望就更强烈，从众心理也就较严重。

最终，这些方面的同质化使得工人们在压力之下或者利益的驱动下能更快地取得一致，从而为非正式组织的紧密化提供良好的条件。

2. 自认为不公正的绩效评估

在组织的绩效评估中，常常会用到人员互评或是360°评估方法。在这样的评估中，员工都倾向于认为，"实权者"圈内（也即非正式组织）的人，即使工作绩效不高也能够获得较高的评价；如果并非圈内的人，即便是工作非常认真并取得了较高的绩效，但是最终评价结果也有可能较低。于是，当某个非正式组织大部分成员的绩效评估结果都处在比较低的位置时，他们就会集体认为没有被公正地评估，尤其是当绩效评估结果和工资挂钩时，这种情况就很有可能成为非正式组织"紧密化"甚至"危险化"的一个导火索。

3. 非正式领袖的消极作用

非正式组织的领袖一般具有较强的权威性和感召力，这种权威是一种"个人魅力型权威"，它的形成源于领袖个人的个性气质、品格才能以及感情力量等内在的、非制度性的因素，其特点是没有强制性，对成员的影响具有自然性，成员对此在行为上、心理上更易于服从。非正式领袖往往对组织成员产生重大影响，特别是在成员的态度和行为方面。研究表明，在正式组织进行组织传播时，组织成员往往只从中获得相关的信息内容，至于其态度和行为，则受非正式领袖的影响更大。所以，如果非正式组织的领袖抱着极端的个人主义，借损害组织和组织内其他成员的利益而牟求个人私利，或者在非正式组织内传播谣言、蛊惑人心，控制员工对抗组织变革以维护自身利益，那么这个非正式组织就有可能变得"危险"。

4. 组织变革或面临危机

当企业发生变革时，尤其是变革的内容和员工的切身利益相关，某些变革内容会影响一部分员工的既得利益，利益的驱动和立场的相似使这种松散的非正式组织迅速紧密化。同样，当组织面临巨大的危机、前途并不稳定时，如果员工的流动性本身就很大，且企业也只是处在草创阶段，员工对企业的未来缺乏信心，那么就非常有可能导致员工的集体离职，甚至当面临危机的企业采取降低员工工资或福利的方式来应对时，就极有可能导致员工的集体罢工。如果这时候企业的管理者不能迅速地察觉到这类非正式组织的紧密化现象并采取相对应的措施，那么在变革的进展中，必将会导致管理变革的危机，甚至让企业为此付出巨大的代价。

1.4.3 非正式组织的划分

非正式组织的划分可以从"安全性"和"紧密性"两方面来考察。这里所谓"安全性"是与破坏性相对立的，凡是积极的、正面的、有益的活动都是"安全"的，比如满足成员归属感、安全感的需要，增强组织的凝聚力，有益于组织成员的沟通，有助于组织目标的实现等；凡是消极的、反面的、有害的都是"危险"的，比如抵制变革，滋生谣言，操纵群众，使高素质、高绩效员工流失等。所谓"紧密性"是与松散性相对立的，凡是有固定成员、有活动计划、有固定领导而小道消息又特别多的，都是"紧密性"高的；相反则是"紧密性"低的。在具体评价中，我们可以以"安全性"和"紧密性"这两项指标分别为横向和纵向坐标，做出如图3-1所示的有四个区间的分类图。

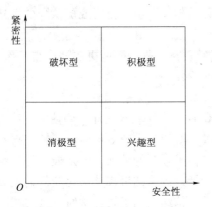

图 3-1　非正式组织的划分

图 3-1 中，横轴表示"安全性"，纵轴表示"紧密性"。每项指标分为两段表示其程度，从左下角的原点向右和向上递增，可以把非正式组织分为四种类型。

消极型，表示既不安全，也不紧密。这种非正式组织内部没有一个得到全部成员认可的领袖，分为好几个小团体，每一个团体都有一个领袖，同时某些领袖并不认同组织，存在个人利益高于组织利益的思想。

兴趣型，表示很安全，但不紧密。由于具有共同的兴趣、爱好而自发形成的团体，成员之间自娱自乐。

破坏型，表示很紧密，但不安全。这种非正式组织形成一股足以和组织抗衡的力量，而且抗衡的目的是出于自身利益，为谋求团体利益而不惜损害组织利益。同时，团体内部成员不接受正式组织的领导，而听从团体内领袖的命令。

积极型，表示既积极，又很紧密。一般出现在企业文化良好的企业，员工和企业的命运紧密地联系在一起。比如日本本田公司的 QC 小组，完全是自发成立，员工下班后聚到一起，一边喝咖啡，一边针对当天生产车间出现的生产问题和产品瑕疵畅所欲言，最后通过讨论找出解决问题的方法。

对于企业来讲，虽然一般的非正式组织中很少存在破坏型的，但是如果出现一定的内外部诱因，那么消极型、兴趣型和积极型非正式组织都有可能迅速地转化为破坏型非正式组织。作为组织的管理者需要对组织内存在的诸多非正式组织有一个清晰的界定：它属于哪一种类型？他们的领袖是否具备良好的道德素养和职业素质？这些非正式组织中的核心成员有没有属于企业高层领导的，他们是否可以准确地强化自身正式组织的角色？考虑到这些问题就可以比较好地监控和处理非正式组织的负面影响。

1.4.4　对待非正式组织的策略

正确认识和引导非正式组织，是管理者的一项职责。

1. 承认其存在的必然性

非正式组织是个人为寻求需要而建立起来的，没有明确分工、界限模糊的组织，它不是任何领导者计划设立的，也没有正式的规章制度。因而在管理领域，非正式组织一直以来都被视为弊大于利，主张非正式组织的合法性应当被取消。但这是不明智的，因为非正式组织的存在是一种自然现象，它是组织成员在工作之余的一种精神依托，组织成员在这里可以真诚流露。任何试图消灭非正式组织的做法都是不能奏效的，只有承认其存在的必然性，争取正确的引导，才是管理人员的正确态度。

2. 正确引导和利用非正式组织

利用非正式组织成员之间情感密切的特点，引导他们相互帮助、相互学习，提高组织成员的生产技术水平，提高工作效率；利用非正式组织成员之间相互信任、有共同语言的特点，引导他们开展批评与自我批评，不断提高业务水平和工作能力；利用非正式组织信息沟通迅速的特点，及时了解员工对组织工作的意见和要求，使管理者心中有数，及时改进管理方法；利用非正式组织凝聚力强、能较好地满足组织成员的社交等心理特点，可以有意识地

810151719212527343744474952555760656771747678818689929598100

把这些组织无力顾及的群众工作交给他们去做，这对于促进组织内部安定团结具有重要作用。

3. 注重培养合作的非正式组织

尽管非正式组织不能取消，但可以对其施加影响，使其更多地表现积极的一面，更好地为实现组织目标服务。

思考题

1. 组织的概念是什么？
2. 组织的要素有哪些？
3. 试叙述组织的职能。
4. 如何理解非正式组织？
5. 非正式组织形成的原因是什么？
6. 非正式组织可以分为哪些类型？
7. 如何对待非正式组织？

案例分析

办公室里来的年轻人

小张于 1998—2002 年在某重点大学学习行政管理专业。在校期间品学兼优，多次获得奖学金，多次被评为"三好"学生、优秀团员，并于 2001 年光荣加入中国共产党。2002 年，小张参加了某市公务员考试，顺利通过，被该市政府法制办录用。

进入了公务员系统，小张认为从此有了稳定的收入，而且自己的所学又能派上用场，感到很高兴，并且暗自下定决心：要好好地干出一番事业。于是，每天小张早早地来到办公室，扫地打水，上班期间更是积极主动承担各种工作任务，回家还钻研办公室业务。

法制办公室是一个有五个人的大科室，包括主任甲，副主任乙，三位年纪较长的办事员 A、B、C。几位老同志听说办公室要来这么一个年轻人，顾虑重重。他们认为现在的大学生从小娇惯，自命甚高，很难相处，而且业务又不熟，还需要他们手把手地教，来了无异于来了一个累赘。令他们没有想到的是，这个年轻人热情开朗，待人谦虚，很容易相处。更重要的是，小张有行政学专业背景，再加上聪明好学，很快就熟悉了业务，成为法制办工作的一把好手。而且小张很勤快，承担了办公室的大量工作，让几位老同志一下子减轻了许多压力。几位老同志渐渐喜欢上了这个年轻人，主任、副主任也经常在办公室会议上表扬小张。

可是聪明的小张发现，随着科长表扬的次数增多，几位老同志对自己越来越冷淡。有一次，忙着赶材料，B 居然冷冷地对他说："就你积极！"小张一时间丈二和尚摸不着头脑。

一年很快就过去了，小张顺利转正。

市政府办公室年终考核的时候，法制办工作因能按量优质提前完成，被评为"优秀科室"。在制订下一年度（2004 年）计划时，法制办的工作量有所增加。法制办的几位老同志本来因为小张的到来轻松了许多，这下子又忙起来。而且他们发现，虽然繁忙依旧，但是"名"却给夺走了，每次得到表扬的总是小张。小张更加被排斥了。随着2004年小张被评为法制办第一季度先进个人，A、B、C对小张的反感达到了顶点。从此，几位老同志再也不邀请小张参加任何一次集体活动，还在背后称小张是"工作狂"、"神经病"、"都这么大了还不谈恋爱，是不是身体有毛病"。话传到小张耳朵里，小张很伤心，"我这么拼命干不也是为办公室吗？要不是我，去年办公室能评上先进科室？怎么招来这么多怨恨？"他一直都不能理解。有一次，小张把自己的遭遇同另外一个部门的老王讲了。老王叹了口气，"枪打出头鸟，你还年轻，要学的还很多啊！"小张恍然大悟，正是自己的积极破坏了办公室原有的某些东西，让几位老同志倍感压力，才招来如今的境遇。

　　从此，小张学"乖"了，主任不布置的任务，再也不过问了；一天能干完的事情至少要拖上两天甚至三天。办公室又恢复了平静与和谐，先进个人大家开始轮流坐庄，几位老同志见到小张的时候又客气起来了，集体活动也乐意邀请他。小张觉得，这样很轻闲，与大家的关系也好多了，心理压力骤减，生活也重新有了快乐。

　　问题：

　　为什么出现这种现象？请分析其原因。

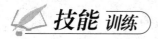

技能 训练

赵副厂长该怎么办？

　　赵林德是某汽车零件制造厂的副厂长，分管生产。一个月前，他为了搞好生产，掌握第一手资料，就到第一车间甲班去蹲点调查。一个星期后，他发现工人劳动积极性不高，主要原因是奖金太低，所以每天产量多的工人生产二十几只零件，少的只生产十几只。

　　赵林德和厂长等负责人商量后，决定建一个定额奖励试点，每天每人以生产20只零件为标准，超过20只零件后，每生产一只零件奖励0.5元。这样，全班23个人都超额完成任务，最少的每天生产29只零件，最多的每天生产42只零件，这样一来，工人的奖金额大大超过了工资，使其他班、其他车间的工人十分不满。

　　现在又修改了奖励标准，每天超过30只零件后，每生产一只零件奖励0.5元，这样一来，全班平均生产每天只维护在33只左右，最多的人不超过35只，赵林德观察后发现，工人并没有全力生产，离下班还有一个半小时左右，只要30只任务已完成了，他们就开始休息了。他不知道如何进一步来调动工人的积极性了。

　　【供分析的问题】

　　1. 赵副厂长在奖励员工时有什么不妥之处吗？

　　2. 如果你是赵副厂长该如何处理这个问题？

　　3. 请结合这个案例，运用所学理论，为该厂设计一个较为系统的奖酬方案。

　　【训练目标】

　　1. 培养分析与处理管理问题的能力。

　　2. 增强对奖酬制度的感性认识。

　　3. 培养设计奖酬制度的初步能力。

【组织实施建议】

1. 建议在讲完人力资源管理之后安排本案例分析。

2. 在课下准备，可安排 1～2 课时集中讨论。

3. 每个人认真阅读分析案例，并收集有关资料。

4. 由模拟公司组织小组讨论。

5. 每人写出发言提纲。

6. 以班级为单位组织讨论。

课外 练习

一、单项选择题

1. 法约尔认为，管理有五大职能，分别为（　　　）。

A. 计划、组织、指挥、协调、控制　　　　B. 计划、组织、指挥、服务、控制

C. 计划、预算、指挥、协调、控制　　　　D. 计划、组织、领导、协调、控制

2. 霍桑试验表明（　　　）。

A. 非正式组织对组织目标的达成是有害的

B. 非正式组织对组织目标的达成是有益的

C. 企业应采取一切措施来取缔非正式组织

D. 企业应该正视非正式组织的存在

3. 一般环境是指组织所处的宏观环境或社会大环境，与具体环境相比，它对组织的影响是（　　　）。

A. 直接的　　　　　B. 相对间接的　　　　　C. 很大的　　　　　D. 很小的

4. 张教授到某企业进行管理咨询，该企业总经理热情地接待了张教授，并介绍公司的具体情况，才说了 15 分钟，就被人叫了出去，10 分钟后回来继续，不到 15 分钟，又被叫出去。这样，整个下午 3 个小时总经理一共被叫出去 10 次之多，使得企业情况介绍时断时续。从题干中，能够推出的符合逻辑的一项是（　　　）。

A. 总经理不重视管理咨询　　　　　B. 总经理可能注重团队管理

C. 总经理可能过度集权　　　　　　D. 总经理重视民主管理

5. 管理的十四条原则是由管理学家（　　　）提出的。

A. 法约尔　　　　B. 梅奥　　　　C. 韦伯　　　　D. 泰罗

二、简答题

1. 简述正式组织和非正式组织的特点。

2. 在管理学中，如何理解组织的含义？

3. 非正式组织可以分为哪些类型？

4. 试叙述组织的职能。

三、论述题

如何对待非正式组织？

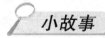 任务 2　组织设计与职务设计

学习目标

1. 知识目标：了解组织设计的概念、任务以及组织设计的原则；弄清职位设计的形式。
2. 能力目标：理解组织设计的原则及职位设计的作用。
3. 素质目标：能根据组织原则设置组织结构。

小故事

协作才能双赢

身体四肢的各个位置，是与生俱来的，不是任何方法可以强加的。

一天，在五官大会上，耳目口鼻发布宣言："我们位置最高，何等尊贵。那脚，位置最低。我们要约法三章，不能与他相处太密切，称兄道弟的。"

大家都表示没有意见。

脚听了，没有理会他们对自己的蔑视。

几天后，有人要请吃饭，口非常想去，想一饱口福，但脚不肯走。口没有办法，只好暂时拖一下。

又过了几天，耳想听听鸟叫，目想看看风景，但脚也不肯走，耳目也无可奈何。

大家便商量改变原来的决议。但鼻不肯，说："脚虽然能制服你们，可我并不对他有什么要求，它能拿我怎么办呢？"

脚听了，便一直走到肮脏的厕所前，长久站着不动。恶臭的气味，直扑鼻孔，令人恶心。

肠和胃大声埋怨道："他们在那里闹意见，为什么叫我们遭罪，我们招谁惹谁了！"

2.1　组织设计

2.1.1　组织设计的概念

组织的目标确定后，要使这些目标得以顺利实现，就必须对组织内部的任务进行分工，再按一定的协作关系使它们联结起来形成框架结构，这种框架通常被称为组织结构。

组织设计（organizational design），是指管理者将组织内各要素进行合理组合，建立和实施一种特定组织结构的过程。它是有效管理的必备手段之一，是一个动态的工作过程，包含了众多的工作内容。科学的进行组织设计，要根据组织设计的内在规律性有步骤地进行，才能取得良好效果。

组织设计可能有三种情况：新建的企业需要进行组织结构设计；原有组织结构出现较大的问题或企业的目标发生变化，原有组织结构需要进行重新评价和设计；组织结构需要进行局部的调整和完善。

2.1.2　组织设计的任务

组织设计的任务是设计清晰的组织结构，规划和设计组织中各部门的职能和职权，确定组织中职能职权、参谋职权、直线职权的活动范围并编制职务说明书。

1. 组织结构

所谓组织结构是指组织的框架体系，是对完成组织目标的人员、工作、技术和信息所作的制度性安排。就像人类由骨骼确定体型一样，组织也是由结构来决定其形状的。组织结构可以用复杂性、规范性和集权性三种特性来描述。

2. 组织设计的内容

尽管组织结构日益复杂、类型演化越来越多，但任何一个组织结构都存在三个相互联系的问题，即职权如何划分，部门如何确立，管理层次如何划分。由于组织内外环境的变化影响着这三个相互关联的问题，使得组织结构的形式始终围绕这三个问题发展变化。因此，要进行组织结构的设计，首先要正确处理这三个问题。

3. 组织设计的成果

组织结构设计的成果表现为组织结构图、职位说明书和组织手册。

2.1.3　组织设计的原则

在组织设计的过程中，应经常对照组织设计原则进行检查。人们在长期的管理理论研究与管理实践中探索总结出如下组织设计的原则。

1. 分工协调原则

公司的整体行为并不是孤立的，各职能部门要明确分工，在分工明晰的基础上协调一致，让每一个员工明确自身的职责及其从事工作所获得的收益，同时明确如何协调部门间的工作。这样才有助于降低交易成本，提高组织效率。

2. 指挥统一原则

指挥统一原则是由法约尔提出来的，他认为无论什么工作，一个下级只能接收一个上级的指挥，如果两个或两个以上主管同时对一个下级或一项工作行使权力，就会出现混乱局面。指挥统一原则对于保证组织目标的实现和绩效的提高有很大的作用。只有在组织设计的过程中贯穿这条原则，才有可能最大限度地防止"政出多门"、遇事推诿等现象，同时不给那些不想做事的下级利用矛盾来逃避做事责任的机会。

3. 系统运作原则

组织运作整体效率是一个系统性过程，组织设计应简化流程，有利于信息畅通、决策迅速、部门协调；充分考虑交叉业务活动的统一协调及过程管理的整体性。同时，组织设计应紧扣企业的发展战略，充分考虑企业未来从事行业的规模、技术以及人力资源配置等，为企业提供一个几年内相对稳定且实用的平台。

4. 讲究效率原则

组织的目标是追求利润，同时将成本降低到最低点，效率原则是衡量任何组织结构的基础。组织结构，如果能使人们（指有效能的人）以最小的失误或代价（它超出了人们通常以货币或时间等计量的指标来衡量费用的涵义）来实现目标，就是有效的。

5. 管理层级原则

管理层级与幅度的设置受到组织规模的制约：在组织规模一定的情况下，管理幅度越大，管理层级越少；组织管理层级的设计应在管理有效的控制幅度之下，尽量减少管理层级，以利精简编制，促进信息流通。

6. 突出重点原则

随着企业的发展，环境的变化会使组织中各项工作完成的难易程度以及对组织目标实现的影响程度发生变化，企业的工作中心和职能部门的重要性亦随之变化，因此在进行企业组织结构设计时，要突出企业现阶段的重点工作和重点部门。

7. 以人为本原则

设计企业组织结构前要综合考虑企业现有的人力资源状况以及企业未来几年对人力资源素质、数量等方面的需求，以人为本进行设计，切忌拿所谓先进的框架往企业身上套，更不能因人设岗，因岗找事。

8. 适应创新原则

组织结构设计应综合考虑公司的内外部环境、组织的理念与文化价值观、组织的当前以及未来的发展战略、组织使用的技术等以适应组织的现实状况；并且，随着组织的成长与发展，组织结构应有一定的拓展空间。

2.2 职务设计

职务设计是指将若干工作任务结合起来构成一项完整的职务方式。职务设计因任务组合的方式不同而各异，这些不同的组合形成了多种职务设计方案。

2.2.1 职务专业化

在 20 世纪 50 年代以前，受亚当·斯密和泰勒等人的理论的影响，职务设计基本上是按职务专业化的模式进行的，即把职务简化为细小的、专业化的任务。职务专业化的基本工具就是时间—动作研究，即通过分析工人的手、臂和身体其他部位的动作及工具、身体和原材料之间的物理机械关系，寻找工人的身体活动、工具和任务之间的最佳组合，实现工作的简单化和标准化，以使所有工人都能够达到预定的生产水平。

按职务专业化思路设计出来的职务简单、可靠、安全，但由于它很少考虑工人的社会需要和个人成长需要，产生了很大的副作用，包括工作的单调乏味，工人对工作产生厌倦和不满情绪，管理者和工人之间产生隔阂，离职率和缺勤率提高，工作质量下降和怠工等。

2.2.2 职务轮换

避免职务专业化缺陷的一种努力是职务轮换，即通过让员工工作多样化，从而避免产生工作厌倦。职务轮换有纵向的和横向的两种类型。纵向轮换指的是升职或降职。但我们一般谈及职务轮换，都指的是横向轮换。横向轮换往往被视为培训的手段，并有计划地进行。职务轮换的优点是明显的。首先，它拓宽了员工的工作领域，给予他们更多的工作体会，减少工作厌倦和单调感。其次，它提供了更广泛的工作体会，可以使员工对企业中的多种活动有更多的了解，为其承担更大责任的职务奠定更好的基础。

职务轮换也有其不足之处：将一名员工从先前的职位上转入一个新的职位，需要增加培训成本，还会导致生产效率的下降。此外，职务轮换可能使那些偏爱在所选定的专业领域中寻求更大发展的员工的积极性受到打击。国外一些企业的经验还表明，非自愿的职务轮换可能导致旷工和事故的增加。

2.2.3　职务扩大化

避免职务专业化缺陷的另一种努力是职务扩大化，即通过增加某职务所完成的不同任务的数量，实现工作多样化。职务扩大化所增加的任务往往与员工以前承担的任务内容具有类似性，因此它只是工作内容水平方向的扩展。

职务扩大化的结果并不尽如人意。因为职务扩大化只是工作内容水平方向的扩展，不需要员工具备新的技能，因此它并不能改变员工工作的枯燥感觉。职务扩大化试图避免职务专业化造成的缺乏多样性，但它并没有给员工的活动提供多少挑战性和兴趣。

2.2.4　职务丰富化

职务丰富化指赋予员工更多的责任、自主权和控制权。根据赫兹伯格的保健激励理论，公司政策和薪酬等属于保健因素，这方面的因素达到了可以接受的水平，只能使员工没有不满，但产生不了激励作用。能够产生激励作用的因素是员工的责任感、成就感和个人成长。因此，在工作中增添激励因子，使工作更有趣、更有自主性和挑战性，就成为职务丰富化的基本思想。例如，在一般情况下，商店营业员的职责主要是导购，如果还让他们负责处理退货和订货，就是将他们的职务丰富化了。

职务丰富化的途径有：① 实行任务合并，即让员工从头到尾完成一项完整的工作，而不是只让他承担其中的某一部分。② 建立客户关系，即让员工有和客户接触的机会，出现问题也由其负责处理。③ 让员工规划和控制其工作，而不是由别人控制，员工可以自己安排时间进度，可以自己处理遇到的问题，并且自己决定上下班时间。④ 建立畅通的反馈渠道，使任职者能够迅速地评价和改进自己的工作绩效。

职务丰富化作为现今职务设计的主流思想而备受推崇，但职务丰富化也是有缺陷的：① 如果绩效低下不是由于激励不足导致的，而是由于员工技能不够、工作环境恶劣等问题所致，职务丰富化就没有太大的意义。② 职务丰富化必须在经济上、技术上是可行的。③ 员工必须愿意接受具有挑战性的工作。

思考题

1. 什么是组织设计？
2. 组织设计的任务有哪些？
3. 如何理解以人为本的组织设计原则？
4. 什么是职务丰富化？

案例 分析

联想集团的用人之道

联想集团是一家具有中国特色的国有民营企业，也是中国为数不多的能够以市场份额表达自己国际市场地位的高科技企业。联想的发展得益于它的人才政策和用人之道。

联想集团的总裁柳传志认为人才有三种类型：第一种人能够自己独立做好一摊事；第二种人能够带领一群人做事；第三种人能够制定战略。公司比较小的时候，需要更多的是第一种人才。公司发展到一定程度，需要较多的是第二种人才。公司发展到比较大以后，第三种人才就显得尤为重要。联想集团在从小到大的发展中对各类人才的培养方面下了很大工夫。

联想集团从1990年开始，通过各种各样的方式，循序渐进地把一个个年轻人推到总经理的位置上。用人是联想集团公司最谨慎和最大胆的决策。联想集团普遍以衡量业绩表现的方法来评价人干得好与不好。联想集团公司逐渐向投资控股公司转变。做成这样的事情需要几个条件，首当其冲的条件是必须有能够带队伍和能够制定战略的人才。否则联想集团的这个战略设计无法实现。几十个能够独当一面的总经理，这绝不是一个小数目。这个级别的干部不可能靠外来引进，必须自己去培养。这是联想集团的一个跨世纪工程。

在1990年到1998年期间，联想集团通过向社会招聘和直接从大学中招收研究生、本科生，企业人数规模由一百多人增加至四百多人。联想集团今天的年轻的总经理中，90%以上是那个时候进入联想的。从1990年开始一直到1993年，联想集团每年都会在人事安排上有一次变动。这种变动的核心内容是把一个又一个年轻人推上经理、总经理的岗位，有的降职，有的平级调动，有的提升。联想集团就是用这种方法考察—调整干部，直到把一个又一个才华横溢的年轻人调入合适的位置为止。1994年、1995年联想集团连续两年经营业绩大幅上升，一些分公司和事业部高速发展壮大，与这种在用人上的动作有最直接的关系。

问题：
联想集团的用人之道有什么可取之处？

 技能 训练

实训：角色扮演——招聘

【实训目标】
1. 培养人员招聘的能力。
2. 训练应聘的能力与心理素质。
【实训内容与形式】
1. 角色扮演的情景设定：根据模拟公司的工作计划建立组织结构，各模拟公司组织招聘各部门负责人（班级统一制定编制或职数）；各模拟公司招聘由总经理主持，公司成员均为招聘组成员；每名学生可向不超过三家公司（不含本公司）应聘；各公司根据每个应聘者的表现决定聘任与否；招聘程序按课程讲授内容进行。同学们先在课下进行精心准备，在

课上完成角色扮演。

2. 各公司要制订招聘计划，包括招聘目的、招聘岗位、任用条件、招聘程序，特别是聘用的决定办法。

3. 每个人要写出应聘提纲，或应聘讲演稿。特别要体现出应聘竞争优势。

4. 以公司为单位，组织招聘活动。全班分为两大组，第一节课前几家公司招聘，后几家公司的成员应聘；第二节课进行轮换；聘任由招聘公司成员集体投票决定（得多数票者应聘成功）；在两轮聘任结束后，按应聘成功的岗位数多少决定同学们的竞聘成果。

 课外练习

一、单项选择题

1. 某项职位或某部门所拥有的包括作出决策、发布命令的权力属于（　　）。

A. 直线职权　　　　B. 参谋职权　　　　C. 职能职权　　　　D. 辅助职权

2. 车间主任老王最近发现，质检员小林一有空就与机关的小柳、设计室老张和门卫老杨等一起谈足球，个个眉飞色舞，而参加工作例会却没精打采，对此，你认为老王最好采取什么措施？（　　）

A. 批评小林，并对他提出要求，以后不许在厂里和别人谈论足球

B. 严格执行车间工作制定，对擅自违反规定者严加惩罚

C. 在强调必须遵守工作制度的同时，在车间搞一个球迷会，并亲自参加协会活动

D. 对上述情况不闻不问，任其自由发展

3. 下列关于直线和参谋说法正确的是（　　）。

A. 必须授予参谋行动和决策的权力，以发挥其作用

B. 向参谋授权必须谨慎，授予之后也应该经常亲自指挥

C. 设置参谋职务，是管理现代组织的复杂活动所必需的

D. 参谋的作用发挥失当，应该予以取消

4. 企业的员工中有很多非正式组织。这些非正式组织的内部凝聚力很强，经常利用业余时间活动。对于这些非正式组织，企业的领导通常采用不闻不问的态度。他认为工人在业余时间的活动不应该受到干预，而且工人有社交的需要，他们之间形成非正式组织是很正常的事情。你认为该领导的看法（　　）。

A. 正确，因为人都是社会人

B. 不正确，非正式组织通常是小道消息传播和滋生的土壤，应该抑制这种组织的发展

C. 不正确，非正式组织对于正式组织的影响是双方面的。为了使其在组织中发挥正面的作用，领导者应该策略性地利用非正式组织

D. 正确，因为非正式组织对正式组织的影响是双方面的。为了避免它的负面作用，领导者最好不要干涉

5. 内部招聘的最主要的缺点是（　　）。

A. 引起同事不满　　　　　　　　　B. 有历史包袱，不能迅速展开工作

C. 要花很长时间重新了解企业状况　　D. 知识水平可能不够高

二、简答题

1. 简述直线、参谋、职能三者的职权关系。

2. 组织设计的任务有哪些？

3. 什么是职务丰富化？

4. 什么是组织设计？

三、论述题

试论以人为本的组织设计原则。

任务3　组织层级化与管理幅度设计

 学习目标

1. 知识目标：了解管理层次与管理幅度的关系以及影响管理幅度的因素。

2. 能力目标：认识职务工作设计的合理的广度与深度问题；分析集权的弊端。

3. 素质目标：利用管理幅度和层次理论设置组织结构。

小故事

膨　胀

犹太人卡尔·迪罗先生经营着一家五金公司，由于业务拓展的需要，公司招聘一批新员工。在新员工培训的大会上，他给这些新员工讲了这样一个故事：有一家公司淘汰了一批落后的设备。

董事长说："这些设备不能扔，找个地方放起来。"于是专门为这批设备修建了一间仓库。

董事长说："防火防盗不是小事，找个看门人。"

于是找了个看门人看管仓库。

董事长说："看门人没有约束，玩忽职守怎么办？"

于是又派了两个人过去，成立了计划部，一个负责下达任务，一个负责制订计划。

董事长说："我们必须随时了解工作的绩效。"

于是又派了两个人过去，成立了监督部，一个负责绩效考核，一个负责写总结报告。

董事长说："不能搞平均主义，收入应拉开差距。"

于是又派了两个人过去，成立了财务部，一个负责计算工时，一个负责发放工资。

董事长说："管理没有层次，出了岔子谁负责？"

于是又派了四个人过去，成立了管理部，一个负责计划部工作，一个负责监督部工作，一个负责财务部工作，一个总经理——管理部总经理对董事长负责。

董事长说："去年仓库的管理成本为35万，这个数字太大了，你们一周内必须想出解决办法。"

于是，一周之后，看门人被解雇了……

　　企业的组织机构越来越膨胀、制度越来越烦琐、文件越来越多、效率越来越差……很多管理者不仅没有意识到这些问题，反而还陶醉在复杂的事务中沾沾自喜，以为自己正在为"即将到来的成功"而"努力奋斗"；有些人虽然意识到了问题的严重性，可是却不知该从何处下手。因此，保持事物的简单化是对付复杂和烦琐的最有效方式，这几乎是所有犹太商人都认可并遵行的准则。

　　管理幅度与管理层次是组织结构的基本范畴。管理幅度与管理层次是影响组织结构的两个决定性因素。幅度构成组织的横向结构，层次构成组织的纵向结构，水平与垂直相结合构成组织的整体结构。

3.1　组织层级化

3.1.1　组织层级化

　　组织层级化，也称管理层次或管理层级，是指组织在纵向结构设计中需要确定层级数目和有效的管理幅度，需要根据组织集权化的程度，规定纵向各层级之间的权责关系，最终形成一个能够对内外环境要求作出动态反应的有效组织结构形式。管理层次是以人类劳动的垂直分工和权力的等级属性为基础的。不同的行政组织其管理层次的多寡不同，但多数可以分为上、中、下三级或高、中、低、基层四级。前者如通用的部、局、处三级建制，后者如国务院、省政府、县政府、乡政府四级领导体制。但无论哪一种层次组建方式，其上下之间都有比较明确和严格的统属关系，都是自上而下的金字塔结构。

3.1.2　管理幅度

　　管理幅度，又称控制幅度，是指一名主管人所能够直接领导、指挥和监督的下级人员或下级部门的数量及范围。决定管理幅度宽窄的主要因素一般有三个。

　　1. 工作能力水平

　　工作能力水平包括：管理者与被管理者的性格、知识、才干、精力、经验、习惯、年龄、动机、作风等。

　　2. 工作环境条件

　　工作环境条件包括：组织的正式规定，如规章、制度、规划、纪律、责任、待遇、惯例以及技术设备、氛围、人际关系、权力的集中程度等；社会的总体发展水平、社会对组织的需求、社会道德风尚及意识形态，以及与组织有关的家庭或家族意志等。

　　3. 工作内容和性质

　　主管所处管理层次、下属工作的相似性、计划的完善程度、非管理事务多少等都不同程度的影响着管理的幅度。

3.2　组织层级化与管理幅度的关系

　　管理幅度与组织层级的互动关系如图 3 - 2 所示。

　　从图 3 - 2 可以分析出管理层次与管理幅度的关系：管理层次与管理幅度在某一特定规模的组织内呈反比关系。管理层次多，则每一层行政机构的管理幅度就窄；反之，管理层次少，则每一行政机构的管理幅度就宽。

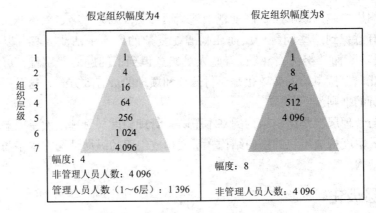

图 3-2　管理幅度与组织层级的互动关系

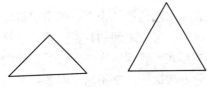

图 3-3　扁平型结构与高耸型

管理层次和管理幅度直接影响着组织的结构。管理层次多、管理幅度窄的行政组织结构呈高金字塔形，是"尖型结构"或称高耸型；而管理层次少，管理幅度宽的组织结构则呈扁金字塔形，是"扁平结构"，如图 3-3 所示。不同形态的组织结构具有不同的功能特点。一般来说，传统的企业结构倾向于高耸型，偏重于控制和效率，比较僵硬。而近年来企业组织结构有一种由高耸向扁平演化的趋势，扁平型结构被认为比较灵活，容易适应环境，组织成员的参与程度也相对较高。

3.3　集权与分权

组织的不同部门拥有权力范围不同，会导致部门之间、部门与最高指挥者之间以及部门与下属单位之间的关系不同，从而组织的结构不同。比如，同是按产品划分设立的管理单位，既可以是单纯的生产车间或与其他职能部门的性质相同，也可是一个拥有相同自主权的分权化经营单位。这涉及组织的集权与分权问题。前一种情况多半发生在权力相对集中的组织中，而后者则是分权化组织的主要特征。

3.3.1　权力的性质与特征

"权力"通常被描述为组织中人与人之间的一种关系，是指处在某个管理岗位上的人对整个组织或所辖单位与人员的一种影响力，或简称管理者影响别人的能力。它是组织内部授予的指导下属活动及其行为的决定权，这些决定一旦下达，下属必须服从。职权跟组织层级化设计中的职位紧密相关，跟个人特质无关。

3.3.2　职权的形式

职权的形式有三种，即直线职权、参谋职权和职能职权。管理中职权来源于三个方面：在层级组织中居某一特殊职位所拥有的命令指挥权；由于个人具备某些核心专长或高级技术知识而拥有的技术能力职权；由于个人能够有效地激励、领导和影响他人而拥有的管理能力职权。

3.3.3　过分集权的弊端

一个组织，当它的规模还比较小的时候，高度集权可能是必需的，而且可以充分显示出其优越性。但随着组织规模的发展，如果将许多决策权过度地集中在较高的管理层次，则可能表现出种种弊端，其中最主要的几种如下。

1. 降低决策的质量

大规模组织的主管远离基层，基层发生的问题经过层层请示汇报后再作决策，不仅影响决策的正确性，而且影响决策的及时性。高层主管了解的信息在传递过程中可能被扭曲，而根据被扭曲的信息制定的决策是很难保证质量的；即使制定的决策正确，但由于信息多环节的传递需要耽误一定的时间，从而可能导致决策迟缓，等到正确方案实施时，问题可能已给组织造成了重大的危害，或者形势已经发生了变化，问题的性质已经转换，需要新的解决方法。

2. 降低组织的适应能力

作为社会细胞的组织，其整体和各个部分与社会环境有着多方联系。随着组织的发展，这种联系变得更频繁、更复杂。而与组织有联系的外界环境是在不断发展和变化的。处在动态环境中的组织必须根据环境中各种因素的变化不断进行调整。这种调整既可能是全局性的，且往往也可能是局部性的。过度集权的组织，可能使各个部门失去自我适应和调整的能力，从而削弱组织整体的应变能力。

3.4　组织层级设计中的授权

授权是组织为了共享内部权力，激励员工努力工作，而把某些权力或职权授予下级，它包含三层意思：分派任务；授予权力或职权；明确责任。授权与分权的区别在于：分权是授权的一个基本方面；授权是上级把权力授予下级，分权是上级把决策权力分配给下级机构和部门负责人。只有满足信息共享、提高授权对象的知识与技能，充分放权、奖励绩效等要素才能实现有效授权。

 **思考题**

1. 什么是组织层级化？
2. 领导者掌控怎样的幅度才适当？
3. 组织层级化与管理幅度的关系是什么？
4. 过度集权有什么弊端？

 **案例分析**

谁拥有权力

王华明近来感到十分沮丧。一年半前，他获得某名牌大学工商管理硕士学位后，在毕业生人才交流会上，凭着他满腹经纶和出众的口才，他力挫群芳，荣幸地成为某大公司的高级管理职员。由于其卓越的管理才华，一年后，他又被公司委以重任，出任该公司下属的一家面临困境的企业的厂长。当时，公司总经理及董事会希望王华明能重新整顿企业，使其扭亏为盈，并保证王华明拥有完成这些工作所需的权力。考虑到王华明年轻，且肩负重任，公司还为他配备了一名高级顾问严高工（原厂主管生产的副厂长），为其出谋划策。

然而，在担任厂长半年后，王华明开始怀疑自己能否控制住局势。他向办公室高主任抱怨道："在我执行厂管理改革方案时，我要各部门制定明确的工作职责、目标和工作程序，而严高工却认为，管理固然重要，但眼下第一位的还是抓生产、开拓市场。更糟糕的是他原来手下的主管人员居然也持有类似的想法，结果这些经集体讨论的管理措施执行受阻。倒是那些生产方面的事情推行起来十分顺利。有时我感到在厂里发布的一些命令，就像石头扔进了水里，我只看见了波纹，随后，过不了多久，所有的事情又回到了发布命令以前的状态，什么都没改变。"

问题：

1. 王华明和严高工的权力各来源于何处？

2. 严高工在实际工作中行使的是什么权力？你认为，严高工作为顾问应该行使什么样的职权？

3. 这家下属企业在管理中存在什么问题？如果你是公司总经理助理，请就案例中该企业存在的问题向总经理提出你的建议以改善现状。

 **技能** 训练

陷于困境的经理

王先生作为一名有能力的工程师，开创了一家小型生产企业。他的朋友帮他得到了一些印刷电路板的订货。

这个公司位于一个平房厂房之中，员工大约有50人左右。公司是一人管理体制，王先生几乎处理他公司的所有业务，包括从计划、采购、市场、人事到生产监督的每一项工作。由于已经完全投入企业，王先生自然想全盘掌握他的公司。

王先生制定所有的决策。其他人开展日常工作并随时向他汇报。王先生处理以下问题：

（1）企业计划；

（2）建立和保持与现有和潜在顾客的联系；

（3）安排财务筹资并处理日常的财务问题；

（4）招募新员工；

（5）解决生产中的问题；

（6）监管库存、货物接收和发运；

（7）在秘书的帮助下管理日常的办公事务。

他在工厂里投入相当多的时间，指导工人该做什么和不该做什么。一旦他看到了自己不喜欢的事情，他就会叫附近的任何职工来改变它。

最近进行体检时，他的医生告诉他："王先生，如果你再消瘦下去的话，你的心脏病将

可能很快发作。"

王先生正在考虑他的健康和公司的生存。

【供分析的问题】

1. 请对该公司的组织结构形式作简单分析。

2. 王先生所面临的问题是什么？如何能得到解决？

3. 应怎样帮助王先生呢？请提出建议方案。

【训练目标】

1. 培养分析组织结构的初步能力。

2. 培养分析与解决问题的一般能力。

3. 学会运用授权。

【组织实施建议】

1. 建议在讲完组织结构设计与职权关系之后安排本案例分析。

2. 在课下准备，可安排 1～2 课时集中讨论。

3. 每个人认真阅读分析案例，并收集有关资料。

4. 由模拟公司组织小组讨论。

5. 每人写出发言提纲。

6. 以班级为单位组织讨论。

课外 练习

一、单项选择题

1. 为了有效地授权，管理者须树立的态度众多，其中不包括（　　）。

A. 要有善于接受不同意见的态度　　　　B. 要有放手的态度

C. 要善于从严控制　　　　　　　　　　D. 要允许别人犯错误

2. 在一定组织规模下，管理幅度越大，其管理层次会（　　）。

A. 越少　　　　　B. 越多　　　　　C. 不变　　　　　D. 可多可少

3. 下面关于管理跨度的说法，错误的是（　　）。

A. 工作复杂变化程度大，则管理跨度的设计相应较大

B. 组织环境简单而稳定，管理跨度的设计可以较大

C. 工作的计划程度及按计划实施的程度高，管理跨度可以较大

D. 下属和上级的能力高，管理跨度可以较大

4. 组织结构设计中，划分管理层次的主要原因是（　　）。

A. 组织上层领导的偏好　　　　　　　　B. 管理幅度的限制

C. 组织面临的环境　　　　　　　　　　D. 授权的要求

5. 在授权过程中（　　）。

A. 授权的同时责任也随之下放

B. 授权后，上级主管人员的责任也随之减小

C. 责任是不可下授的

D. 责任由授权双方共同承担。

二、简答题

1. 简述高耸结构和扁平结构的特点。

2. 组织层级化与管理幅度的关系是什么？

3. 领导者掌控怎样的幅度才适当？

三、论述题

试论述过度集权的弊端。

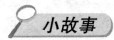 **任务4　组织部门化与组织结构设计**

学习目标

1. 知识目标：理清各结构形式的特点及其优缺点。

2. 能力目标：分析组织结构的各种类型及其适用范围。

3. 素质目标：划分组织结构的适用范围。

小故事

团结协作就是天堂

牧师问上帝天堂和地狱是什么样子的。上帝说，我带你去看一看。

他们来到一个房间，房间中央摆放着一锅热腾腾的肉汤，一群人围着锅坐着，个个都愁眉不展。原来，他们虽然每个人手里都拿着汤匙，但因为汤匙的柄太长，无法将汤喂到嘴里。面前摆放着美食，却只能眼巴巴地望着饿肚子，怪不得一个个愁眉苦脸。

上帝又带牧师来到另一个房间，里面仍然是一群人围坐在一锅热腾腾的汤前。他们手中拿的仍然是长柄汤匙，可每个人脸上的表情却幸福而满足，房间里弥漫着欢声笑语。牧师迷惑不解，他问上帝，同样的房间，同样的食物，为什么第一个房间里的人都在挨饿、处境悲惨，而第二个房间里的人丰衣足食、生活幸福，差别为何如此之大呢？

上帝微笑着说："难道你没有看见，第二个房间里的人都在相互喂食吗？这便是天堂与地狱的差别。"

4.1　组织部门化

在明确了完成目标所必须进行的各项活动之后，还必须按照一定的方式对之加以组合，使之形成便于管理的单位或部门。这一步骤在管理的组织职能中被称之为划分部门或部门化。部门的划分反映了对组织活动的分工和安排，其目的是为了通过实施这些活动而高效率地实现组织的目标。通过对上述各种部门化方法的单独或综合应用，便形成了各种各样的现实的组织结构。

4.1.1　组织的部门化

组织的部门化是指按照职能相似性、任务活动相似性或关系紧密性的原则把组织中的专业技能人员分类集合在各个部门内，然后配以专职的管理人员来协调领导，统一指挥。

4.1.2　组织部门化设计

1. 职能部门化

职能部门化就是按照生产、财务管理、营销、人事、研发等基本活动相似或技能相似的要求，分类设立专门的管理部门。按职能划分的部门如图 3 - 4 所示。

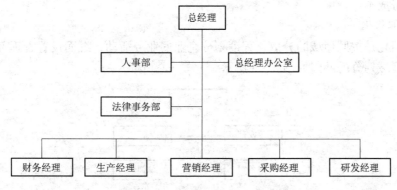

图 3 - 4　按职能划分的部门

职能部门化能够突出业务活动的重点，确保高层主管的权威性并使之能有效地管理组织的基本活动；符合活动专业化的分工要求，能够充分有效地发挥员工的才能，调动员工学习的积极性；简化了培训，强化了控制，避免了重叠，最终有利于管理目标的实现。

职能部门化的缺点在于：不利于开拓远区市场或按照目标顾客的需求组织分工；可能助长部门主义风气，使得部门之间难以协调配合；部门利益高于企业整体利益的思想可能会影响组织总目标的实现；不利于高级管理人员的全面培养和提高，也不利于"多面手"式的人才成长。

2. 产品或服务部门化

产品或服务部门化是按照产品或服务的要求对企业活动进行分组。按产品或服务划分的部门如图 3 -5 所示。

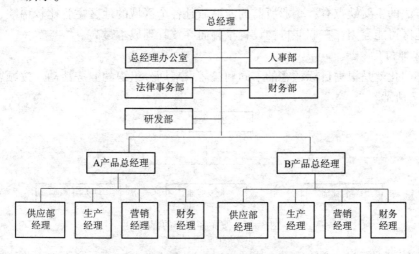

图 3 - 5　按产品或服务划分的部门

这种划分部门的方法有助于促进不同产品和服务项目间的合理竞争；有助于比较不同部门对企业的贡献；有助于决策部门加强对企业产品与服务的指导和调整；为"多面手"式的管理人才提供了较好的成长条件。

按照产品或服务划分部门的缺点主要有：企业需要更多的"多面手"式的人才去管理各个产品部门；各个部门同样有可能存在本位主义倾向，这势必会影响企业总目标的实现；部门中某些职能管理机构的重复会导致管理费用的增加，同时也增加了总部对"多面手"级人才的监督成本。

3. 地域部门化

地域部门化是按照地域的分散化程度划分企业的业务活动，继而设置管理部门管理其业务活动。按地域划分的部门如图 3-6 所示。

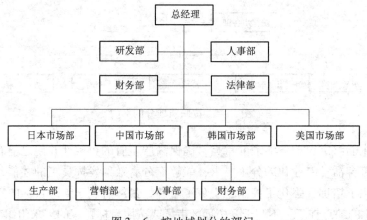

图 3-6　按地域划分的部门

按照地域划分部门，可以把责权下放到地方，鼓励地方参与决策和经营；地区管理者可以直接面对本地市场的需求，灵活决策；通过在当地招募职能部门人员，既可以缓解当地的就业压力，争取宽松的经营环境，又可以充分利用当地有效的资源进行市场开拓，同时减少了许多外派成本，也减小了不确定性风险。

这种方法的主要缺点有：企业所需的能够派赴各个区域的地区主管比较稀缺，且比较难控制；各地区可能会因存在职能机构设置重叠而导致管理成本过高。

4. 顾客部门化

顾客部门化就是根据目标顾客的不同利益需求来划分组织的业务活动。按顾客划分的部门如图 3-7 所示。

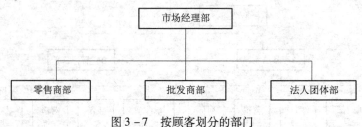

图 3-7　按顾客划分的部门

采用这种方法有利于重视顾客的需要，增加顾客的满意程度，并有利于形成针对特定顾客的技能和诀窍。不足之处主要是，按照顾客需求组织起来的部门常常要求特殊对待而造成部门间协调困难，管理者必须熟悉特定顾客的情况，否则在有些情况下很难轻而易举地对顾客进行区分。

5. 流程部门化

流程部门化就是按照工作或业务流程来组织业务活动。按流程划分的部门如图 3-8所示。

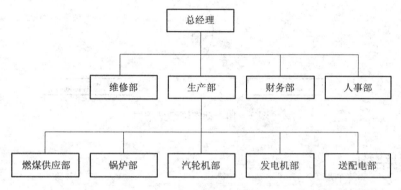

图 3-8　按流程划分的部门

这种方法有利于充分发挥设备的能力和专业技术人员的特长，便于设备的维修和材料的供应。不足之处是容易强调局部利益而忽视整体利益。

6. 矩阵型结构

矩阵型结构是由纵向的职能管理系统和为完成某项任务而组成的横向项目系统组成的矩形组织结构。横向和纵向的职权具有平衡对等性，打破了统一指挥的传统原则，有多重指挥线。当组织面临较高的环境不确定性，组织目标需要同时反映技术和产品双重要求时，矩阵型结构应该是一种理想的组织形式。矩阵型结构如图 3-9所示。

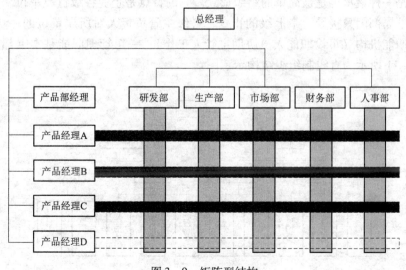

图 3-9　矩阵型结构

7. 动态网络型结构

动态网络型结构是以项目为中心，通过与其他组织建立研发、生产制造、营销等业务合同网，有效发挥核心业务专长的协作型组织形式。动态网络型结构如图 3 – 10 所示。

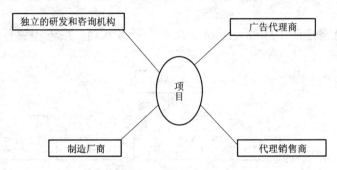

图 3 – 10　动态网络型结构

4.2　组织结构

4.2.1　组织结构

组织结构（organizational structure）是指对于工作任务如何进行分工、分组和协调合作。它是表明组织各部分排列顺序、空间位置、聚散状态、联系方式以及各要素之间相互关系的一种模式，是整个管理系统的"框架"。组织结构是组织的全体成员为实现组织目标，在管理工作中进行分工协作，在职务范围、责任、权利方面所形成的结构体系。

4.2.2　组织结构类型

1. 直线制

直线制是一种最早也是最简单的组织形式。它的特点是企业各级行政单位从上到下实行垂直领导，下属部门只接受一个上级的指令，各级主管负责人对所属单位的一切问题负责。厂部不另设职能机构（可设职能人员协助主管人工作），一切管理职能基本上都由行政主管执行。图 3 – 11 所示为直线制组织结构示意图。

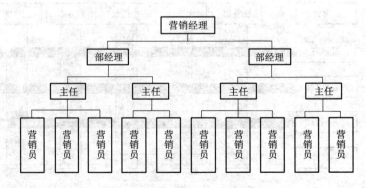

图 3 – 11　直线制组织结构示意图

直线制组织结构的优点是：结构比较简单，责任分明，命令统一。缺点是：它要求行政负责人通晓多种知识和技能，亲自处理各种业务。这在业务比较复杂、企业规模比较大的情况下，把所有管理职能都集中到最高主管一人身上，显然是十分困难的。因此，直线制只适用于规模较小、生产技术比较简单的企业，对生产技术和经营管理比较复杂的企业并不适宜。

2. 职能制

职能制组织结构，是各级行政单位除主管负责人外，还相应地设立一些职能机构。如在厂长下面设立职能机构和人员，协助厂长从事职能管理工作。这种结构要求行政主管把相应的管理职责和权力交给相关的职能机构，各职能机构就有权在自己的业务范围内向下级行政单位发号施令。因此，下级行政负责人除了接受上级行政主管人指挥外，还必须接受上级各职能机构的领导。图 3 – 12 所示为职能制组织结构示意图。

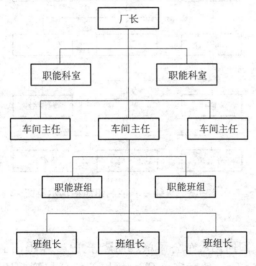

图 3 – 12　职能制组织结构示意图

职能制的优点是能适应现代化工业企业生产技术比较复杂、管理工作比较精细的特点；能充分发挥职能机构的专业管理作用，减轻直线领导人员的工作负担。但缺点也很明显：它妨碍了必要的集中领导和统一指挥，形成了多头领导；不利于建立和健全各级行政负责人和职能科室的责任制，在中间管理层往往会出现"有功大家抢，有过大家推"的现象；另外，在上级行政领导和职能机构的指导和命令发生矛盾时，下级就无所适从，影响工作的正常进行，容易造成纪律松弛，生产管理秩序混乱。由于这种组织结构形式存在明显的缺陷，现代企业一般都不采用职能制。

3. 直线 – 职能制

直线 – 职能制，也叫生产区域制，或直线参谋制。它是在直线制和职能制的基础上，取长补短，吸取这两种形式的优点而建立起来的。目前，绝大多数企业都采用这种组织结构形式。这种组织结构形式是把企业管理机构和人员分为两类，一类是直线领导机构和人员，按命令统一原则对各级组织行使指挥权；另一类是职能机构和人员，按专业化原则，从事组织的各项职能管理工作。直线领导机构和人员在自己的职责范围内有一定的决定权和对所属下级的指挥权，并对自己部门的工作负全部责任。而职能机构和人员，则是直线指挥人员的参谋，不能对直接部门发号施令，只能进行业务指导。图 3 – 13 所示为直线 – 职能制组织结构示意图。

直线 – 职能制的优点是：既保证了企业管理体系的集中统一，又可以在各级行政负责人的领导下，充分发挥各专业管理机构的作用。其缺点是：职能部门之间的协作和配合性较差，职能部门的许多工作要直接向上层领导报告请示才能处理，这一方面加重了上层领导的工作负担，另一方面也导致办事效率低下。为了克服这些缺点，可以设立各种综合委员会，或建立各种会议制度，以协调各方面的工作，起到沟通作用，帮助高层领导出谋划策。

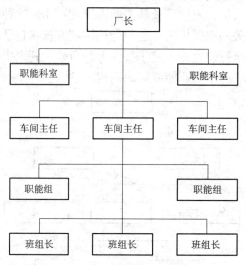

图 3 – 13　直线 – 职能制组织结构示意图

4. 事业部制

事业部制最早是由美国通用汽车公司总裁斯隆于 1924 年提出的，故有"斯隆模型"之称，也叫"联邦分权化"，是一种高度（层）集权下的分权管理体制。它适用于规模庞大、品种繁多、技术复杂的大型企业，是国外较大的联合公司所采用的一种组织形式，近几年我国一些大型企业集团或公司也引进了这种组织结构形式。事业部制是分级管理、分级核算、自负盈亏的一种形式，即一个公司按地区或按产品类别分成若干事业部，从产品设计，原料采购，成本核算，产品制造，一直到产品销售，均由事业部及所属工厂负责，实行单独核算，独立经营，公司总部只保留人事决策、预算控制和监督大权，并通过利润等指标对事业部进行控制。也有的事业部只负责指挥和组织生产，不负责采购和销售，实行生产和供销分立，但这种事业部正在被产品事业部所取代。还有的事业部则按区域来划分。图 3 – 14 所示为事业部制组织结构示意图。

5. 模拟分权制

模拟分权制是一种介于直线职能制和事业部制之间的结构形式。

许多大型企业，如连续生产的钢铁、化工企业由于产品品种或生产工艺过程所限，难以分解成几个独立的事业部；又由于企业的规模庞大，以致高层管理者感到采用其他组织形态都不容易管理。这时就出现了模拟分权组织结构形式。所谓模拟，就是要模拟事业部制的独立经营，单独核算，而不是真正的事业部，实际上是一个个"生产单位"。这些生产单位有自己的职能机构，享有尽可能大的自主权，负有"模拟性"的盈亏责任，目的

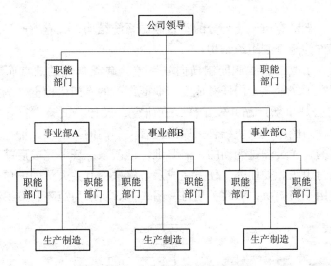

图 3-14 事业部组织结构示意图

是要调动他们的生产经营积极性，达到改善企业生产经营管理的目的。需要指出的是，各生产单位由于生产上的连续性，很难将它们截然分开，就以连续生产的石油化工企业为例，甲单位生产出来的"产品"直接就成为乙生产单位的原料，这当中无需停顿和中转。因此，它们之间的经济核算，只能依据企业内部的价格，而不是市场价格，也就是说这些生产单位没有自己独立的外部市场，这也是与事业部的差别所在。图 3-15 所示为模拟分权制组织结构示意图。

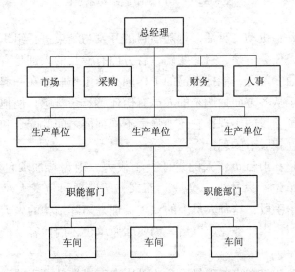

图 3-15 模拟分权制组织结构示意图

模拟分权制的优点除了调动各生产单位的积极性外，就是解决企业规模过大不易管理的问题。高层管理人员将部分权力分给生产单位，减少了自己的行政事务，从而把精力集中到战略问题上来。其缺点是：不易为模拟的生产单位明确任务，造成考核上的困难；各生产单位领导人不易了解企业的全貌，在信息沟通和决策权力方面也存在着明显的缺陷。

6. 矩阵制

在组织结构上，把既有按职能划分的垂直领导系统结构，又有按产品或项目划分的横向领导关系的结构，称为矩阵制组织结构。

矩阵制组织是为了改进直线职能制横向联系差，缺乏弹性的缺点而形成的一种组织形式。它的特点表现在围绕某项专门任务成立跨职能部门的专门机构上。例如组成一个专门的产品（项目）小组去从事新产品开发工作，在研究、设计、试验、制造各个不同阶段，由有关部门派人参加，力图做到条块结合，以协调有关部门的活动，保证任务的完成。这种组织结构形式是固定的，人员却是变动的，需要谁，谁就来，任务完成后就可以离开。项目小组和负责人也是临时组织和委任的。任务完成后就解散，有关人员回原单位工作。因此，这种组织结构非常适用于横向协作和攻关项目。图 3－16 所示为矩阵制组织结构示意图。

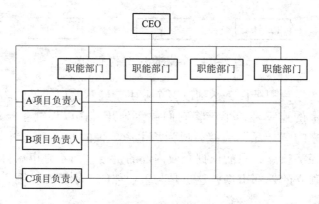

图 3－16　矩阵制组织结构示意图

矩阵结构的优点是：机动、灵活，可随项目的开发与结束进行组织或解散；由于这种结构是根据项目组织的，任务清楚，目的明确，各方面有专长的人都是有备而来，因此在新的工作小组里，容易沟通、融合，能把自己的工作同整体工作联系在一起，为攻克难关，解决问题而献计献策；由于从各方面抽调来的人员有信任感、荣誉感，使他们增加了责任感，激发了工作热情，促进了项目的实现；它还加强了不同部门之间的配合和信息交流，克服了直线职能结构中各部门互相脱节的现象。

矩阵结构的缺点是：项目负责人的责任大于权力，因为参加项目的人员都来自不同部门，隶属关系仍在原单位，只是为"会战"而来，所以项目负责人对他们管理困难，没有足够的激励手段与惩治手段，这种人员上的双重管理是矩阵结构的先天缺陷；由于项目组成人员来自各个职能部门，当任务完成以后，仍要回原单位，因而容易产生临时观念，对工作有一定影响。

矩阵结构适用于一些重大攻关项目。企业可用来完成涉及面广的、临时性的、复杂的重大工程项目或管理改革任务。特别适用于以开发与实验为主的单位，例如科学研究，尤其是应用性研究单位等。

7. 多维立体组织结构

这种组织结构是事业部制与矩阵制组织结构的有机组合，多用于多种产品、跨地区经营的组织。图 3－17 所示为多维立体组织结构示意图。

多维立体组织结构的优点是：对于众多产品生产机构，可按专业、按产品、按地区划分；管理结构清晰，便于组织和管理。

缺点是：机构庞大，管理成本增加，信息沟通困难。

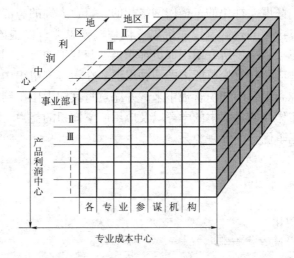

图 3 – 17 多维立体组织结构示意图

8. 学习型组织

📖 视野拓展

水 上 漂

有一个博士分到一家研究所，成为学历最高的人。

有一天他到单位后面的小池塘去钓鱼，正好正副所长在他的一左一右，也在钓鱼。他只是微微点了点头，这两个本科生，有啥好聊的呢？

不一会儿，正所长放下钓竿，伸伸懒腰，蹭蹭蹭，水面上如飞地走到对面上厕所。博士眼睛睁得都快掉下来了。水上漂？不会吧？这可是一个池塘啊。正所长上完厕所回来的时候，同样也是蹭蹭蹭地从水上漂回来了。

怎么回事？博士生又不好去问，自己是博士生哪！

过一阵儿，副所长也站起来，走几步，蹭蹭蹭地飘过水面上厕所。这下子博士更是差点昏倒：不会吧，到了一个江湖高手集中的地方？

博士生也内急了。这个池塘两边有围墙，要到对面厕所非得绕十分钟的路，而回单位上又太远，怎么办？

博士生也不愿意去问两位所长，憋了半天后，也起身往水里跨：我就不信本科生能过的水面，我博士生不能过。只听咚的一声，博士生栽到了水里。

两位所长将他拉了出来，问他为什么要下水，他问："为什么你们可以走过去呢？"

两位所长相视一笑："这池塘里有两排木桩子，由于这两天下雨涨水正好在水面下。我们都知道这木桩的位置，所以可以踩着桩子过去。你怎么不问一声呢？"

学历代表过去，只有学习力才能代表将来。尊重经验的人，才能少走弯路。一个好的团队，也应该是学习型的团队。

学习型组织是指通过营造整个组织的学习气氛，充分发挥员工的创造性思维能力，而建立起来的一种有机的、高度柔性化的、横向网络式的、符合人性的、能持续发展的组织。学习型组织突破了原有方法论的模式，以系统思考代替机械思考，以整体思考代替片段思考，以动态思考代替静态思考。由于所有组织成员都积极参与与工作有关问题的识别与解决，从而使组织形成能持续适应和具有变革能力的一种组织。在学习型组织中，员工们通过不断获取和共享新知识，参加到组织的知识管理中来，并愿意将其知识用于制定决策或者做好他们的工作。这种在完成工作任务过程中的学习以及应用所学知识的能力，被一些组织理论家高度评价为组织持续性竞争优势的唯一源泉。

思考题

1. 什么是组织部门化？
2. 组织部门化的设计方式有哪些？
3. 什么是组织结构？
4. 简要叙述直线制、职能制和矩阵制组织结构的优缺点。

案例分析

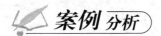

浪涛公司

浪涛公司是一家成立于 1990 年的生产经营日用清洁用品的公司，由于其新颖的产品、别具一格的销售方式和优质的服务，其产品备受消费者的青睐。在公司总裁董刚的带领下发展迅速。然而，随着公司的发展，公司总裁逐渐发现，一向运行良好的组织结构，现在已经不能适应公司内外环境变化的需要。

公司原先是根据职能来设计组织结构的，财务、营销、生产、人事、采购、研究与开发等构成了公司的各个职能部门。随着公司的壮大发展，产品已从洗发水扩展到护发素、沐浴露、乳液、防晒霜、护手霜、洗手液等诸多日化用品上。产品的多样性对公司的组织结构提出了新的要求。旧的组织结构严重阻碍了公司的发展，职能部门之间矛盾重重，在这种情况下，总裁董刚总是亲自作出主要决策。

因此，在 2000 年总裁董刚作出决定，即根据产品种类将公司分成 8 个独立经营的分公司，每一个分公司对各自经营的产品负有全部责任，在盈利的前提下，分公司的具体运作自行决定，总公司不再干涉。但是重组后的公司，没过多久，又涌现出许多新的问题。各分公司经理常常不顾总公司的方针、政策，各自为政；分公司在采购、人事等职能方面也出现了大量重复。众多情形逐步显示出，公司正在瓦解成一些独立部门。在此情况下，总裁意识到自己在分权的道路上走得太远了。

于是，总裁董刚又下令收回分公司经理的一些职权，强调以后总裁拥有下列决策权：超过 10 万元的资本支出；新产品的研发；发展战略的制定；关键人员的任命等。然而，职权被收回后，分公司经理纷纷抱怨公司的方针摇摆不定，甚至有人提出辞职。总裁意识到了这一举措大大地挫伤了分公司经理的积极性和工作热情，但他感到十分无奈，因为他实在想不出更好的办法。

问题：

1. 浪涛公司组织结构调整前的组织结构是（　　）。

A. 直线制　　　　　B. 职能制　　　　　C. 矩阵制　　　　　D. 事业部制

2. 浪涛公司由于产品多样性需求重组后的组织结构是（　　）。

A. 直线制　　　　　B. 事业部制　　　　　C. 职能制　　　　　D. 矩阵制

3. 事业部制的特点为（　　）。

A. 统一决策、分散经营　　　　　B. 事业部制适合于超大型企业

C. 各事业部通常是独立核算的利润中心　　　　　D. 以上三者都是

4. 对于公司总裁从分权到集权的做法，你认为最合理的评价是（　　）。

A. 他在一开始分权是对的，公司发展到一定程度后，通常都会要求组织结构进行调整

B. 他在一开始就不应该分权，分权通常都会导致失控

C. 他的分权和组织结构调整的思路是正确的，但是在具体操作上有些急躁

D. 他后来撤回分公司经理的某些职权的做法是对的，避免了一场重大危机

5. 根据公司的发展，你认为该公司最可能采用的部门化方式是（　　）。

A. 产品部门化　　　　　B. 地区部门化

C. 顾客部门化　　　　　C. 业务部门化

6. 总裁在设立 8 个独立的分公司时，你认为其最大的失误是（　　）。

A. 没有考虑矩阵结构等组织结构

B. 没有周密地考虑总公司和分公司的职权职责划分问题

C. 根本就不应该设立独立的分公司

D. 既没有找顾问咨询，也没有和分公司经理进行广泛的沟通

7. 当总裁意识到自己在分权的道路上走得太远时，他撤回了分公司经理的某些职权，这是行使了（　　）。

A. 直线职权　　　　　B. 参谋职权

C. 职能职权　　　　　D. 个人职权

8. 你认为本案例最能说明的管理原则是（　　）。

A. 管理幅度原则　　　　　B. 指挥链原则

C. 集权与分权相结合的原则　　　　　D. 权责对等原则

9. 公司总裁决定收回分公司经理的一些职权，强调以后总裁拥有下列决策权：超过 10 万元的资本支出；新产品的研发；发展战略的制定；关键人员的任命等。这些事项的决策最可能属于（　　）。

A. 程序性决策　　　　　B. 非程序性决策

C. 战术决策　　　　　D. 业务决策

10. 如果你是总裁的助理，请就如何处理好集权与分权的关系向总裁提出你的建议。

技能 训练

实训：中小企业组织结构调查

【实训目标】

1. 增强对企业组织结构的感性认识。

2. 培养对企业组织结构分析的初步能力。

3. 收集企业制度规范有关资料，为下一个制定制度的训练提供条件。

【实训内容与形式】

1. 到一家中小企业，对该企业的组织结构情况及制度规范进行调查，并运用所学知识进行分析诊断。如时间安排有困难，也可利用上网、查资料等途径收集企业相关信息。

2. 主要需收集的信息有：

（1）企业的组织结构系统图；

（2）各主要职位、部门的职责权限及职权关系；

（3）企业主要的制度规范；

（4）由于组织结构、职权关系及制度等问题引起的矛盾。

3. 调研以课程模拟公司为单位组织实施。

4. 以模拟公司为单位，组织探讨与分析诊断。

5. 可在班级上进行大组交流与研讨。

课外 练习

一、单项选择题

1. 下列哪一项组织适用于矩阵制管理（　　）。

A. 高校行政部门　　　　　　　　　B. 军队

C. 医院　　　　　　　　　　　　　D. 高校科研机构

2. 组织结构中，既有职能划分的垂直领导系统，又有按项目划分的横向领导系统的结构是（　　）。

A. 职能型组织结构　　　　　　　　B. 矩阵结构

C. 事业部组织结构　　　　　　　　D. 多维立体组织结构

3. 我国政府中有人事、教育、科技、卫生等部门的设置，设置这些部门的基本标准和方法是（　　）。

A. 按职能设计　　　　　　　　　　B. 按行业设计

C. 接服务对象设计　　　　　　　　D. 按重要性设计

4. （　　）只适合小型企业的组织结构。

A. 直线制　　　　　　　　　　　　B. 职能制

C. 直线职能制　　　　　　　　　　D. 事业部制

5. （　　）形态又称军队式组织。

A. 直线式组织　　　　　　　　　B. 职能式组织

C. 事业部式组织　　　　　　　　D. 项目部式组织

二、简答题

1. 简要叙述直线制、职能制和矩阵制组织结构的优缺点。

2. 组织部门化的设计方式有哪些？

三、论述题

请阐述你对 M 型结构（事业部制）的理解。

任务5　组织变革与发展

学习目标

1. 知识目标：了解组织变革的含义、原因；了解组织发展的含义和方法。

2. 能力目标：理解组织变革的影响因素；理解组织发展的优缺点。

3. 素质目标：理清组织变革的技术。

小故事

如何补充国库

有一次，安东尼皇帝派使者到朱丹拉比那儿，问了这样一个问题："帝国的国库快要空了，你能给我一个补充国库的建议吗？"

朱丹拉比听后，对使者一句话没有说，直接把使者带到了他的菜园，然后默默地干起活来。他把大的甘蓝拔掉，种上小甘蓝。对甜菜和萝卜也是如此。使者看到朱丹拉比无意回答他的问题，心中大为不悦，没好气地对他说："你总得给我一句话吧，我回去也有个交代。""我已经给你了。"朱丹拉比不紧不慢地说道。

使者满脸的愕然，无奈之下，只好返回到安东尼那儿。

"朱丹拉比给我回信了吗？"

"没有。"

"他给你说什么了吗？"

"也没有。"

"那他做了什么？"

"他只是把我领到他的菜园里，然后他把那些大蔬菜拔掉，种上小的。"

"噢！他已经给我建议了！"皇帝兴奋地说。

第二天，安东尼立刻遣散了他所有的官员和税收大臣，换成少量的有能力、诚实的人。不久，国库就得到了补充。

要想提高企业效率，就要下狠心"减肥"，裁去不必要的机构和人员，将那些没有能力却依旧待在重要岗位的人撤下，代之以有干劲、有活力的新锐。

5.1 组织变革

5.1.1 组织变革的概念

组织变革（organizational change）是指运用行为科学和相关管理方法，对组织的权利结构、组织规模、沟通渠道、角色设定、组织与其他组织之间的关系，以及对组织成员的观念、态度和行为，成员之间的合作精神等进行有目的的、系统的调整和革新，以适应组织所处的内外环境、技术特征和组织任务等方面的变化，提高组织效能。企业的发展离不开组织变革，内外部环境的变化，企业资源的不断整合与变动，都给企业带来了机遇与挑战，这就要求企业关注组织变革。

5.1.2 组织变革的原因

任何组织在其生存、发展和壮大的过程中，都必须适应内外环境及条件的变化，对组织的目标、结构及组成要素等适时而有效地进行各种调整和修正，即实行组织变革。

1. 组织外部环境的变化

企业组织结构是实现企业战略目标的手段，企业外部环境的变化必然要求企业组织结构作出适应性的调整。组织外部环境的变化包括国民经济增长速度的变化、产业结构的调整、政府经济政策的调整、科学技术的发展引起产品和工艺的变革等。

2. 组织内部条件的变化

组织自身内部环境的变化也会导致组织变革，主要包括以下几个方面：技术条件的变化，如企业实行技术改造，引进新的设备要求技术服务部门的加强以及技术、生产、营销等部门的调整；人员条件的变化，如人员结构和人员素质的提高等；管理条件的变化，如实行计算机辅助管理、实行优化组合等。

3. 企业自身成长的要求

企业处于不同的生命周期时对组织结构的要求也各不相同，如小企业成长为中型或大型企业、单一品种企业成长为多品种企业、单厂企业成为企业集团等。

5.1.3 影响组织变革成功的因素

在组织变革时，管理者应考虑到一些影响变革的主要因素，针对不同因素采取不同方法将决定变革是否获得成功。

1. 变革推动者

变革推动者可能是上层管理者本身，也可能是受聘的顾问，作为一个成功的变革推动者，他必须具备专门的技能，这些技能包括：决定一项变革将如何开展；解决变革带来的相关问题；熟练使用行为科学的工具去适当影响员工；能准确估计有多少员工能承受此项变革等。其中，估计员工承受力是最为重要的一项技能。

2. 决定应做哪些方面的变革

管理者可以根据技术因素、结构因素和人员因素三方面实施变革计划。技术变革强调改变管理系统的技术水平，它包括技术装备、工作流程、工作顺序、信息处理系统以及自动化方面的变革。结构变革则通过改变现有组织的结构来进一步明确工作内容与工作目标，使信息传递更畅通，并减少沟通成本，增加部门之间的协作能力，提高员工工作积极性以及更大的组织柔性。人员变革是从改革组织成员的角度出发，但它经常包括一些结构与技术变革的内容。

3. 个人对变革的影响

为了获得员工对变革的支持，管理人员必须考虑如下一些因素。

（1）常见的变革阻力。员工反对变革的原因一般有五个：① 个人得失。在这方面，老员工比新员工更加反对变革。② 不确定性。组织员工无法预测变革后的组织结构会给员工带来什么样的结果。③ 认为变革不符合组织目标和最佳利益。④ 企业文化、员工价值观的影响。企业历史越长，它长期沉淀下来的文化、观念越深，反对变革的阻力也就越大。⑤ 过去成功的经验。一个曾经取得过成功的企业，往往容易陶醉于昔日的荣耀之中，并将过去的成功经验作为企业未来制胜的法宝。事实上，由于环境的急剧变化，过去的经验可能不再适用于今天的条件，而管理人员往往忽视这一点，坚信成功经验是万能的。

（2）降低阻力的措施。常见有六种措施：① 教育与沟通。② 参与和融合。③ 促进与支持。④ 商谈和协商。⑤ 操纵与合作。⑥ 强制。

4. 评价变革

评价变革的目的不仅是要对变革作出适当的修正以更好地提高组织成效，而且也是为下一次变革打好基础并提供经验。

5.1.4　企业组织变革的模式选择

对于企业组织变革的必要性，有这样一种流行的认识：企业要么实施变革，要么就会灭亡。然而事实并非总是如此，有些企业进行了变革，反而加快了灭亡。这就涉及组织变革模式的选择问题。这里将比较两种典型的组织变革模式——激进式变革和渐进式变革。激进式变革力求在短时间内，对企业组织进行大幅度的全面调整，以求彻底打破初态组织模式并迅速建立目的态组织模式。渐进式变革则是通过对组织进行小幅度的局部调整，力求通过一个渐进的过程，实现初态组织模式向目的组织模式的转变。

1. 激进式变革

激进式变革能够以较快的速度达到目的，因为这种变革模式对组织进行的调整是大幅度的、全面的，所以变革过程就会较快；与此同时，大幅度调整会导致组织的平稳性差，严重的时候会导致组织崩溃。这就是为什么许多企业的组织变革反而加速了企业灭亡的原因。与之相反，渐进式变革依靠持续的、小幅度变革来达到目的态，即超调量小，但波动次数多，变革持续的时间长，这样有利于维持组织的稳定性。两种模式各有利弊，也都有着丰富的实践，企业应当根据组织的承受能力来选择企业组织变革模式。激进式变革的一个典型实践是"全员下岗、竞争上岗"。改革开放以来，为适应市场经济的要求，许多国内企业进行了大量的管理创新和组织创新。"全员下岗、竞争上岗"的实践即是其中之一。为了克服组织保守思维，一些企业在组织实践中采取全员下岗，继而再竞争上岗的变革方式。这种方式有些极端，但其中体现了深刻的系统思维。稳定性对于企业组织至关重要，但是当企业由于领导超前意识差、员工安于现状而陷于超稳定结构时，企业组织将趋于僵化、保守，会影响企业组织的发展。此时，小扰动不足以打破初态的稳定性，也就很难达到目的态。进一步再通过竞争上岗，激发企业员工的工作热情和对企业的关心，只要竞争是公平、公正、公开的，就有助于形成新的吸引子，把企业组织引向新的稳定态。此类变革如能成功，其成果具有彻底性。

在这个过程中关键是建立新的吸引子，如新的经营目标、新的市场定位、新的激励约束机制等。如果打破原有组织的稳定性之后，不能尽快建立新的吸引子，那么组织将陷于混乱甚至毁灭。而且应当意识到变革只是手段，提高组织效能才是目的。如果为了变革而变革，那么会影响组织功能的正常发挥。

2. 渐进式变革

渐进式变革通过局部的修补和调整来实现变革目的。美国一家飞机制造公司原有产品仅包括四种类型的直升机，每一种直升机有专门的用途。从技术上来看，没有任何两架飞机是完全相同的，即产品间的差异化程度大，标准化程度低。在激烈的市场竞争条件下，这种生产方式不利于实现规模经济。为了赢得竞争优势，该公司决定变革组织模式。其具体措施是对各部门进行调整组合。首先，由原来各种机型的设计人员共同设计一种基本机型，使之能够与各种附件（如枪、炸弹发射器、电子控制装置等）灵活组合，以满足不同客户的需求。然后将各分厂拥有批量生产经验的员工集中起来从事基本机型的生产。原来从事各类机型特殊部件生产的员工，根据新的设计仍旧进行各种附件的专业化生产。这样，通过内部调整，既有利于实现大批量生产，也能够满足市场的多样化需求。这种方式的变革对组织产生的震动较小，而且可以经常性地、局部地进行调整，直至达到目的态。这种变革方式的不利之处在于容易产生路径依赖，导致企业组织长期不能摆脱旧机制的束缚。

比较企业组织变革的两种典型模式，企业在实践中应当加以综合利用。在企业内外部环境发生重大变化时，企业有必要采取激进式组织变革以适应环境的变化，但是激进式变革不宜过于频繁，否则会影响企业组织的稳定性，甚至导致组织的毁灭。因而在两次激进式变革之间，在更长的时间里，组织应当进行渐进式变革。

5.2 组织发展

5.2.1 组织发展的概念

组织发展是一个通过利用行为科学的技术和理论，在组织中进行有计划的变革的过程。组织发展指的是在外部或内部的行为科学顾问（或有时被称为变革推动者）的帮助下，为提高一个组织解决问题的能力及其外部环境中的变革能力而作的长期努力。组织发展也指的是 个有计划的、涵盖整个组织范围的、同时有高层管理者控制的努力过程，它以提高组织效率和活力为目的，该过程利用行为科学知识，通过在组织的"进程"中实施有计划的干预而进行。

5.2.2 组织发展的特征

组织发展是提高全体员工积极性和自觉性的手段，也是提高组织效率的有效途径。组织发展有以下几个显著的基本特征。

1. 组织发展包含深层次的变革，包含高度的价值导向

组织发展意味着需要深层次和长期性的组织变革。例如，许多企业为了获取新的竞争优势，计划在组织文化的层次实施新的组织变革，这就需要采用组织发展模型与方法。

2. 组织发展是一个诊断—改进周期

组织发展的思路是对企业进行"多层诊断"、"全面配方"、"行动干预"和"监控评价",从而形成积极健康的诊断—改进周期。因此,组织发展强调基于研究与实践的结合。

3. 组织发展是一个渐进过程

组织发展活动既有一定的目标,又是一个连贯的不断变化的动态过程。组织发展的重要基础与特点,是强调各部分的相互联系和相互依存。在组织发展中,企业组织中的各种管理与经营事件不是孤立的,而是相互关联的;一个部门或一方面所进行的组织发展,必然影响其他部门或方面的进程,因此,应从整个组织系统出发进行组织发展,既要考虑各部分的工作,又须从整个系统协调各部分的活动,并调节其与外界的关系。

4. 组织发展以有计划的再教育手段实现变革的策略

组织发展不只是有关知识和信息等方面的变革,而更重要的是在态度、价值观念、技能、人际关系和文化气氛等管理心理各方面的更新。组织发展理论认为,通过组织发展的再教育,可以使干部员工抛弃不适应形势发展的旧规范,建立新的行为规范,并且使行为规范建立在干部员工的态度和价值体系优化的基础之上,从而实现组织的战略目的。

5. 组织发展具有明确的目标与计划性

组织发展活动是订立和实施发展目标与计划的过程,并且,需要设计各种培训学习活动来提高目标设置和战略规划的能力。大量的研究表明,明确、具体、中等难度的目标更能够激发工作动机和提高工作效能。目标订立与目标管理活动,不但能够最大限度地利用企业的各种资源,发挥人和技术两方面的潜力;而且还能产生高质量的发展计划,提高长期的责任感和义务感。因此,组织发展的一个重要方面就是让组织设立长远学习目标和掌握工作计划技能,包括制订指标和计划、按照预定目标确定具体的工作程序以及决策技能等。

5.2.3 组织发展的方法

1. 敏感性训练

这是一种通过非结构化群体的相互作用、相互影响来改变人们行为的方法。实证研究表明,敏感性训练能迅速改善参与者的沟通技能,提高成员认识的准确性以及个人参与的积极性,进而将个人和组织融为一体。

2. 过程咨询

这是通过外部咨询专家帮助管理者对其必须处理的过程事件形成正确的认识、理解和行动的能力的一种方法。咨询专家通过问卷、观察、交谈等方式,帮助管理者更好地认识其周围、自身或其他人员之间正在发生的事情,并初步判断出哪些过程需要改进,培养他们所必需的判断问题和更有效地解决问题的能力。

3. 团队建设

团队是指有意识地在组织中努力开发有效的自我管理的工作小组。团队建设方案中的活动一般包括团队目标的设置、团队成员人际关系的开发、明确各成员的任务和职责的角色分析,以及团队过程分析等。

4. 调查反馈

调查反馈是指通过问卷调查等形式分析组织的各项工作,对组织成员的态度进行评价,确定其态度与认识的差距，并将整理好的调查信息反馈给有关组织成员，帮助其消除差距的一种方法。

5. 企业再造

企业再造是指针对企业业务流程的基本问题进行反思，并对其进行彻底的重新设计，以便在成本、质量、服务和速度等当前衡量企业业绩的重要尺度上取得显著的进展。

1. 什么是组织变革？
2. 组织变革的原因是什么？
3. 影响组织变革成功的因素有哪些？
4. 什么是组织发展？
5. 组织发展的特征有哪些？
6. 什么是企业再造？

比尔·盖茨如何组织微软

微软，这个世界上规模最大并且最具盈利能力的软件公司，被誉为美国国内最好的拥有 15 000 人规模的企业。仅仅在 1996 年这一年，该公司 15 000 名员工创造的收入超过 50 亿美元。也许留给世人印象更深的是这样一个事实：自从比尔·盖茨在 1974 年创建微软公司以来，由于想吸引和保留有才能的员工，盖茨实施了职工优先认股权，因此使得超过 2 000 多员工变成了百万富翁。而盖茨自己则是美国国内最富有的人，被估计拥有超过 60 亿美元的财产。然而微软成功的秘诀是什么呢？

就员工个体的水平而言，盖茨的企业经营哲学很显然是将重点放在他所招募和精选的人员上。微软公司前往国内大学学院中最好的软件系，在那里招募那些愿意努力工作，富有想象力、创造力以及冒险精神的人才，在这方面花了很多的时间。而这正是盖茨自己和微软公司所珍视的工作价值观。员工们被期望能够长时间工作，通常一周的工作时间要达到 60 ～ 80 小时。同时他们也被期望能够成为其所从事的特定软件工程领域的专家，能够及时掌握本公司以及他们的竞争对手们所从事工作的最新的资讯和最先进的技术发展的知识。盖茨与他的员工在不同的项目中频繁接触，从而能够经常地检测他们的知识，以确定他们能够跟上最新潮流。如果他们不了解最新行情，他们将会因为没有去及时获取信息而失去盖茨对其的信任。

除了职工优先认股权，盖茨通过提供最新技术、灵活（虽然较长）的工作时间和在大楼内设有大学校园形式的健身房来激励他的员工们。另外，盖茨所用的激励员工的方法是与微软公司将团队及协作精神作为组织过程的基础紧密相关的。

在微软，一个程序员组的人数可以少至 5 ～ 6 人，并且不同的程序员组开发各自特定的软件应用程序。通常是由一个项目经理组织管理许多小的程序员组从事大项目的不同部分的程序。例如，超过 300 名员工以小组的形式合作开发微软 98 视窗操作系统，为使该系统能够相对于苹果公司的用户界面的友好操作系统更具有竞争力。采用产品小组形式的作用是使成员之间互相协作，集思广益，融技术和资源为一体。这种分小组的形式也在小组成员中产生强烈的交互作用，往往带来重大的突破，而这一切都促使微软能够快速开创出自己的新产品。除此之外，团队成员之间还能够互相学习和互相控制行为举止。

就企业的水平来看，盖茨通过使他的企业结构尽可能的平坦来使他和员工们之间的距离达到最小——也就是说，使组织的等级制度的级别数达到最小。此外，他还谋划出这些小组在微软中的结构位置和职权下放以及授权每个小组都可自己作出重要的决策，为的是提供给小组最大的自主自治权，使其能在工作上自由发挥和冒险。盖茨之所以能够对下级委授那么多的职权是因为他很关注招募合适的员工，同时也由于他定期地评估每个小组的表现，以确信所有的小组成员都能熟练掌握他们的项目，具有较好的状态。

问题：

1. 比尔·盖茨的管理方法中基本的要素是什么？

2. 在微软继续发展的过程中，你认为可能会出现哪些组织上的问题。

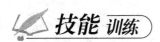 技能 训练

实训：校园体验——团队建设

【实训目标】

1. 培养团队管理的能力。

2. 培养团队建设的初步能力。

【实训内容与要求】

1. 分析学生所在的班级、小组或寝室的群体状况（和谐程度、优势与缺点、团体氛围等），并表述群体的目标。

2. 每个人制订一份团队建设方案。

3. 班级组织交流，每个团队推荐 2 名成员作介绍，并对团队建设问题进行研讨。

 课外 练习

一、单项选择题

1. "集中决策，分散经营的组织结构"属于（　　）。

A. 直线型组织结构　　　　　　　　　B. 职能型组织结构

C. 事业部制组织结构　　　　　　　　D. 矩阵结构

2. 当组织规模一定时，管理宽度与管理层次存在着（　　）。

A. 正比例关系　　　B. 反比例的关系　　　C. 对等关系　　　D. 倒数关系

3. 组织中的最高决策权交给两位以上的主管人员，也就是把权力分散到一个集体中去的管理制度是（　　）。

A. 个人管理制　　　　　　　　　　B. 委员会制

C. 集权制   D. 分权制

4. 不论是在企业还是在政府机构，秘书一般都是帮助高层管理者进行工作的，他们在组织的职权等级链上的位置是很低的，但是人们常常感到秘书的权力很大。那么秘书拥有的是什么权力？（   ）

A. 合法权力

B. 个人影响权力

C. 强制权力

D. 没有任何权力，只是比一般人更有机会接近领导

二、简答题

1. 什么是组织变革？

2. 影响组织变革成功的因素有哪些？

3. 组织发展的特征有哪些？

三、论述题

论述组织中的职权和权力。

模块 4　人　事

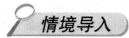 情境导入

少年与老板间的距离

一位商人到一个偏僻的山村度假，遇见一个敦厚的少年，决心带他出去闯闯。商人问少年想不想将来当大老板，少年说不想，因为他不知道什么是老板。商人耐心解释，并说了许多当老板的好处。少年心动，随商人离开了山村。过了半年，少年说自己想当老板，商人问他知不知道老板要做什么，少年回答："在大办公室里签字，坐高级轿车去吃饭。"商人觉得是自己教导不够，从此让少年跟随自己，亲眼目睹老板要做些什么。又过半年，少年再次提出想自己当老板，商人又问了同样的问题，少年回答："老板要分析信息、进行决策、制订计划、组织资源、领导员工、处理突发事件……"商人认为少年已很清楚一个老板的工作，便将一个子公司交给少年经营管理。然而不到一年，子公司宣布停业整顿。商人质问少年，你不是知道应该做些什么吗？少年怯懦地说，我只知道要做什么，但我并不知道该如何去做呀。商人顿时醒悟，要将一个无知少年变成一个成功的老板，必须让他知道老板是什么、要做什么以及如何去做。

任务 1　人力资源规划

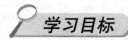 学习目标

1. 知识目标：了解人力资源规划的内容；理解制定人力资源规划的基本原则；掌握制定人力资源规划的程序。
2. 能力目标：学会拟定基本的人力资源规划方案。
3. 素质目标：提高学生对企业内人员供需数量的预测与判断能力；提高学生对企业中各类岗位核心工作内容和最低任职资格的了解程度。

 小故事

巨龙集团人力资源计划

张小明是以生产医药产品为主的巨龙集团人力资源部总经理。虽然他从事人力资源管理

工作已经多年，但是最近接二连三发生的事情让他一筹莫展。4月份刚刚结束了在全国各地的高校毕业生招聘工作；5月18日研发部提交了引进10名医药研发专员的申请报告；5月26日销售部提交了要引进2名区域经理助理和8名业务拓展员的申请；6月1日财务部要求人力资源部提前1个月对本部现在正在公司实习的新招的12名应届高校毕业生进行非财务知识方面的培训；6月2日生产部因为2名生产部主管离职，使得生产部经理要求急需新人接班，现任员工培训；6月11日，张小明又获悉公司刚刚经过验证通过了3种极具市场潜力的新产品，并且已经签订了几份大订单，预计公司的销售额在2年内会增长33%。

张小明决定让人力资源部员工尽快制定一份公司人力资源五年规划以应对公司各个部门的需要。

问题：

1. 倘若让你参与制定这份人力资源规划，你认为需要哪些信息来支持你的分析和决策？
2. 你可以采取哪些方法来预测公司对人力资源的需求？

1.1 人力资源规划概述

1.1.1 人力资源规划的概念

人力资源规划是指根据企业的发展规划，通过企业未来人力资源的需求和供给状况的分析估计，对职务编制、人员配置、教育培训、人员招聘和录用等内容进行的职能性规划。通俗地讲，人力资源规划是为了说明人力资源部门未来要做的工作内容和工作步骤。

1.1.2 人力资源规划的分类

1. 按规划的时间期限分
(1) 短期规划：半年至一年。
(2) 中期规划：一年至三年。
(3) 长期规划：三年以上。

2. 按规划的范围分
(1) 整体规划：企业整体人力资源规划。
(2) 部门规划：部门人力资源计划。
(3) 项目规划：某项任务或工作的人力资源计划。

3. 按规划的性质分
(1) 战略层人力资源规划：总体性和粗线条性。
(2) 战术层人力资源规划：具体的短期规划。
(3) 作业层人力资源规划：行动方案细节。

1.1.3 制定人力资源规划的基本原则

1. 以企业整体战略规划为指导

企业战略规划是指依据企业外部环境和自身条件的状况及其变化来制定和实施战略，并根据对实施过程与结果的评价和反馈来调整、制定新战略的过程。企业战略规划是一个全面的、综合的、长期的规划体系。人力资源规划是企业整体规划和财政预算的有机组成部分，是企业发展战略总规划的核心内容。因此编制人力资源规划时首先应该遵循的原则就是要以企业整体战略规划为指导。

2. 使企业和员工都得到长期利益

人力资源规划不仅面向企业，而且也面向企业的每一位员工。企业的发展和员工的发展是互相依托、互相促进的关系。如果只考虑企业的发展需要，而忽视员工的发展，就会有损企业发展目标的达成。优秀的人力资源规划，一定是能够使企业和员工都得到长期利益的规划，一定是能够使企业和员工共同发展的规划。

3. 充分考虑内部、外部环境的变化

人力资源规划是企业战略规划的核心要件。因此，同企业战略规划一样，企业的人力资源规划必须具备良好的环境适应性。

内部变化主要是指销售的变化、开发的变化，或者企业发展战略的变化，还有公司员工流动的变化等；外部变化指社会消费市场的变化、政府有关人力资源政策的变化、人才市场的供需矛盾的变化等。为了能够更好地适应这些变化，在人力资源规划中应该对可能出现的情况作出预测和风险分析，最好能有面对风险的应急策略。

4. 确保企业的人力资源保障

人力资源规划的核心问题便是解决企业的人力资源保障问题。它包括人员的流入预测、人员的流出预测、人员的内部流动预测、社会人力资源供给状况分析、人员流动的损益分析等。只有有效地保证了对企业的人力资源供给，才可能去进行更深层次的人力资源管理与开发。

1.2　人力资源规划的内容与程序

1.2.1　人力资源规划的内容

企业的人力资源规划通常包括两个层次。

第一层次是人力资源总体规划，也就是指在计划期内人力资源管理的总目标、总政策、实施步骤和总预算的安排。

第二层次是人力资源业务规划，它包括人员补充计划、分配计划、接替和提升计划、教育培训计划、工资激励计划、劳动关系计划、退休解聘计划，等等。

这些业务计划是总体规划的展开和具体化，每一项业务计划都由目标、政策、步骤及预算等部分构成。这些业务计划的结果应能保证人力资源总体规划目标的实现。

人力资源规划的内容如表 4-1 所示。

表 4-1　人力资源规划的内容

计划类别	目　标	政　策	步　骤	预　算
总规划	计划期内的总目标	基本政策：扩大、收缩、保持稳定	总步骤：通常按年安排，规划计划期内每年要做的事情	总预算：×××× 万元
人员补充计划	类型、数量、层次、来源，对人力素质结构及绩效的改善等	人员素质标准、人员来源范围、起点待遇	拟定补充标准，广告吸引、考试、面试、笔试、录用、培训上岗	招聘挑选费用

续表

计划类别	目　　标	政　　策	步　　骤	预　　算
人员分配计划	部门编制，人力结构优化及绩效改善、人力资源能位匹配，职务轮换幅度	任职条件，职位轮换范围及时间	略	按使用规模、差别及人员状况决定的工资、福利预算
人员接替和提升计划	后备人员数量保持，提高人才结构及绩效目标	全面竞争，择优晋升，选拔标准，提升比例，未提升人员的安置	略	职务变动引起的工资变动
教育培训计划	素质及绩效改善、培训数量类型，提供新人力，转变态度及作风	培训时间的保证、培训效果的保证（如待遇、考核、使用）	确定培训目标、手段、形式、场所、时间、条件，编制费用预算，选择受训人员，开始培训，检测培训成果	教育培训总投入产出，脱产培训损失
工资激励计划	人才流失减少、士气水平提高、绩效改进	工资政策，激励政策，激励重点	略	增加工资奖金额预算
劳动关系计划	降低非期望离职率、干群关系改进、减少投诉和不满	参与管理，加强沟通	略	法律诉讼费、劳动争议仲裁费
退休解聘计划	编制、劳务成本降低及生产率提高	退休政策及解聘程序	略	安置费、人员重置费

1.2.2　人力资源规划的程序

　　人力资源规划的程序一共包含三个阶段，即相关分析、未来预测和战略规划，如图 4-1 所示。

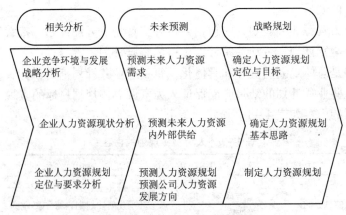

图 4-1　人力资源规划的程序

　　第一阶段，相关分析。同制订其他计划一样，人力资源规划一定要建立在掌握信息的基础上，因此首先要进行相关分析。在这个阶段首先要分析企业所面临的环境与企业自身战略，从而确定内外部环境对企业人力资源规划的整体要求。其次要分析企业的人力资源现状，找出竞争优劣势。最后要分析企业人力资源规划定位与要求，为制定人力资源规划指明方向。

第二阶段，未来预测。科学预测是制定人力资源规划的基础。在这个阶段要通过调查、访问、收集及筛选资料、建立模型等手段对未来一定时期内企业对人力资源的需求和供给情况进行较准确的估计。同时还要综合社会整体要求和企业整体发展战略预测公司未来的人力资源发展方向，从而为制定科学有效的人力资源规划提供依据。

第三阶段，战略规划。这一阶段是人力资源规划的核心环节，共包含三个步骤。首先要确定人力资源规划的定位与目标，其次确定人力资源规划基本思路，最后制定企业人力资源规划。这三个步骤遵循了由粗到细、由一般到具体的基本原则，联系紧密，环环相扣，缺一不可。

1.3　工作岗位分析概述

1.3.1　工作岗位分析的概念

工作岗位分析是对各类工作岗位的性质任务、职责权限、岗位关系、劳动条件和环境，以及员工承担本岗位任务应具备的资格条件所进行的系统研究，并制定出工作说明书等岗位人事规范的过程。

1.3.2　工作岗位分析的作用

第一，工作岗位分析为招聘、选拔、任用合格的员工奠定了基础。通过工作岗位分析，能够系统地提出在岗人员的文化知识、专业技能、生理心理品质等方面的具体要求，并对本岗位的用人标准作出具体而详尽的规定，确保"能位匹配"的人力资源基本原则得以实现。

第二，工作岗位分析为人员的考评、晋升提供了依据。员工的评估、考核、晋级和升职是关系员工自身利益和长远发展的重要问题，如果缺乏科学的依据将会挫伤各级员工的积极性，从而影响企业的正常经营。根据岗位分析的结果，人力资源管理部门可以制定出各岗位人员的考评指标和晋升条件，提高员工绩效考评和晋升的科学性。

第三，工作岗位分析是企业改进工作设计、优化劳动环境的必要条件。通过工作岗位分析企业可以找出工作设计中不合理、不科学的部分，发现劳动环境中危害员工生理或心理安全与健康的因素，从而有助于改善工作设计，创造健康、舒适的工作环境，最大限度地调动和激发员工的积极性。

第四，工作岗位分析是制定有效的人力资源规划的重要前提。工作岗位分析的最终成果是制定工作说明书，即对组织中各类岗位的工作性质、工作任务、责任、权限、工作内容和方法、工作环境和条件，以及本职务任职人资格条件所作的统一要求。它应该说明任职者应做些什么、如何去做和在什么样的条件下履行其职责。这些都为企业有效地进行人才供需预测、编制企业人力资源规划提供了重要的前提。

第五，工作岗位分析是工作岗位评价的基础，为企业单位建立对外具有竞争力、对内具有公平性、对员工具有激励性的薪酬制度奠定了基础。

第六，工作岗位分析更有利于员工"量体裁衣"，结合自身的条件制定职业生涯规划。

📖 视野拓展

职业生涯规划的分期

职业生涯规划（career planning），又叫职业生涯设计，是指个人与组织相结合，在对一个人职业生涯的主客观条件进行测定、分析、总结的基础上，对自己的兴趣、爱好、能力、特点进行综合分析与权衡，结合时代特点，根据自己的职业倾向，确定其最佳的职业奋斗目标，并为实现这一目标作出行之有效的安排。

一个人的职业生涯发展可分作五个阶段，把握住每个阶段可能出现的问题，提前规划，才能让自己掌握主动权。

第一坎："青黄不接"阶段

工作1～3年是职业生涯最"青黄不接"的阶段：你既不像毕业生那么"单纯"，又不像有四五年资历的那样能"独当一面"，正处于"一瓶不满，半瓶晃荡"的状态，那么这时候你如果跳槽找工作，其难度可想而知。

1. 这个阶段的主要疑问

"我是谁？""我能做什么？"迷茫的主要原因是缺乏自信和社会经验。

2. 职业管理顾问的忠告和建议解决方案

这段时间最好不要轻易跳槽，相反，如果这段时间你较为"安静"，你往往能够积累到你一生中第一次从学习迈向工作时段内宝贵的工作技能和坦然的就业心态，许多人"爱跳槽"的毛病往往都是从这个阶段"稳不住"开始养成的。

第二坎："职业塑造"阶段

工作3～5年后，你就会逐渐步入"职业塑造"阶段，逐渐熟悉组织文化，了解组织内情，建立初步的人际关系网，经过一段时期后，你的"职业性格特点"就暴露出来了：哪些是你特长的地方，而哪些又是你不足的地方，于是你开始进入"职业塑造"阶段，对职业方向进行合理调整和矫正。

1. 这个阶段的主要疑问

怎样来进行合理的调整与矫正？

2. 职业管理顾问的忠告和建议解决方案

不妨在你工作的相关领域先适当地改换一下工作方式，比如在同一个公司内部的不同部门适当进行换岗，这样不仅能开阔视野，增添新鲜感，还能测试出你究竟最适合做什么工种。如果发现你的性格和特长与现有工作偏差太大，那么一定要当机立断马上改行，这时候千万不要贪恋现有工作薪水有多高，环境有多好。

第三坎："职业锁定"阶段

工作5～10年，随着你对自身优劣势及性格特点的日渐清晰和不断的实践锻炼，你渐渐由"职业塑造阶段"走向了"职业锁定阶段"，开始认定"你是干哪一行的"了。

在这个阶段，有的人积累了比较丰富的经验，承担起工作的责任，发挥并发展自己的能力，为提升或进入其他职业领域打基础。

1. 这个阶段的主要疑问

"为什么这么多年来我一事无成？""理想和现实不相符，我是不是需要重新选择？"迷茫的主要原因是个人的发展目标与组织提供的机会和职业通路不一致。

2. 职业管理顾问的忠告和建议解决方案

你如果依然愿意尝试这份工作，就应该首先端正态度，绝不能整天愤世嫉俗、怨天尤人，而应该投入战斗，在战斗中快速磨炼和积极探索，不断修正下一步的工作流程和发展方向。即便是已经暂时"锁定"了你的职业种类，也千万不要每天得过且过地混日子。相反还要更加勤奋地不断寻求自我突破，逼迫自己不断跨越新的高度。

第四坎："事业开拓"阶段

工作 10～15 年，你的"职业"将成为终身的"事业"，意味着你开始从前期"职业阶段"中的技能、经验及资金积累走向人生事业的开拓历程。可能你在这个阶段仍然保持着原来的"职业"状态，仍然是每天在为"老板的事业"而奔波，但年龄和阅历已经将你推向了事业发展的起跑线。并且你跑也得跑，不跑也得跑，你要为自己而跑，你的家庭开始逼迫你为他们着想，你的事业心和成就感都决定了你要开始考虑自我了。

1. 这个阶段的主要疑问

"接下去的岁月，应该做些什么？"

2. 职业管理顾问的忠告和建议解决方案

人到中年，很多人在机会面前不敢贸然决定，因为从心理上理解了人生的有限，而自己也开始重新衡量事业和家庭生活的价值。在大约 35 岁到 45 岁之间，会发生职业生涯危机。

第五坎："事业平稳"阶段

工作 15 年以后，你已经步入"不惑之年"，前期"职业阶段"和"事业开拓"阶段已经为你留下了几多积淀。在这个阶段，你所需要的是如何使你的事业能够在平稳的过程中持续上升。这期间你还要不断地去观察市场、了解市场，不能有丝毫的松懈，所以你可能会感觉很累、很辛苦，不过你见得多了，承受压力的能力也增强了很多，于是你也就能游刃有余了。你曾经的一切豪言壮语和海誓山盟在这个阶段变为现实，你被推上了事业的巅峰，不过这一切美妙结果的前提就是你要在前面的几个阶段表现都很努力，也很用心，这就是"世间自有公道，付出定有回报"的道理。

1.4 工作岗位分析的程序

1.4.1 准备阶段

准备阶段的具体任务包括了解情况，建立联系，设计岗位调查的方案，规定调查的范围、对象和方法。

1. 根据目标和任务掌握各种基本数据和资料

信息的获取来源主要包括以下几方面。

（1）书面资料。企业中，一般都保存各种类各岗位现职人员的资料记录以及岗位职责要求，这些资料是进行工作岗位分析的重要信息来源，对岗位分析工作非常有用。

（2）任职者的报告。主要通过访谈及查阅工作日志等方法得到任职者的相关工作信息。

（3）同事的报告。从任职者的上级、同事等处获得的资料更加全面，可以弥补其他报告的不足。

（4）直接的观察。到任职者的工作现场进行直接观察也是一种获取有关工作岗位分析信息的有效方法。这种方法可以提供一些其他方法所不能提供的信息。

除此之外，岗位分析的资料还可以来自下属、顾客和专家等处。岗位分析人员要结合实际状况选择最合适的信息来源。

2. 设计岗位调查方案

1）明确岗位调查的目的

有了明确的目的，才能确定合适的调查范围、对象和内容，才能选定调查方式，弄清应当收集哪些资料，到哪儿去收集岗位信息以及用什么方法去收集岗位信息。

2）确定调查的对象和单位

明确调查范围，确定具体调查对象和单位。如果以企业中的生产岗位为调查对象，那么，每个操作岗位就是构成总体的调查单位。能不能正确地对待确定调查对象和调查单位，直接关系到调查结果的完整性和准确性。

3）确定调查项目

调查项目中所包含的各种基本情况和指标，就是需要对总体单位进行调查的具体内容。

4）确定调查表格和填写说明

调查表格是工作分析中经常运用到的一种工具。为了保证调查问题得到统一的理解和准确的回答，便于汇总整理，必须根据调查项目，制定统一的调查表格（问卷）和填写说明。

5）确定调查的时间、地点和方法

调查时间包括调查的期限（调查起止时间）和具体调查的日期、时间两方面。调查地点是指登记资料、收集数据的地点。

调查方法的选择应当从实际出发，根据调查目的和内容，在保证质量的前提下，力求节省人力、物力和时间。因此能采用抽样调查、重点调查等方式，就不必进行全面调查。

3. 做好调查动员工作

在调查工作开展之前，向员工说明工作岗位分析的目的和意义，建立友好合作的关系，使相关员工有良好的心理准备。

根据工作岗位分析的任务、程序，分解成若干工作单元和环节，以便逐项完成。

4. 组织有关人员进行相应培训

培训有关人员学习并掌握调查的内容，熟悉具体的实施步骤和调查方法，必要时可先对若干个重点岗位进行初步调查分析，以便获取经验。

1.4.2 调查阶段

调查阶段的主要任务是依照调查方案对目标岗位进行认真细致的调查研究。

在调查中，应灵活运用访谈、问卷调查、直接观察、小组讨论等方法广泛收集目标岗位的各种数据资料。包括岗位识别信息、岗位职责范围、岗位劳动负荷、岗位员工任职资格条件（生理心理方面的要求）、劳动条件与工作环境等。同时，对各项调查事项的重要程度、发生频率（数）应予以详细记录。

1.4.3 总结分析阶段

该阶段是岗位分析的最后环节，主要是指在对岗位调查的结果进行深入细致的分析基础上采用文字图表等形式作出全面的归纳和总结。

工作岗位分析并不是简单地收集和积累岗位信息，而是要对岗位的性质和要求作出全面深入的考察，充分揭示各岗位的主要任务结构和关键影响因素，在此基础上拟定出工作说明书、岗位规范等人力资源管理的规章制度。

思考题

1. 简述人力资源规划与企业战略规划之间的关系。
2. 人力资源规划的核心内容是什么？
3. 制定人力资源规划包括了哪些程序？
4. 制定人力资源规划的原则有哪些？

案例分析

H 公司下属有一个烤鳗企业，其淡旺季非常明显，由于出口美国，经常会受到美方政策性影响，所以生产不是很稳定，有时淡季甚至可能会达到 4 个月。

生产量的不确定性令公司人力资源部经理疲于应付，一个难以解决的矛盾是：如果工厂长年稳定一批固定的员工，在淡季的时候，将会使公司承担巨大的人工成本；但如果不稳定一批固定的员工，旺季接到大批订单时，工人又不够，需要立即招聘，但现在就业环境不错，一下招不到那么多人，特别是熟练工人更难找。

问题：如果你是人力资源部经理，你会怎么做？有什么好办法能解决这个问题？

技能训练

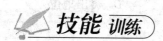

任务：编制人力资源规划

【背景材料】

刘星现任平安公司人力资源部经理助理。11 月中旬，公司要求人力资源部在两星期内提交一份公司明年的人力资源规划初稿，以便在 12 月初的公司计划会议上讨论。人力资源部经理李立将此任务交给刘星，并指出必须考虑和处理好下列关键因素：

1. 公司的现状。公司现有生产及维修工人 850 人，文秘和行政职员 56 人，工程技术人员 40 人，中层与基层管理人员 38 人，销售人员 24 人，高层管理人员 10 人。

2. 统计数字表明，近五年来，生产工人的离职率高达 8%，销售员离职率为 6%，文职人员离职率为 4%，管理人员和技术人员离职率为 3%，高层管理人员离职率只有 1%，预计明年不会有大的改变。

3. 按企业已定的生产发展规划，文职人员要增加 10%，销售员要增加 15%，工程技术人员要增加 6%，而生产及维修工人则要增加 5%，高层、中层和基层管理人员可以不增加。

要求在上述因素的基础上提出合理可行的明年人员补充规划，其中要列出现有的、可能离职的，以及必须增补的各类人员的数目。

【任务要求】

假设你是刘星，请针对上述情况和前提条件，编制一份合理的人力资源规划。

 课外 练习

一、单项选择题

1. （   ）属于人力资源管理部门的职责。

A. 直接管理组织成员

B. 协助各级管理者做好组织成员的管理与开发

C. 领导和控制组织成员

D. 独立负责人员的选、聘、训、评及开发、调配

2. 狭义的人力资源规划实质上是（   ）。

A. 企业人力资源开发规划　　　　　　B. 企业人力资源制度改革规划

C. 企业组织变革与组织发展规划　　　D. 企业各类人员需求的补充规划

3. 人力资源管理的基础是（   ）。

A. 人力资源计划　　　B. 人员培训　　　C. 劳动定额　　　D. 工作分析

4. 人力资源规划又被称为人力资源管理活动的（   ）。

A. 纽带　　　　　B. 手段　　　　　C. 策略　　　　　D. 目标

5. 管理制度是对企业管理各基本方面规定（   ）。

A. 活动框架　　　B. 技术规范　　　C. 业务规范　　　D. 突出地位

6. 人力资源规划在整个人力资源管理活动中占有（   ）。

A. 一般地位　　　B. 特殊地位　　　C. 重要地位　　　D. 突出地位

二、多项选择题

1. 企业解决人力资源过剩时可以采用的方法有（   ）。

A. 鼓励员工提前退休

B. 提高企业的技术水平

C. 合并或精简某些臃肿的机构

D. 减少员工的工作时间，随之降低工资水平

E. 制订全员轮训计划，使员工始终有一部分人在接受培训

2. 企业组织机构外部环境主要指（   ）。

A. 政治和法律环境　　B. 经济环境　　　C. 科技环境　　　D. 社会文化环境

E. 自然环境

3. 人力资源规划作为人力资源管理的一项基础性活动，其核心部分包括三个方面，它们是（   ）。

A. 人力资源需求预测　　　　　　B. 人力资源供给预测

C. 供需综合平衡　　　　　　　　D. 人力资源费用预算

E. 人力资源发展预测

4. 企业人力资源规划从内容上看，可以区分为（   ）。

A. 战略发展规划　　　　　　　　B. 组织人事规划

C. 制度建设规划
D. 员工开发规划
E. 企业组织变革规划

任务2 人员招聘

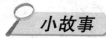

学习目标

1. 知识目标：理解人员招聘的原则；掌握内外部招聘各自的优缺点；熟悉人员招聘的流程。

2. 能力目标：学会编写职务说明书及拟定人员招聘计划。

3. 素质目标：提高学生语言表达与沟通能力、自我推销能力，以及提升学生对自我准确认知的能力

小故事

关于招聘的故事

有一个农场，因捕鼠科科长离职而造成场内鼠患成灾，农场总经理命令人力资源部经理五天之内招一个捕鼠科科长回来。人力资源部经理接到指示后，回去赶紧就写了一张招聘广告贴在了农场的大门口，上面写道："本农场欲招捕鼠科科长一名，待遇优，福利好，有意者请来面试。"

第二天，农场门口来了这么七位应聘者：鸡、鸭、羊、狗、猪、猫、猫头鹰。好，现在开始筛选。

第一轮筛选是学历筛选。鸡、鸭都是优秀的大学毕业生，当然过关；羊和狗是大专毕业，也过关；猫和猫头鹰是高中毕业，人力资源部经理皱了皱眉头，也过关了。结果，第一关淘汰下来的是只读到小学二年级的猪先生。

第二轮是笔试。这当然难不倒大学毕业的鸡和鸭；羊因为平时勤勉，也勉强过关；狗呢，上学的时候不太认真，碰到这些题目是有些为难，可是它在这么短短的一会儿时间内，已经给主考官鞠了六个躬，点了九次头，所以也过关；猫头鹰本来是不会做的，可是它眼力好，偷看到了，所以也就抄过了关。只有猫因为坚持原则，不会做就是不会做，所以，这一轮被淘汰的只有猫一个。

第三轮是答辩。第一个是鸡，它一进来就说："我在学校时是学捕鼠专业的，曾经就如何掌握鼠的习性与行动方式写过一篇著作。"主考官们一碰头，这个好，留下了。第二个进来的是鸭，鸭说："我没有发表过什么著作，但是在大学期间，我一共发表了18篇有关鼠的论文，对于鼠的各个种类，我是了若指掌。"这个也不错，也留下了。第三个进来的是羊，羊说："我没有那么高的学历，也没有发表过什么论文、著作。但是我有一颗持之以恒的心和坚硬的蹄子。你们只要帮我找到老鼠洞口，然后我就站在那里，看到有老鼠出来我就踩下去，十次当中应该会有两三次可以踩死，只要我坚持下去，相信有一天我会消灭老鼠的！"主考官被羊的这种精神感动了，于是也录取了。第四个进来的是狗，狗一进来就点头哈腰地说："瞧三位慈眉善目的，一定都是十分优秀的成功人士。"一顿马屁狂拍，考官被拍得晕

晕乎乎的，最终也录用了。最后一个是猫头鹰，没有高学历，没有什么论文著作，唯一的成绩就是从事捕鼠一年多来抓了五六百只的田鼠，但是不会拍马屁，又长得恶形恶脸的，一点都不讨人喜欢，所以就被淘汰了。

至此，整个招聘活动结束了，大家可以看到的是，真正会捕鼠的猫、猫头鹰都被淘汰了。这个招聘是结束了，但是结果呢？当然是失败的。

问题：

为什么会导致这个失败的结果呢？

2.1 人员招聘的概念、原则

2.1.1 人员招聘的概念

组织通常因设立新组织、组织扩张、调整不合理的人员结构、员工因故离职而出现的职位空缺等原因而需要招聘新的员工。

人员招聘是指组织为了发展的需要，根据人力资源规划和工作分析的数量与质量要求，及时寻找、吸引并鼓励符合要求的人来填补组织的职务空缺的活动过程。人员招聘包括人员招募、甄选和聘用等内容。

2.1.2 人员招聘的原则

1. 岗位（职务）分析原则

要有效地选择要招聘的人才，就要清楚地了解该岗位（职务）的性质和目的，客观地分析该岗位（职务）的要求。在发布的招聘信息中，应明确描述各个招聘岗位（职务）的具体要求，包括年龄、技能、工作经验等。这样可以使应聘者的应聘更加具有针对性，也使招聘部门能更有效的招聘到所需人才。

2. 公开、平等原则

公开就是要公示招聘信息、招聘方法，这样既可以将招聘工作置于公开监督之下，防止以权谋私、假公济私的现象，又能吸引大量应聘者。

平等就是确保招聘制度给予合格应征者平等的获选机会，不得人为地制造各种不平等的限制和条件，应不拘一格的录用优秀人才。

📖 **视野拓展**

奇怪的招聘条件

"普通高校全日制应届本科毕业生，获得国外学士学位，国际会计专业，大学英语四级，屏南户籍，女，年龄25周岁以下。"这是福建省宁德市屏南县财政局2010年9月21日发布的其下属的收费票据管理所的一则招聘公告。

令人疑惑的是，公告中却只字不提要招的是什么岗位。

公告还说，如果报名人数等于计划数就免予笔试，只进行面试与考核。如果报名数多于计划数需先进行笔试后再进行面试考核。聘用后要在本县服务 5 年以上。

结果这次招考的确只有一个人报名，并且因此无须考试而被直接录取。

3. 竞争择优原则

竞争择优原则是指在员工招聘中引入竞争机制，在对应聘者的思想素质、道德品质、业务能力等方面进行全面考察的基础上，采取科学的考核方法，精心比较，谨慎筛选，择优选拔录用员工。

4. 能级对应原则

由于人的知识、阅历、背景、性格、能力等方面存在差异，因此，人力资源选择应量才录用；不一定要最优秀的，但要尽量选到最合适的。要做到人尽其才，用其所长，这样才能持久高效的发挥人力资源的作用。

2.2　人员招聘的方式

📖 **视野拓展**

索尼的内部招聘

有一天晚上，索尼董事长盛田昭夫按照惯例走进职工餐厅与职工一起就餐、聊天。他多年来一直保持着这个习惯，以培养员工的合作意识和与他们的良好关系。

这天，盛田昭夫忽然发现一位年轻职工郁郁寡欢，满腹心事，闷头吃饭，谁也不理。于是，盛田昭夫就主动坐在这名员工对面，与他攀谈。几杯酒下肚之后，这个员工终于开口了："我毕业于东京大学，有一份待遇十分优厚的工作。进入索尼之前，对索尼公司崇拜得发狂。当时，我认为我进入索尼，是我一生的最佳选择。但是，现在才发现，我不是在为索尼工作，而是为课长干活。坦率地说，我这位课长是个无能之辈，更可悲的是，我所有的行动与建议都得课长批准。我自己的一些小发明与改进，课长不仅不支持，不解释，还挖苦我癞蛤蟆想吃天鹅肉，有野心。对我来说，这名课长就是索尼。我十分泄气，心灰意冷。这就是索尼？这就是我的索尼？我居然放弃了那份优厚的工作来到这种地方！"

这番话令盛田昭夫十分震惊，他想，类似问题在公司内部员工中恐怕不少，管理者应该关心他们的苦恼，了解他们的处境，不能堵塞他们的上进之路，于是产生了改革人事管理制度的想法。之后，索尼公司开始每周出版一次内部小报，刊登公司各部门的"求人广告"，员工可以秘密地前去应聘，他们的上司无权阻止。另外，索尼原则上每隔两年就让员工调换一次工作，特别是对于那些精力旺盛，干劲十足的人才，不是让他们被动地等待工作，而是主动地给他们施展才能的机会。在索尼公司实行内部招聘制度以后，有能力的人才大多能找到自己较中意的岗位，而且人力资源部可以发现那些"流出"人才的上司所存在的问题。

人力资源计划中最为关键的一项任务是能够招到并留住有才能的管理干部。依据来源不同，组织可以通过内部招聘和外部招聘两种方式来选择和填补员工岗位的空缺。

1. 内部招聘

注重从组织内部发现和挖掘人才是新时代员工招聘区别于传统员工招聘的特点之一，它能提高组织招聘的效益，因而大多数组织在需要人力资源时通常先在内部进行人员的调配，如增加或减少某些部门的人员数量。内部招聘主要有员工晋升、平级调动、工作轮换和招回原职工等几种形式。

（1）含义：组织内部成员的能力和素质得到充分确认之后，被委以比原来责任更大、职位更高的职务，以填补组织中由于发展或其他原因而空缺的管理职务。

（2）优势：

① 有利于调动员工的工作积极性；

② 有利于被聘者迅速展开工作，培训成本少；

③ 选任时间较为充裕，了解全面，能做到用其所长，避其所短。

（3）劣势：

① 可能会导致组织内部"近亲繁殖"现象的发生；

② 可能会引起同事之间的矛盾，容易形成错综复杂的关系网；

③ 内部备选对象范围狭窄。

2. 外部招聘

外部招聘即所需要招聘的人员来自组织的外部。外部招聘主要有内部人员介绍推荐、上门求职者、从劳务中介机构和教育机构选择等几种形式。

（1）含义：根据组织制定的标准和程序从组织外部选拔符合空缺职位要求的员工。

（2）优势：

① 具备难得的"外部竞争优势"；

② 来源广泛，选择空间大；

③ 外聘者带来活力，有新观念、新思想、新技术和新方法。

（3）劣势：

① 外聘者与组织之间相互缺乏深入了解；

② 外聘者不熟悉内部情况，需要较长时间来调整对组织环境和工作的适应；

③ 容易挫伤内部员工的积极性。

2.3　人员招聘的方法

2.3.1　传统招聘方法

1. 招聘会

一般是由政府所辖人才机构及高校就业中心举办，主要服务于待就业群体及用人单位进行双向自愿选择的人才服务平台。主要分为综合招聘会和行业招聘会两种。

（1）优点：

① 企业与应聘者可以展开面对面的交流与沟通，加强双方的了解，有利于选拔到合适的人才。

② 辐射面积广，可供选择的人员数量多。

（2）缺点：

① 管理较混乱。大型招聘会往往应聘人员数量庞大，且没有专业化的管理团队协调与管理，场面较混乱。

② 应聘人员层次不一，素质参差不齐，用人单位挑选合适的人才需要花费较高的时间成本进行甄选。

③ 职务分类不细致。参加的企业较多，不同类别、不同层次的职位往往混在一起，不利于求职者区分选择。

2. 校园招聘

校园招聘是招聘组织（企业等）直接从学校招聘各类各层次应届毕业生的一种招聘形式。一般集中在每年 11—12 月或第 3—4 月份举办，主要面向即将毕业的应届生，通常职位数量有限，应聘的学生很多。

3. 猎头公司

猎头特指猎夺人才，即发现、追踪、评价、甄选和提供高级人才。与一般的企业招聘、人才推荐和职业介绍服务不同，猎头追逐的目标是具有高学历、高职位、高价位的各行业核心人才。主要帮助有人才需求的企业搜寻受教育程度高、实践经验丰富、业绩表现出色的专业人才和管理人才。

4. 报纸、杂志、广播、电视等传统媒介招聘

用人单位通过报纸、杂志、广播、电视等传统媒介刊登或播出招聘广告选拔人才，主要优点有：可以获得大量的人才信息，企业可选的余地较大；利用媒介发布招聘信息的活动同时也是一次营销宣传机会。不足之处是招聘费用相对较高；短时间内会给企业带来较大的工作量和较强的工作压力。

2.3.2　网络招聘

网络招聘又称电子招聘，即企业通过公司自己的网站、第三方招聘网站等机构，使用简历数据库或搜索引擎等工具来完成招聘过程。主要形式有两种：一是注册成为人才网站的会员，在人才网站上发布招聘信息，收集求职者资料，查询合适人才；二是在企业自身网站上发布招聘信息，吸引人才。

（1）优势：

① 时效性强且持续时间较长；

② 覆盖面广，不受时空限制；

③ 成本低廉；

④ 方便快捷；

⑤ 具有初步筛选功能，针对性强。

（2）劣势：

① 信息失真度较高，缺乏真实性；

② 信息处理难度大；

③ 对技术及服务体系要求较高；

④ 缺乏互动反馈，成功率低。

视野拓展

国内知名招聘网站盘点

1. 中华英才网（网址：www. chinahr. com）

国内最专业的综合性招聘网站。为求职者提供职位搜索、简历管理、职位定制、职业指导等服务；为企业提供专业的人力资源服务（网络招聘、校园招聘、猎头服务、招聘流程外包等）。

2. 前程无忧（网址：www. 51job. com）

国内第一个集多种媒介资源优势的专业人力资源服务机构，提供包括招聘猎头、培训测评和人事外包在内的全方位专业人力资源服务，现在全国 25 个城市设有服务机构。2004 年 9 月，前程无忧成为首个、也是目前唯一在美国纳斯达克上市的中国人力资源服务企业，是中国最具影响力的人力资源服务供应商。

3. 智联招聘（网址：www. zhaopin. com）

国内最早、最专业的人力资源服务商之一，它的前身是 1994 年创建的猎头公司智联（Alliance）公司。网站提供一站式专业人力资源服务，包括网络招聘、报纸招聘、校园招聘、猎头服务、招聘外包、企业培训以及人才测评等，并在中国首创了人力资源高端杂志《首席人才官》。

4. 应届生求职网（网址：www. yingjiesheng. com）

中国第一个专门面向大学生及在校生的求职招聘网站，向大学生及在校生提供最新、最全、最准确的校园全职招聘、实习招聘、兼职招聘、企业宣讲会、招聘会、企业招聘截止日期等招聘信息，并同时提供职业测评、应聘指导等求职就业资讯及辅导。

2.4 人员招聘的流程

人员招聘一般按照如图 4-2 所示的程序进行。

招聘的程序

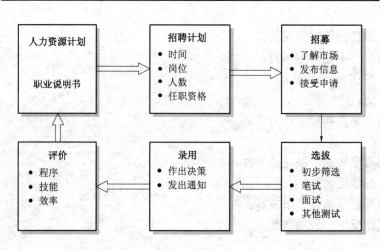

图 4-2 人员招聘的程序

在人员招聘程序中，选拔是核心环节。选拔一般分为初步筛选、笔试、面试和其他测试等步骤。

（1）初步筛选：主要指通过简历进行甄选。通过比较应聘者简历中所列明的个人知识、素质及能力现状与职位说明书对该职位任职人员的具体要求来筛选出符合基本"硬件"要求的人员，并通知其进入下一环节。

（2）笔试：一般分为专业笔试和综合笔试两大类。专业笔试主要衡量应聘者对所应聘岗位要求掌握的相关专业知识及专业技能的掌握情况；综合笔试主要衡量应聘者的综合分析能力、文字表达能力、知识储备状况等素质与能力。

专业笔试主要针对研发型和技术性职位，这类职位对专业知识和专业能力要求很高，因此题目的针对性也较强。综合笔试则比较常见，题目涉及内容也很宽泛。常见的有英语读写能力、逻辑思维能力、分析判断能力测试，部分题目也会包含时事、政治、社会及生活基本常识考核。

📖 视野拓展

经典笔试题目盘点

1. 有两根不均匀分布的香，香烧完的时间是一个小时，你能用什么方法来确定一段 15 分钟的时间？

2. 有三个人去住旅馆，住三间房，每一间房 10 元，于是他们一共付给老板 30 元。第二天，老板觉得三间房只需要 25 元就够了，于是叫小弟退回 5 元给三位客人，谁知小弟贪心，只退回每人 1 元，自己偷偷拿了 2 元，这样一来便等于那三位客人每人各花了 9 元，于是三个人一共花了 27 元，再加上小弟独吞了的 2 元，总共是 29 元。可是当初他们三个人一共付出 30 元，那么还有的 1 元呢？

3. 有两位盲人，他们都各自买了两对黑袜和两对白袜，八对袜子的布质、大小完全相同，每对袜子都由一张商标纸连着。两位盲人不小心将八对袜子混在一起。他们两人怎样才能取回各自的两对黑袜和白袜呢？

4. 有一辆火车以每小时 15 千米的速度离开洛杉矶直奔纽约，另一辆火车以每小时 20 千米的速度从纽约开往洛杉矶。如果有一只鸟，以每小时 30 千米的速度和两辆火车同时启动，从洛杉矶出发，碰到另一辆车后返回，依次在两辆火车来回飞行，直到两辆火车相遇，请问，这只鸟飞行了多远距离？

5. 一群人开舞会，每人头上都戴着一顶帽子。帽子只有黑白两种，黑的至少有一顶。每个人都能看到其他人帽子的颜色，却看不到自己的。主持人先让大家看看别人头上戴的是什么帽子，然后关灯，如果有人认为自己戴的是黑帽子，就打自己一个耳光。第一次关灯，没有声音。于是再开灯，大家再看一遍，关灯时仍然鸦雀无声。一直到第三次关灯，才有劈劈啪啪打耳光的声音响起。问有多少人戴着黑帽子？

（3）面试：面试是选拔人员的一种重要方法，是一种由组织者精心设计的，在特定环境下通过考官和应聘者进行面对面沟通与交流来考核应聘者的知识、能力与经验的测评活动。

面试活动通过"问"、"听"、"查"、"析"、"辩"等手段可以对应聘者的工作态度、求职动机、专业知识、实践经验、口头表达能力、综合分析能力、反应与应变能力、情绪稳定性等多种素质及技能进行综合考量，是一种由表及里的测评方式。

视野拓展

常见面试题目盘点

通常企业会从专业能力和职业素质的角度来考察应聘者，虽然说专业能力会因为招聘岗位的不同而有所区别，但除去非常具体的专业题目，面试官在面试时提出的问题和询问的技巧在很大程度上是共通的。应聘者需要做的是针对这些常规问题进行准备，而且必须保证应答时不会像背书一样僵硬。

问题一：你的缺点是什么？

问题分析：

你真正的缺点是什么并不重要，面试官希望了解的是求职者对自己是否有一个正确的评价，对自己是否有足够的了解，心理是否足够成熟，以及是否有继续学习改进的愿望。当然，通常面试官不会把问题问得那么直接，而是通过让求职者举出具体事例的方式来回答，求职者难以临场编造一个具体的例子，因而答案更具真实性。但如果你诚实地交代了"我因为过于内向而放弃了销售机会"，那同样等于你放弃了这个新的工作机会。

回答思路：

这个问题根据求职者的不同，面试官也会对答案有不同的心理预期。比如说一个应届毕业生，就可以直接回答："我相信我有足够的理论知识和专业能力，但是我的工作和社会经验不足，人脉也有所欠缺……"这样答案符合面试官对毕业生身份的定位，也符合实际情况，面试官便会觉得你谦虚诚实；而如果一个女性应聘管理岗位，则可以回答："我最大的缺点可能就是不像女人，不够温柔……"总之，一切回答取决于你的实际状况和你对自己的定位。

问题二：你和上司因为工作有过分歧吗？最后的结果是什么？

问题分析：

"企业潜规则"是一个流行词，其中重要的一部分就是"等级制度"，企业是一个等级森严的堡垒，如果你还没有意识到其中的残酷性，这个问题恐怕就会让你栽跟头，如果你的回答表现出对上司权力的挑衅，那么对不起，哪座庙都装不下你这尊大佛。其实这个问题并不难，你只要明白，上司是承担责任的那一个，所以他才是下决定的那一个。不要表现得好像青春期反抗父母权威的叛逆小孩，这并不能体现你的个性，只是让别人知道你还不成熟。

回答思路：

必须遵从的原则：①表示一定会选择适当的时机与上司沟通，其中"适当的时机"非常重要；②表示通常情况下最终一定服从上司的决定，但不要使用"你是上司你说了算"这种表达方式；③不要打"越级报告"的主意，这在任何企业都是禁忌。

问题三：是否有过失败的经历？

问题分析：

既然提问的是"失败经历"，说明面试官在意的并不是这个结果，他想了解的是事情的经过、你处理工作的方法以及你的学习能力。通常"你工作中最难忘的一件事""你在工作中遇到的最大困难"都可以等同于这个问题。在回答上，答案的具体事例也可以体现应聘者的专业程度，比如提到的困难是不是应聘岗位所不可避免的，所涉及的方法和使用的公司资源又是否恰当，这是一个非常专业的问题。

回答思路：

回答的重点应该在"经历"上，而非"失败"上，面试官并不想了解你对失败的态度——任何人都知道此时应该保持积极。回答时应该具体说明的内容有：① 当时的背景和能够使用的资源；② 你处理事情的方法；③ 失败后的总结和反思。细节越详细越可以体现你的专业程度，总结和反思则体现了你的学习能力。有自信有准备的话，可以就失败的经历"重来一次"，提出新的解决方案。

问题四：你的期望薪资是多少？

问题分析：

恭喜，如果被询问到这个问题，说明你被录用的可能性很大。在回答之前应该明白的是，其实每一个公司都有自己的薪酬体系，这个问题背后没有隐含的意义，只要你对自己和本岗位估价正确即可。

回答思路：

不能狮子大开口，想要获得比较公平的薪酬，有两种方法：① 在面试前进行市场调查，了解一下本行业本岗位的平均薪酬水平；② 如果这个数字比较难获得，那么可以以之前的工作收入为基准，适当地进行提升。需要注意的是，不要在没有依据铺垫的前提下直接说"我想要月薪多少"，也不要主动询问薪酬。

近年来企业的面试环节设置日趋灵活，角色扮演、情景模拟和压力测试等备受用人单位青睐。相较于一般面试活动而言，这些方法更能直观全面地反映应聘者解决问题的能力和个人综合素质。

（4）其他测试：一般包括心理测试和体检。

心理测试主要包括智商测试、情商测试、人格测试和性格兴趣测试。通过特定检测方法考量应聘者的智力状况和心理及行为倾向，帮助企业选拔出最合适的人才。

体检主要针对在笔试及面试环节中表现良好的应聘人员。公司为了确保招聘质量要求应聘者到正规医疗机构接受体格检查，是录用前的一个重要环节。

📖 视野拓展

心理投射——从这张图片，你看到了什么？

 **思考** 题

1. 人员招聘应遵循哪些原则？
2. 内部招聘有何优缺点？
3. 外部招聘有何优缺点？
4. 完整的招聘流程包括哪些基本步骤？

案例 分析

　　H公司是一家生产型企业，由私人投资兴办，成立于2000年。其公司负责人刘总正在为公司的人才引进问题烦恼。H公司成立8年多以来，业务量日益增长，市场逐渐扩大，逐步站稳了脚跟。前一段时间，公司新添加了一些新产品的制造业务，同时也增设了相应的新岗位。因此，人力资源部门的李经理向刘总提出了招聘的要求。这一建议得到了刘总的支持。

　　公司发展到现在，业务得到了新的拓展，要增加一些新的岗位，如新产品的制造部经理、技术主管等岗位。现有的在职员工的知识素质、技能似乎还差一截。因此，李经理想利用此次机会招聘优秀的外部人才为公司新产品的生产制造注入新的活力。人力资源部门抽取了一些工作人员，再加上一些重要部门的主管，构成了招聘小组，开始了招聘工作。此次招聘与以往不同的是，李经理认为公司要获取持久的竞争优势，并能够长久地发展，必须招聘一些知识层次较高、工作经验丰富、能力素质都很优秀的人才加入到公司中来。

招聘后，新员工试用的效果并不尽如人意。许多刚刚应聘的人员提出了换岗要求或者干脆主动放弃该工作机会。人力资源部的李经理对此困惑不已。新招进来的员工共六个，基本上都有两年以上制造业的工作经验。从学历看，其中有三个博士，两个硕士，一个本科生。他们都被安排在了新产品制造各个岗位中，公司提供的薪水并不低，领导对他们的工作还是基本持满意态度；再者，工作环境也还比较理想，因此，对于新员工提出的主动辞职，李经理陷入了沉思。他找来部门主管，询问了新产品的制造情况，发现岗位设置不大合理，特别是岗位对任职者的需求和实际任职者的能力之间存在较大差异。新招的员工具有良好的专业背景，并且拥有相关工作经验，他们的能力要求超过了这些岗位对员工的技能要求。因此，许多人认为工作没有挑战性，工作很难获得成就感，因此，提出了辞职的要求。李经理认为应该好好地认真思考一下这些问题了。

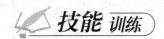

技能 训练

任务：编写职务说明书

【背景材料】

重庆昊海房地产开发公司是于 2007 年成立的具有独立法人资格的房地产开发公司。昊海房地产公司秉承"团结务实，开拓创新"的企业精神，"依法治企，以德育人"的管理理念，由一批年富力强的队员组成了一支具有战斗力的团队。

昊海房地产公司按照现代企业制度的管理模式，下设外联部、营业部、设计部、工程部、市场部、合约部、财务部、事务部、人力资源部以及部分关联公司，会为每个致力于公司发展建设的有识之士提供广阔的平台发挥其才智，使其个人价值得到充分体现。

现公司因发展需要，特招聘财务部经理、市场部经理、行政秘书、前台各一名，竭诚希望与社会各界英才携手并进，共谋发展，同创美好未来。

【任务要求】

你作为该公司人力资源部人事专员，请根据相关工作岗位做好职务分析并以《财务部经理职务说明书》为范例，编写市场部经理、行政秘书、前台等岗位的职务说明书。

范例：

财务部经理职务说明书

岗位名称	财务部经理	岗位编号	
所在部门	财务部	岗位定员	
直接上级	管理总监	工资等级	三级
直接下级	管理会计、成本会计、出纳员、税务	薪酬类型	
所辖人员		岗位分析日期	2010 年 8 月
本职： 负责组织公司会计核算、财务管理工作，控制公司成本费用，分析公司财务状况			

职责与工作任务：		
职责一	职责表述：协助总经理制定财务规划	
	工作任务	根据公司发展战略，组织制定财务规划
		参与公司重大财务问题的决策
		关注外部资金市场动态，及时为公司重大经营决策决策提供信息支持
职责二	职责表述：组织公司财务预算、决算	
	工作任务	根据公司经营目标，组织和指导各部门编制财务预算
		汇总各部门预算，组织编制公司财务预算、成本计划、利润计划
		根据公司经营情况，组织审核修正财务预算
		监督各部门预算执行情况，并及时向总经理汇报
		定期组织财务决算，组织制作决算报告
职责三	职责表述：组织公司成本核算	
	工作任务	组织公司成本估算，提出成本控制指标建议
		参与公司销售基准价格制定及修订、采购基准价格制定及修订
		负责组织产品销售成本、研发成本、营销服务成本、人工成本等各项成本核算
职责四	职责表述：负责财务监督与管理工作	
	工作任务	监督产品采购与入库工作，确保入库记录与记账的真实、准确
		监督库存产品保管与出库工作，定期组织盘存
		监督督促应收账款的回收与检查，组织对不良债权处置
		组织审核所有购销合同
		定期组织固定资产、流动资金的清查、核实
		负责组织税务筹划，合法纳税
职责五	职责表述：组织公司财务分析	
	工作任务	定期组织编制会计报表
		定期组织编制财务状况说明书，分析公司偿债能力、经营能力、盈利能力、成长能力，并提出财务建议
		组织对公司对外投资项目的财务分析与评价，并提出财务建议
职责六	职责表述：监督指导会计、现金出纳管理	
	工作任务	监督指导会计分类记账，填制传票，保证各类凭证准确、真实、完整
		监督审核各类日记账、总账、分类账填制
		监督公司现金存款与出纳管理
职责七	职责表述：合理安排资金运用，保证满足经营活动资金需求	
	工作任务	负责资金预算的执行与监督
		制订年度与月度资金计划
		负责制订信贷计划，组织资金筹措、调度及清偿
		组织编写财务收支计划
		组织编写资金运用分析报告，并定期上报

	职责表述：内部组织管理工作	
职责八	工作任务	制定和完善财务管理的各项制度，监督检查执行情况
		负责公司财务人员队伍建设，提出对下属人员的调配、培训、考核意见
		负责协调本部门与其他部门关系，解决争议
		负责指导下属员工制订阶段工作计划，并督促执行
		负责控制部门预算，降低费用成本
职责九	职责表述：完成总经理及管理总监交付的其他任务	

权力：

对公司对外投资项目有评价权；

对公司所有购销合同有审核权；

对公司筹资方式有建议权；

对各部门提交的预算报告有提出修改意见的权利；

对下级上报的各种分析表、预算报表有审批权；

对下级工作有检查权；

对下级在工作中的争议有裁判权；

在权限范围内，有代表企业对外联络的权利；

有对各项费用开支的审核权；

对限额资金使用有批准权；

有对直接下级岗位调配的建议权、任命的提名权和奖惩建议权；

对所属下级的管理水平、业务水平和业绩有考核评价权

工作协作关系：

内部协调关系	公司各部门
外部协调关系	税务局、审计部门、工商局、财政局、外汇管理局、外经委等

任职资格：

教育水平	大学本科以上
专业	财务管理、会计专业
培训经历	财务管理培训
经验	具有会计师资格，5 年以上会计工作经验，2 年以上财务管理经验
知识	精通会计知识、财务管理知识，具备相应的行政管理知识、法律知识和外汇知识
技能技巧	能够熟练使用各种办公室软件和各种财务软件； 具备基本的网络知识； 熟练使用英语
个人素质	具有较强的领导能力、判断与决策能力、人际关系能力、沟通能力、影响力、计划与执行能力

续表

其他：	
使用工具/设备	计算机、计算器、算盘、一般办公设备（电话、传真机、打印机、Internet/Intranet 网络）
工作环境	办公室
工作时间特征	正常工作时间，偶尔需要加班
所需记录文档	汇报文件、总结、合同、财务分析报告、经济活动分析

考核指标：
重要任务完成情况、各类财务报告完成及时性、财务信息有效性、财务监督情况、财务工作准确性、财务预算控制情况、财务制度健全情况；
部门费用控制情况；
部门合作满意度；
领导能力、判断与决策能力、人际关系能力、沟通能力、影响力、计划与执行能力、专业知识及技能

备注：

 课外 练习

一、单项选择题

1. 从企业内部人力资源储备中选拔出合适的人员补充到空缺或新增的岗位上去的活动被称作（　　）。

A. 外部招聘　　　　　B. 内部招聘　　　　　C. 公开招聘　　　　　D. 补充招聘

2. 关于内部招聘的缺点，下列说法错误的是（　　）。

A. 可能会在组织内部造成一些矛盾　　　　　B. 容易抑制创新

C. 费用较高　　　　　D. 难以保证公平性

3. 关于外部招聘的优点，下列说法错误的是（　　）。

A. 决策风险低　　　　　B. 带来新思想和新方法

C. 有利于招聘一流人才　　　　　D. 树立形象的作用

4. 为了提高笔试的有效性，下列做法不正确的是（　　）。

A. 注意命题是否恰当　　　　　B. 应确定评阅计分规则

C. 公正阅卷及成绩复核　　　　　D. 暗中对应聘者进行摸底

5. 在面试的程序中，下列说法正确的是（　　）。

A. 面试考官要事先确定需要面试的事项和范围，但没有必要写出提纲

B. 面试时应该开门见山，不需要从应聘者可以预料到的问题开始发问

C. 应采用固定的提问形式，交流信息，进一步观察和了解应聘者

D. 如果对某一对象是否录用有分歧意见时，不必急于下结论，还可安排第二次面试

6. 根据被试者可能担任的岗位，编制一套与该岗位的实际情况相似的测试题目，将被

试者安排在模拟的、逼真的工作环境中，要求被试者处理可能出现的各种问题，用多种方法来测试其心理素质、实际工作能力、潜在能力等综合素质，这种测试方法被称作（　　）。

A. 人格测试　　　　　B. 情景模拟测试法　　C. 兴趣测试　　　　　D. 能力测试

7. 在作出最终录用决策时，下列说法错误的是（　　）。

A. 选拔尽可能多的应聘者　　　　　　　B. 应尽量使用全面衡量的方法

C. 应减少作出录用决策的人员　　　　　D. 不能求全责备

8. 为了使面试活动成功完成，一般应明确一系列目标，下列说法错误的是（　　）。

A. 创造一个融洽的会谈气氛

B. 让应聘者更加清楚地了解应聘单位的现实状况

C. 不用决定应聘者是否通过本次面试

D. 了解应聘者的专业知识、岗位技能和非智力素质

9. 心理测试是一种比较先进的测试方式，它通过一系列手段，将人的某些心理特征数量化，来衡量应聘者的智力水平和个性方面差异，在使用时下列说法错误的是（　　）。

A. 招聘人员应该将未通过者的心理测试结果报告销毁

B. 要注意对应聘者的隐私加以保护

C. 要有严格的程序

D. 心理测试的结果不能作为唯一的评定依据

10. "你曾干过秘书工作吗?"这样的问题属于（　　）。

A. 封闭式提问　　　B. 开放式提问　　　C. 清单式提问　　　D. 假设式提问

二、多项选择题

1. 企业内部招募的优点包括（　　）。

A. 准确性高　　　B. 适应较快　　　C. 促进创新

D. 激励性强　　　E. 费用较低

2. 外部招募的主要方法有（　　）。

A. 发布广告　　　B. 借助中介　　　C. 校园招聘

D. 网络招聘　　　E. 熟人推荐

3. 应聘简历是应聘者自带的个人介绍材料，简历的筛选应考虑以下几个方面（　　）。

A. 分析简历结构　　　　　　　B. 审察简历的客观内容

C. 判断是否符合岗位技术和经验要求　　　D. 审查简历中的逻辑性

E. 对简历的整体印象

4. 为提高面试的质量与可比性，在实施中应掌握面试的程序，这主要包括（　　）。

A. 面试前的准备阶段　　　　　B. 面试开始阶段

C. 正式面试阶段　　　　　　　D. 结束面试阶段

E. 面试评价阶段

5. 以下哪项属于选择招聘渠道的主要步骤（　　）。

A. 分析单位的招聘要求　　　　B. 分析成本

C. 分析潜在应聘人员的特点　　　D. 确定适合的招聘来源

E. 选择适合的招聘方法

任务 3 员 工 考 评

学习目标

1. 知识目标：了解员工考评的意义；掌握员工考评的内容和方法。
2. 能力目标：学会使用量表法进行员工考评。
3. 素质目标：培养学生公平竞争意识。

小故事

两 熊 赛 蜜

黑熊和棕熊喜食蜂蜜，都以养蜂为生。它们各有一个蜂箱，养着同样多的蜜蜂。有一天，它们决定比赛看谁的蜜蜂产的蜜多。

黑熊想，蜜的产量取决于蜜蜂每天对花的"访问量"。于是它买来了一套昂贵的测量蜜蜂访问量的绩效管理系统。在它看来，蜜蜂所接触的花的数量就是其工作量。每过完一个季度，黑熊就公布每只蜜蜂的工作量；同时，黑熊还设立了奖项，奖励访问量最高的蜜蜂。但它从不告诉蜜蜂们它是在与棕熊比赛，它只是让它的蜜蜂比赛访问量。

棕熊与黑熊想得不一样。它认为蜜蜂能产多少蜜，关键在于它们每天采回多少花蜜——花蜜越多，酿的蜂蜜也越多。于是它直截了当告诉众蜜蜂：它在和黑熊比赛看谁产的蜜多。它花了不多的钱买了一套绩效管理系统，测量每只蜜蜂每天采回花蜜的数量和整个蜂箱每天酿出蜂蜜的数量，并把测量结果张榜公布。它也设立了一套奖励制度，重奖当月采花蜜最多的蜜蜂。如果一个月的蜜蜂总产量高于上个月，那么所有蜜蜂都受到不同程度的奖励。

一年过去了，两只熊查看比赛结果，黑熊的蜂蜜不及棕熊的一半。

黑熊的评估体系很精确，但它评估的绩效与最终的绩效并不直接相关。黑熊的蜜蜂为尽可能提高访问量，都不采太多的花蜜，因为采的花蜜越多，飞起来就越慢，每天的访问量就越少。另外，黑熊本来是为了让蜜蜂收集更多的信息才让它们竞争，由于奖励范围太小，为收集更多信息的竞争变成了相互封锁信息。蜜蜂之间竞争的压力太大，一只蜜蜂即使获得了很有价值的信息，它也不愿将此信息与其他蜜蜂分享。

而棕熊的蜜蜂则不一样，因为它不限于奖励一只蜜蜂，为了采集到更多的花蜜，蜜蜂相互合作，嗅觉灵敏、飞得快的蜜蜂负责打探哪儿的花最多最好，然后回来告诉力气大的蜜蜂一齐到那儿去采集花蜜，剩下的蜜蜂负责贮存采集回的花蜜，将其酿成蜂蜜。虽然采集花蜜多的能得到最多的奖励，但其他蜜蜂也能得到部分好处，因此蜜蜂之间远没有到人人自危相互拆台的地步。

3.1 员工考评的意义、原则

3.1.1 员工考评的意义

员工考评，是企业人力资源管理现代化、合理化所不可或缺的重要方法，通过对从业员工能力发挥度、业绩贡献度加以把握，从而达成加薪、升迁、人力配置、教育培训等方面的决策。因此，员工考评是解决人力资源管理课题的一种重要手段，对有效实施人力资源管理具有重要意义。

1. 绩效考评给员工提供了自我评价和提升的机会

对员工个人而言，随着社会的发展，企业不再仅仅是谋生的场所，还应该满足其社交、尊重甚至自我实现等高级的需求。工作成绩突出的员工，希望自己的工作得到企业当局的承认和肯定，通过工作业绩的考评则可以满足他们这方面的要求；工作效率低的人员，如果没有给予评价，就以为"没有消息便是好消息"，不明自身的实际情况，在决定报酬和其他人事调配时，会无根据地和别人攀比。所以，企业没有采取客观的业绩考评制度的话，对先进的和落后的人员都是不利的：先进者没有给予肯定，将打击其工作热情；而没有帮助落后者了解实际状况，使落后者业绩无法提高。而且攀比的行为将影响整个组织的士气，容易产生劳动纠纷。

2. 员工绩效考评使各级主管明确了解下属的工作状况

对管理者而言，经过对下属的工作业绩考评，正确了解本部门的人力资源状况，做到心中有数，有利于提高管理工作的效率。比如，人员安置、工作指派可以安排得更恰当，培训计划制订更有依据等。

3. 绩效考评有利于多种人群之间的沟通

在员工绩效考评过程中，加强了上下级之间的沟通，建立起相互信赖的关系，及时发现工作中的问题，并加以改进。实际上，许多员工遭受挫折和失败，经常是由于他们不清楚组织希望他们怎么做，他们花很多精力做他们认为"该做的"，而不是真正该做的事。所以，绩效考评工作架起了沟通的桥梁，排除了很多不必要的误解，改善了上下级关系。

4. 员工绩效考评有利于推动企业目标的实现

对组织而言，通过对个人或部门业绩的考评，了解他们对更高层次目标的贡献程度，经过对目标和实际成绩间的差异分析，查找影响达到目标的内外部因素，便可以通过管理的各种职能作用和物质环境的调整，以及人员的共同努力，推进企业目标的实现。同时，将个人目标和企业组织的整体目标加以协调和相互联系，增强了员工的成就感，提高了组织成员的士气，促进了业绩水平的提高。

3.1.2　员工考评的原则

1. 公平原则

公平是确立和推行人员考绩制度的前提。不公平，就不可能发挥考绩应有的作用。

2. 严格原则

考绩不严格，就会流于形式，形同虚设。考绩不严格，不仅不能全面地反映工作人员的真实情况，而且还会产生消极的后果。考绩的严格性包括：要有明确的考核标准；要有严肃认真的考核态度；要有严格的考核制度与科学而严格的程序及方法等。

3. 单头考评的原则

对各级职工的考评，都必须由被考评者的"直接上级"进行。直接上级相对来说最了解被考评者的实际工作表现（成绩、能力、适应性），也最有可能反映真实情况。间接上级（上级的上级）对直接上级作出的考评评语，不应当擅自修改。这并不排除间接上级对考评结果的调整修正作用。单头考评明确了考评责任所在，并且使考评系统与组织指挥系统取得一致，更有利于加强经营组织的指挥机能。

4. 结果公开原则

考绩的结论应对被考核者公开，这是保证考绩民主的重要手段。这样做，一方面，可以使被考核者了解自己的优点和缺点、长处和短处，从而使考核成绩好的人再接再厉，继续保持先进；也可以使考核成绩不好的人心悦诚服，奋起上进。另一方面，还有助于防止考绩中可能出现的偏见以及种种误差，以保证考核的公平与合理。

5. 结合奖惩原则

依据考绩的结果，应根据工作成绩的大小、好坏，有赏有罚，有升有降。这种赏罚、升降不仅应与精神激励相联系，而且还必须通过工资、奖金等方式同物质利益相联系，这样，才能达到考绩的真正目的。

6. 客观考评的原则

人事考评应当根据明确规定的考评标准，针对客观考评资料进行评价，尽量避免渗入主观性和感情色彩。

7. 反馈的原则

考评的结果（评语）一定要反馈给被考评者本人，否则就起不到考评的教育作用。在反馈考评结果的同时，应当向被考评者就评语进行说明解释，肯定成绩和进步，说明不足之处，提供今后努力的参考意见等。

8. 差别的原则

考核的等级之间应当有鲜明的差别界限，针对不同的考评评语在工资、晋升、使用等方面应体现明显差别，使考评带有刺激性，鼓励职工上进。

📖 视野拓展

驴效考评

有一位农夫，经营着一家农场，每年年终岁末，农夫都会对有贡献的驴进行奖赏，表现最好的驴每天可以吃到15个玉米棒子。但随着农场规模的逐步扩大，数十头驴在农场劳作，一下子还真难说清楚谁表现好、谁表现差。究竟该奖励谁？农夫犯难了。

于是他带着疑问去询问村长。村长曾在南方的工厂打过工，见过点世面，他告诉农夫说："这么多驴，要想评定哪个好哪个差，需要引入驴效评价体系。"农夫一听马上来了精神，问道："那究竟要怎样做呢？""其实很简单，你让这些驴都相互打打分评议一下，然后再根据你的判断，结果自然就出来了。"村长得意地说。

农夫听了，如获至宝，马上回到农场把众驴发动起来相互打分。面对农场历史上的第一次相互打分，好多驴都既觉得新鲜又忐忑不安，因为这毕竟关系着自己下一年的口粮啊。负责拉车的十几头驴中有两头是从外边的农场跳槽过来的，有过打分的经验，于是悄悄地互相通气：大家彼此都打分高一些，多说好话；负责犁地的十几头驴活是没少干，很辛苦，但好像脾气都不大好，经常炮蹶子，一头犁地最多的五岁驴还曾踢过农夫；负责拉磨的几头驴平时默默无闻，和其他驴来往很少，关系说不上好，也很难找到毛病；其他驴只能凭印象给他们打分；农夫的坐骑"果老驴"任务很单一，就是载着老板出行，但由于直接服务老板的原因，平时众驴都很敬畏他。

经统计，打分结果出来了，"果老驴"分数最高，两头跳槽过来的拉车驴次之，再次是众拉磨驴，排在后面的是众犁地驴。农夫当即宣布了奖罚决定：排在前面的"果老驴"、"跳槽驴"，每天的玉米棒子增加到 15 个；排在最后面的几头犁地驴被减了数量不等的玉米棒子，五岁驴被减得最多，竟有 5 个；排在中间的不增不减。

听到这样的结果，五岁驴等犁地驴不干了，找到农夫理论："为什么我们一年犁地风里来雨里去的，干的活最多，可结果却是这样？"农夫回答道："我也知道你们辛苦，但这个结果是大家评出来的，我也不好轻易改啊，毕竟'群众的眼睛是雪亮的'，我只能尊重大家的意见。"听了这话，众犁地驴怒火中烧，炮着蹶子，踢开了围栏，离开了农场。

"果老驴"得到奖赏非常高兴，载着农夫更加趾高气扬了；"跳槽驴"等拉车驴暗自窃喜；拉磨驴倒还平静，毕竟玉米棒子没增没减。

由于绝大多数的犁地驴都逃离了农场，没办法，农夫只好把得分高的"跳槽驴"等部分拉车驴调整去犁地。他们很不情愿地听从了农夫的安排。

事情似乎得到了解决，再也没有驴炮蹶子了，也没有了拉车驴的窃窃私语，拉磨驴一如既往迈着缓慢的步子默默拉磨。但很快，农夫就发现地犁得深浅不一，大不如前了。农夫陷入了沉思：难道村长介绍的互相评价的办法错了吗？

3.2 员工考评的内容和方法

员工考评，是对员工工作业绩的考核和评定，即根据工作目标或一定的绩效标准，采用科学的方法，收集、分析、评价和传递有关员工在工作岗位上的工作行为表现和工作结果方面的信息，对员工的工作完成情况、职责履行程度等进行定期的评定，并将评定结果反馈给员工的过程。

3.2.1 员工考评的内容

在我国，很多公司、企业以德、能、勤、绩四点为绩效评估的基本内容。具体内容参见表 4-2。

表 4-2 员工考核要素分解表

项 目	考核内容及要素分解		
德	政治思想表现，即学习马列主义、毛泽东思想、邓小平理论和党的路线、方针、政策，坚持四项基本原则，遵纪守法、遵守职业道德、服从大局、有安全意识等。		
能	完成目标任务和履行岗位职责能力	业务知识水平	对本职工作业务知识的掌握，对新知识、新技术的学习运用等
		决策创新能力	改革意识，创新性的建议、意见，正确决策的能力等
		理论联系实际能力	运用理论指导工作的能力，对工作的经验及教训总结的能力等
		协作能力	工作的计划性，协调工作关系的能力等
		语言文字能力	表达的逻辑性，结构的严谨性，起草相关业务文件和报告的速度与质量等

项　目	考核内容及要素分解	
勤	敬业精神	对本职工作的热爱，工作的积极性和进取意识、钻研精神，工作态度等
	主动性	工作的主动性、服务意识及助人为乐意识等
	出勤率	迟到、早退、旷工、病事假情况等
绩	完成目标任务及所聘（任）岗位工作的数量、质量，工作效率及整体绩效等（包括保证安全方面的情况）	完成目标任务
		个人年度目标任务中，工作量的完成情况等
		完成目标任务工作的质量
		按照个人年度计划任务的进度，完成目标任务的效率情况
		所完成的工作对单位的贡献大小
	履行岗位职责	完成岗位职责所规定的工作量的情况
		完成岗位职责所规定的工作的质量
		在规定的时间内，完成工作任务的效率情况
		所完成的工作对单位的贡献大小

3.2.2　员工考评的方法

参与员工考评的人员包括直接上级、同级同事、被考评者本人、直接下属、客户以及外界的人事考评专家或顾问。在实践中，基于员工个体的绩效考评方法很多，这些方法可以大致归结为四类：比较法、量表法、描述法、360°考评法，具体如表4-3所示。

表4-3　员工考评的常见方法

方法种类		主要特点
比较法	个体排序法	简单、容易操作
	配对比较法	适用于作为奖惩的依据
	任务比较法	无法提供有效的反馈信息
	强制比例法	无法对不同部门之间的员工作出比较
量表法	评级量表法	具有客观的标准，可以在不同部门之间进行考核，结果横向比较等
	行为锚定评价法	
	行为观察量表法	开发成本较高，需要制定合理的指标和标准
	混合标准测评法	
描述法	业绩记录法	提供了对员工进行考核和反馈的实施依据
	能力记录法	
	态度记录法	一般只作为其他考评方法的辅助方法使用
	关键事件记录法	
	综合记录法	
360°考评法	—	考核全面，多体参与

1. 比较法

比较法是一种相对考核的方法，通过员工之间的相互比较而得出考核结果。此考评法容易操作，适于作为奖惩的依据，但不能对具体业绩、能力和态度进行考核，无法对不同部门的员工进行比较。

比较法包括以下四种具体方法。

（1）个体排序法：按照员工的贡献大小或实现目标程度高低等考核指标对所有员工进行比较，从低到高或从高到低进行排序。

（2）配对比较法：配对比较法又称两两比较法。将所有员工按照职务类别进行两两配对比较，贡献价值更大的记胜，最后按照每个员工净胜次数的多少来进行排序。

（3）人物比较法：人物比较法是指考核之前，在员工中选出一位作为参照标准，通过与这位员工的比较来衡量每位员工的绩效水平。

（4）强制比例法：根据正态分布原理，组织中表现优秀的员工和不合格的员工比例应该基本相同，大部分员工则属于工作表现一般的员工。因此，在考评之初，对不同等级的人数进行比例限制。

2. 量表法

量表法是指将绩效考核的指标和标准制作成量表，依此对员工的绩效进行考核。此考评法比较全面、客观，但具体可度量的标准不容易制作，操作困难。量表设计的好坏直接影响最终考评质量。

量表法包括以下几种具体方法。

（1）评级量表法：评级量表法是考评中最常用的一种方法。具体来说是指把员工绩效分为若干项目，每个项目设置量表（通常是 5 点量表），由考核者进行考核。如表 4-4 所示。

表 4-4 评级量表法示例

考核内容	考核项目	说 明	评 定				
			A	B	C	D	E
基本能力	知识	是否充分具备现任职务所要求的基础理论和实际业务知识	10	8	6	4	2
业务能力	理解能力	是否能够充分理解上级指示，干脆利落地完成本职工作任务，不需要上级反复指示	10	8	6	4	2
	决断能力	是否能够充分理解上级意图，正确把握现状，随机应变，恰当处理	10	8	6	4	2
	表达能力	是否具备现任职务所要求的表达力（口头、文字），能否进行一般联络、说明工作	10	8	6	4	2
	谈判能力	在和企业内外的人员交涉时，是否具备使双方诚服接受同意或达成协议的能力	10	8	6	4	2
工作态度	纪律性	是否严格遵守工作纪律和规章，比如是否有迟到、早退等行为	10	8	6	4	2
	协作性	在工作中，是否充分考虑别人的处境，是否主动协助上级、同事做好工作	10	8	6	4	2
	积极性	对分配的任务是否不讲条件，主动积极，是否尽量多做工作，主动进行改进，向困难挑战	10	8	6	4	2

评定标准：	分数换算：	考评等级	
A—非常优秀，理想状态； B—优秀，满足要求； C—基本满足要求； D—略有不足； E—不能够满足要求。	A—80 分以上； B—65～79 分； C—18～64 分； D—17～32 分； E—16 分。	考核者 签字	

（2）行为锚定评价法（Behaviorally Anchored Rating Scale，BARS）：行为锚定评价法是一种以行为为导向的考核方法，又称行为定位法。具体是指将某一职务可能发生的典型工作进行评分度量，建立一个锚定评分表，把员工工作中的实际行为与之进行比较的考评办法。

行为锚定评价法的优点是：评价指标的独立性强，尺度较精确；反馈效果好。缺点是：通常只适合于一般员工的考核，适用范围较窄；在运用过程中，锚定标准的设计较复杂，不易操作。

行为锚定评价法的示例如表 4 - 5 所示。

表 4 - 5   ××银行大堂迎宾小姐行为锚定评价表

职务基本要求：做好进入银行行政大楼和营业部大厅的客户迎宾工作，为他们提供微笑迎宾、业务办理引领和本行基本状况介绍等服务。

最　好	较　好	好	较　差	最　差
热情大方，微笑自然，不仅能够做好引导工作，还能向客户介绍各项业务办理的地点并主动介绍××银行基本情况	微笑自然，不仅做好引导工作，还能引导客户办理业务	能够做好微笑迎宾工作，有时能够解答客户关于业务办理问题	能够做好迎宾工作，但是基本不能较好回答客户业务办理问题	仅仅能够做到微笑迎宾

（3）行为观察量表法（Behavior Observation Scale，BOS）：行为观察量表法又称行为评价法，是美国人力资源专家拉萨姆和瓦克斯雷于 1981 年提出的一种行为导向考核法，是在行为锚定评价法和传统业绩评定法的基础上不断发展和演变而来的，是指整理出一系列的有效行为来考核各个个体，评价者通过观察员工各种表现行为的频率来评价他的工作绩效。

行为观察量表法的优点是：基于系统的工作分析，有助于员工对考评工具的理解和使用；清晰明了，科学性强；有利于信息反馈，对于提高员工绩效有较好的辅助作用；允许员工参与到制定考核中来，加强员工的认同感和理解力；考评较全面，可信度和有效度较高。

行为观察量表法的缺点是：每一具体职位都要进行独立评价，评价体系的开发成本较高；不适应扁平化的组织结构中人员的考评；不同评价者对各种行为应该出现的频率预设标准不同从而使考评缺乏稳定性。

行为观察量表法的示例如表 4 - 6 所示。

表 4 - 6　管理人员绩效评估行为观察量表法示例

克服改革中阻力的能力
① 向下属说明改革的细节
从不　　1　　2　　3　　4　　5　　总是
② 解释改革的必要性
从不　　1　　2　　3　　4　　5　　总是
③ 与员工讨论改革会对他们产生什么样的影响
从不　　1　　2　　3　　4　　5　　总是
④ 倾听员工所关心的问题
从不　　1　　2　　3　　4　　5　　总是
⑤ 从推进改革的过程中寻求下属的帮助
从不　　1　　2　　3　　4　　5　　总是
⑥ 如果需要，指定下次会议的日期以便对员工所关心的问题作出答复
从不　　1　　2　　3　　4　　5　　总是
总分：
评定等级：不足　　　尚可　　　　良好　　　　优秀　　　　杰出 　　　　　　6～10　　11～15　　16～20　　21～25　　26～30

（4）混合标准量表法（Mixed Standard Scales，MSS）：混合标准量表法又称混合标准尺度法，简称混合量表法，作为与工作标准相比的一种绩效考评的方法，是由美国学者伯兰兹（Blanz）和吉塞利（Ghiselli）于 1972 年在传统的评价量表的基础上提出的。混合标准量表法的基本设计步骤如下：① 确定考评维度；② 维度的表达；③ 设立每一个维度和子维度的权重；④ 打乱次序，掩盖评分等级；⑤ 求得最后分数。

3. 描述法

考核主体用叙述性的文字来描述员工在工作业绩、工作能力和工作态度方面的优缺点，以及需要加以指导的事项和关键性事件等，由此得到对员工的综合考核。

描述法的具体方法有以下几种。

（1）业绩记录法：评价者观察并记录评价对象在工作过程中的各种事实，分阶段记录所取得的工作业绩，并填写工作业绩记录卡。

（2）能力记录法：能力记录法是指评价者通过对评价对象日常工作情况的观察，将其在工作中表现出来的工作能力记录下来的绩效评价方法。

（3）态度记录法：态度记录法是指评价者通过对评价对象日常工作情况的观察，将其在工作中表现出来的工作态度记录下来的绩效评价方法。

（4）关键事件记录法：关键事件记录法是由美国学者福莱·诺格（Flanagan）和伯恩斯（Baras）在 1954 年共同创立的，是指由评价者连续记录评价对象平时工作中的关键事件（一种是做得特别好的，一种是做得不好的），并以此作为依据对评价对象进行考核评价的方法。其主要原则是认定员工与职务有关的行为，并选择其中最重要、最关键的部分来评定其结果。

该方法的重点是进行全面观察并书面记录员工所做的事情，特别是记录有关工作成败的关键性事实。对每一事件的记录一般从以下几方面展开：事件发生的原因及背景，员工所采

图4-3 关键事件记录法——STAR法

STAR法又称星星法，是指要从以下四方面记录员工的行为：

S—SITUATION 情境（事情发生的背景）；

T—TARGET 目标（考评对象这么做的目标是什么）；

A—ACTION 行动（考评对象具体做了些什么）；

R—RESULT 结果（行动的结果是什么）

是指由被考核者的上级、下级、同事、自身及相关客户等关系主体对被考核者进行综合评价的一种考评方法。

360°考评法如图4-4所示。

360°考评法的优点有：多方参与，评价客观，避免了传统考核方式中仅由上级进行考核所带来的"光环效应"、"个人偏见"、"考核盲点"等现象；因为被考核者的影响力有限，无法对多个考核源均施加影响，因此所得考核信息更加准确；考核活动本身也是一次沟通过程，通过考核能提升团队协作能力；较为全面的反馈有利于帮助被考核者提升综合能力，改进绩效。

取的关键行为（特别有效或无用的行为），关键行为的结果以及员工是否能够支配或控制上述后果。这种方法既能获得职务的动态信息又能获得静态信息。关键事件记录法如图4-3所示。

（5）综合记录法：综合记录法又称短文法，是指评价者全面记录考评对象在考核期内的综合表现，并运用短文的形式对其进行评估的考评方法。

4. 360°考评法

360°考评又称全方位考评法，最早是由美国英特尔公司提出并使用的，

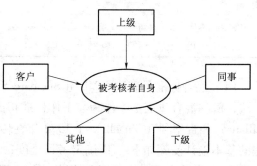

图4-4 360°考评法

360°考评法的缺点有：时间长，成本高；容易掺杂私人感情，影响考评严肃性；由于每个员工既是考评者又是被考评者，因此需要进行考评培训工作，增加了考评工作的难度；会导致员工注重人际关系的处理而忽视绩效管理的目标。

3.3 绩效考评结果的运用

绩效考评工作需要大量的成本投入和全体员工的广泛参与，是一项复杂而庞大的系统工程。但考评不是最终目的而是有效手段，是帮助企业优化人力资源结构和改善整体业绩的重要手段。因此充分重视考评的重要性，有效发挥考评的作用并对考评结果进行综合运用同样是考评工作应该重视的问题。

3.3.1 绩效考评的作用

绩效考评是企业人力资源管理中的核心内容之一，对于企业人力资源规划及整体战略制定和发展有重要影响。具体来说，它有以下几方面的作用。

1. 为员工薪酬调整及奖金发放提供依据

无论采取何种考评方式，绩效考评最终都会使每个员工得到一个评价结果，不管该结果

是描述性的还是量化的都可以作为员工薪酬调整及奖金发放的有力依据。同时，因为考评结果最后会对员工公开且要获得员工的认同，因此以它为依据具有较强的说服力。

2. 为企业人力资源结构调整提供依据

人力资源结构的科学性直接影响企业运营效果，考评结果可以为员工职位调整提供依据，帮助企业优化人力资源结构。所谓职务调整具体来说包括晋升、降职、调岗和辞退等。绩效考评结果能较客观地反映出具体员工是否胜任当前的工作岗位，因此基于考评结果进行职位调整是正确合理的。

3. 帮助员工进行准确的自我定位

虽然在工作过程中员工和上级管理者有着一定的接触机会，但员工仍然很难清楚地知晓企业对其的评价水平。绩效考评的周期性、系统性、严谨性和公开性会帮助员工清楚明白自己的表现和企业期望之间的差距，帮助员工进行准确定位，使其充分认识到自己的缺点和不足，并为自我提升指明方向。

4. 为改进企业决策提供依据

绩效考评结果可以及时准确地反映员工的工作信息。通过这些信息的整理和分析，管理者和人力资源部门可以对企业的招聘制度、激励政策及培训制度等一系列决策的效果进行评估，及时发现政策中的不足和问题，从而为改进企业决策提供了有效的依据。

3.3.2 综合运用绩效考评结果

绩效考评具有多方面的作用，尤其是有助于改进企业决策，因此对于考评结果的运用不能只是停留在表面，而要进行深度挖掘，综合运用。具体表现在以下几个方面。

1. 将考评结果运用于战略目标审视

企业的年度绩效考评结果可以被运用于战略目标审视及年度目标制定中去。企业可以根据年度绩效考评结果，对照战略目标的年度分解值，审视企业战略目标的实现程度并进行原因分析。同时，这些信息可以作为企业战略咨询及战略调整的重要信息，也是企业年度目标计划制订的重要依据。

2. 将考评结果运用于企业人力资源管理

作为人力资源管理中的重要组成部分，绩效考评结果主要应被运用于提升企业人力资源管理水平中去。具体说来可以运用于人力资源规划、薪酬管理（薪酬调整及奖金发放）、员工激励、培训与开发、素质模型、绩效考评指标变动及岗位调整等方面。

3. 将考评结果运用于企业制度建设及文化建设

企业需要定期根据绩效考评结果及考评实施过程中遇到的问题，对企业相应的管理制度，尤其是绩效管理制度进行重新审视并作出相应的调整。同时，企业绩效与企业文化是相辅相成的，所以也可以根据企业绩效结果及各层次绩效考评结果对企业文化建设的成果进行考量及评价，以检测企业文化建设的实际效果。

当然，部分企业也可以根据自身特点及实际情况对考评结果进行其他创造性地应用。

📖 **视野拓展**

猎人与猎狗的故事

猎人带着猎狗打猎，赶出一窝兔子，猎狗追了半天，一无所获。猎人很生气，痛骂猎狗无能。猎狗很委屈：我只是混口饭吃，兔子却是为了生命而逃，我怎么能追上它呢？

点评：组织不进行考核是不行的。

猎人想出一个办法。再带猎狗出去打猎，如果猎狗抓住兔子，就能吃几根骨头；如果空空回来，就只能吃点普通的狗粮。这个办法实施后，打猎时猎狗争先恐后，一时间，抓住的兔子数量大为增加。

点评：考核的要义就是奖优惩劣。

过了一段时间，猎人发现，猎狗只抓小兔子，连最能跑的猎狗都是这样。因为小兔子费力气少，但是大小兔子的奖励都是吃骨头。

点评：如果超过目标没有额外的奖励，考核对象超越目标的动力就不足。

猎人对考核办法进行了修改。过一段时间，抓住兔子，先吃一根骨头，但是过一段时间，按照每只猎狗抓住兔子的总重量进行奖励，每只猎狗得到的骨头是和兔子总重量挂钩的。于是猎狗们积极性提高了，抓住的大兔子越来越多。

点评：结果和奖惩挂钩很重要，关键在于能够精准的量化。

但是，过了一段时间，猎人发现最能干的几只猎狗纷纷走了，他很纳闷。这些猎狗获得骨头够多了！有一天，又有一只猎狗出走，他问原因，对方回答：我为你抓住那么多兔子，凭什么我只能得到骨头？

点评：只靠业绩奖金难以留住最优秀的员工。

 **思考题**

1. 为什么要进行员工考评？
2. 对员工进行考评要遵循哪些原则？
3. 员工考评的内容主要有哪些？
4. 员工考评的方法有哪些？各自适用性如何？

案例分析

小王的绩效考评结果

公司年终的绩效考评结束了，小王的绩效考评分数低于他的同事小何。

小王和小何是同时应聘进入这家公司的，两个人又被分配到同一部门，做着同样的工作。这是她们进入公司后接受的第一次绩效考评，而且这一次的绩效考评结果，可能会影响到下一年度谁能够被提升的问题。

从进入这家公司开始，小王一直勤勤恳恳努力工作，并希望自己的这一付出能够得到上司的认可。并且，无论从学历，还是工作能力方面，小王都自认为优于小何，这一考评结果令小王产生了困惑。

这时，邻座的电话响了，电话铃声不由得使小王想起了一件事情。刚刚进入这家公司后不久的一个周末，她和小何都在加班，因为有事情需要请示领导，所以小何拨通了上司家的电话。刚开始接电话的可能是上司家 5 岁的儿子，上司接了电话后，小何并没有直接谈工作，而是先问"刚才接电话的是亮亮吗，真可爱，让他再和我说几句话好吗？贝贝在叫啊，是不是着急让你带它出去呀？"小王觉得奇怪，她怎么会知道上司儿子的名字？贝贝又是谁？

事后她才知道贝贝原来是上司家的一条宠物狗。小王当时的感觉是这件事情很无聊，也很浪费时间，如果是她打电话，一定会直接和上司谈工作，他的儿子和狗和工作又有什么关系？

现在小王开始明白了，自己恐怕是在人际关系方面出了问题，不仅仅是和上司，和同事之间也是这样。因为自己过于关注工作，忽视了很多和同事之间的沟通，并且在工作中过于认真的态度，也可能会令同事感觉紧张，会给人不够随和的感觉。但是，人际关系和工作质量有什么关系呢？小王自认为自己的工作质量和业绩是无可挑剔的，从到公司以来，承担了大量的工作，并且工作一直勤勤恳恳，这也是有目共睹的，为什么最后的考评结果仍然很低呢？毕竟人际关系也只是考核内容中的一方面而已呀？是不是搞好人际关系是考评的大前提？如果是这样的话，也许自己和公司的想法是不一样的。那么究竟是应该适应公司的这种方式，改变自己的个性，还是应该考虑重新找工作的问题呢？

对绩效考评结果产生困惑的不只是小王一个人。广告部的员工对金融部员工的成绩普遍高于自己而不满，而公司里有些年纪较大的员工也认为他们的成绩低于年轻人是因为上司认为自己年纪大，绩效就一定低。

绩效考评结束了，公司却开始变得不平静了。员工的这些抱怨也传到了老总的耳朵里，他在思考，究竟问题出在哪里？

问题：

1. 为什么小王会得到这样的绩效考核结果？
2. 公司里其他员工对绩效考核结果的抱怨产生的原因是什么？
3. 在绩效考评中如何避免以上问题的发生？

 **技能** 训练

任务：设计并填写评级量表

【背景材料】

评级量表法是对员工考评时普遍采用的方法。考核者依据考核标准、评分标准和考核评分的计算公式等考核要素，设计一个考核评级量表，对员工的每一个考核项目表现作出评价和记分。

重庆昊海房地产开发公司于 2009 年 8 月新聘销售人员 5 人，根据公司人事管理制度，对已任职满一年的员工均需进行考核。

【任务要求】

你作为该公司人力资源部人事专员，请根据《市场销售人员工作绩效评级考核量表》及市场销售人员工作绩效考核标准（以市场推广能力为范例），设计《市场销售人员工作绩效评级考核量表》中其余各项指标的考核标准，并完成一份完整的《市场销售人员工作绩效评级考核量表》的填写。

市场销售人员工作绩效评级考核量表

姓名		职位		部门		考核日期		总分		
标准编号	考核指标	得分标准						自评得分	部门评分	人事评分
		A	B	C	D	E	N			
1	市场推广能力	15	12	9	6	2	0			
2	分析问题能力	15	12	9	6	2	0			
3	人际关系能力	15	12	9	6	2	0			
4	工作计划能力	10	8	6	4	2	0			
5	信息沟通能力	10	8	6	4	2	0			
6	协作信任能力	10	8	6	4	2	0			
7	规定执行能力	10	8	6	4	2	0			
8	学习能力	5	4	3	2	1	0			
9	保密能力	5	4	3	2	1	0			
10	客户资料	5	4	3	2	1	0			
合　计										
部门意见和建议： 　　　　　　　　　　　　　　　　　　　　　　　　　　签字：　　　年　月　日										
人事行政部意见和建议： 　　　　　　　　　　　　　　　　　　　　　　　　　　签字：　　　年　月　日										

说明：① 对照《市场销售人员工作绩效考核标准》，请选择 A ～ N，并在此表对应得分值处打"√"；

　　　② 此考核最高分为 100 分，最低分为 0 分；

　　　③ 上级主管对直接下级要如实考核。

市场销售人员工作绩效考核标准

1. 市场推广能力：（市场拓展、产品推广的能力，以及市场的可接受程度）（15 分）

A. 在市场拓展、产品推广中工作能力强，市场的可接受程度高；

B. 在市场拓展、产品推广中工作能力较强，市场的可接受程度较高；

C. 在市场拓展、产品推广中工作能力一般，市场的可接受程度一般；

D. 在市场拓展、产品推广中工作能力较弱，市场的可接受程度较低；

E. 在市场拓展、产品推广中工作能力弱，市场的可接受程度低；

......

课外练习

一、单项选择题

1. （   ）考评由于不太了解被考评者的能力、行为和实际工作的情况，其考评结果的准确性和可靠性大打折扣。

A. 同级考评　　　　B. 自我考评　　　　C. 外部人员考评　　　D. 下级考评

2. 在一项旨在了解员工绩效提高程度对操作工人的考评中，以（   ）为信息的主要来源。

A. 主管　　　　　　B. 同事　　　　　　C. 员工　　　　　　　D. 客户

3. 如果企业的人文环境良好，员工个人的素养较高，同事之间人际关系融洽，应采用（   ）相结合为主。

A. 上级考评与同事考评　　　　　　　B. 外人考评与同事考评

C. 自我考评与同事考评　　　　　　　D. 下级考评与同事考评

4. "一个工时完成合格产品20件"要比"迅速及时完成本道工序加工任务"的（   ）高。

A. 相关性　　　　　B. 准确性　　　　　C. 简易性　　　　　　D. 公正性

5. 某绩效计划的目标是本期内销售额100万，实际只完成了80万，实际与计划差20万，这种比较称为（   ）。

A. 横向比较　　　　B. 水平比较　　　　C. 目标比较　　　　　D. 纵向比较

6. （   ）通过对比考评期内员工的实际工作表现与绩效计划的目标，来寻找工作绩效的差距和不足。

A. 横向比较法　　　B. 目标比较法　　　C. 纵向比较法　　　　D. 水平比较法

7. 按照员工的工作成果进行评估，这种方法比较客观，容易为员工接受，能减少（   ）的可能性。

A. 产生误会　　　　B. 产生偏见　　　　C. 产生误解　　　　　D. 产生意见

8. 目标管理法能使员工个人的（   ）保持一致。

A. 个人目标与组织目标　　　　　　　B. 努力目标与组织目标

C. 努力目标与集体目标　　　　　　　D. 个人目标和集体目标

9. 将员工考评期实际业绩与上一年同期工作业绩相比较和衡量的方法是（   ）。

A. 水平比较法　　　B. 成对比较法　　　C. 横向比较法　　　　D. 目标比较法

10. 在绩效管理实施过程中，最直接影响绩效评价质量和效果的人员是（   ）

A. 高层领导　　　　B. 一般员工　　　　C. 直接上级/主管　　　D. 人力资源部人员

二、多项选择题

华南地区有一家中等规模的民营IT企业前不久刚刚完成对一家公司的收购，原公司与其所收购公司在文化以及价值观方面均有待融合，员工之间的对立情绪也比较严重，在这种情形下，人力资源部又接到了高层领导布置的一项任务——制定一个科学合理的绩效考核与绩效管理系统。围绕这项工作，需要解决很多相关的问题。

注意就案例所提供的资料来回答问题：

1. （   ）可以担当起对技术人员的考核任务。
   A. 技术人员的上级　　　　　　　　　B. 技术人员的同事
   C. 技术人员本人　　　　　　　　　　D. 技术人员的下级
   E. 组成有代表性的绩效考核委员会

2. 基于奖惩的目的而进行的对于职能部门员工的绩效考核，应该由（   ）进行。
   A. 上级　　　　B. 同事　　　　C. 下级　　　　D. 自己
   E. 有代表性的绩效考核委员会

3. 如果是出于晋升目的而进行的对中层管理者的考核，考核人员又应该由（   ）组成。
   A. 被考核者的直接上级　　　　　　　B. 被考核者本人
   C. 被考核者的同事　　　　　　　　　D. 被考核者的下级
   E. 组成有代表性的绩效考核委员会

4. 绩效管理的参与者为（   ）。
   A. 被考核者的上级　　　　　　　　　B. 被考核者本人
   C. 被考核者的同事　　　　　　　　　D. 被考核者的下级
   E. 企业的外部客户

任务4 员 工 培 训

学习目标

1. 知识目标：了解员工培训的目标；掌握员工培训的方法。
2. 能力目标：设计与制订员工培训计划；
3. 素质目标：培养学生对知识的运用能力，以及不断学习与创新的能力。

小故事

D 公司的培训管理模式

D 公司是一家专门提供移动通信网络整体解决方案的高科技公司，多年来，其凭借领先的科技实力，取得了良好的效益，目前已是通信产业的领航人。公司高层管理者充分认识到，作为新兴的高科技产业，只有迅速提高员工的素质才能在未来的通信产业中立于不败之地。因此，近年来该公司与颇具知名度的 Z 培训公司合作，组织了几次大型培训。钱投了不少，可效果却都不理想，原因何在？

事例1：

小李在参加技能培训前向培训负责人反映："新机器比我原来操作的那台复杂多了，并且在操作时总是出错。"负责人说："也许你尚未完全掌握要领，而我们提供的这次培训就是帮助你胜任这项工作的。"然而，培训后的小李却满是疑问："可是在培训中演练的那台机器与我的这台'新家伙'完全不同呀！"另有技术骨干小张反映："直属上司似乎并不支持我来参加培训，在培训期间不断布置新任务，我根本没有精力，也无法静下心来上课。"

事例 2：

公司还为中高层管理人员安排了 MBA 课程。可培训还没开始，大批老员工就声明不参加培训，他们觉得自己就这样了，没什么好培训的。于是要么推说工作忙，要么干脆请病假。另一些员工也只是本着完成任务的态度，有的甚至认为："无非是走个过场，就当放几天假，休息一下好了。"

问题：

1. 该公司在培训中存在哪些问题？

2. 你认为应该如何解决这些问题？

员工培训与开发是指组织为了提高劳动者素质和提高劳动生产率及劳动者个人对职业的满足程度，直接有效地为组织生产经营服务，从而采取各种方法，对组织里的各类人员进行的教育培训投资活动。培训的出发点和归宿是"企业的生存与发展"。员工培训与开发是企业人力资本增值的重要手段。

4.1　员工培训与开发概述

4.1.1　员工培训方案的设计

1. 培训需求的分析

培训需求分析是指在规划与设计每项培训活动之前，由培训部门、主管人员、工作人员等采取各种方法和技术，对各种组织及其成员的目标、知识技能等方面进行系统的鉴别与分析，以确定是否需要培训及培训内容的一种活动或过程。

在实际工作中，可以通过面谈法、问卷调查法、观察法和工作任务分析法等方法进行调查研究。例如，了解公司员工的年龄构成、文化结构、专业技能、价值取向等与企业任职要求的差距。

2. 设定培训目标

培训是建立在培训需求分析的基础上的，培训需求分析明确了管理人员所需提升的能力，评估的下一步就是要确立具体且可测量的培训目标。

培训目标是指培训活动的目的和预期成果。目标可以针对每一培训阶段设置，也可以面向整个培训计划来设定。具体而言培训目标包括以下三个方面的目标。

（1）知识目标：培训后受训者将知道什么。例如：什么是人力资源管理。

（2）行为目标：受训者将在工作中做什么。例如：设计、制定各种人力资源管理制度和方案。

（3）结果目标：通过培训组织获得什么最终结果。例如：员工满意度提高、流动率降低、效益提高。

3. 培训的种类和内容

员工培训的种类和内容如表 4-7 所示。

表 4-7　员工培训的种类和内容

种类 \\ 内容		1	2	3	4	5	6	7	8	9
职前培训	一般性培训	公司的历史、传统与基本方针	公司的理念和价值观	本行业的现状与公司的地位	公司的制度与组织结构	产品知识、制造与销售	公务礼仪、行为规范			
	专业性培训	就业规则、薪酬与晋升制度	劳动合同	安全、卫生、福利与社会保险	技术、业务、会计等各种管理方法训练					
在职培训	管理人员培训	观察、知觉力	分析、判断力	反思、记忆力	推理、创新力	口头文字表达力	管理基础知识	管理实务	案例分析	情商
	专业性培训	行政人事培训	财务会计培训	营销培训	生产技术培训	生产管理培训	质量管理培训	安全卫生培训	电脑操作培训	其他专业性培训

4. 培训计划的内容

（1）培训目的。每个培训项目都要有明确的目的（目标），即明确为什么培训，要达到什么样的培训效果，怎样培训才有的放矢。培训目的要简洁，具有可操作性，最好能够衡量，这样就可以有效检查人员培训的效果，便于以后的培训评估。

（2）培训对象。哪些人是主要的培训对象？根据二八法则，20% 的人是公司的重点培训对象。这些人通常包括中高层管理人员、关键技术人员、营销人员，以及业务骨干等。确定培训对象还需要根据人员对培训内容进行分组或分类，把同样水平的人员放在一组进行培训，这样可以避免培训浪费。

（3）培训课程。年度培训课程一定要遵循轻重缓急的原则，分为重点培训课程、常规培训课程和临时性培训课程三类。其中重点培训课程主要是针对全公司的共性问题、未来发展大计进行的培训，或者是针对重点对象进行的培训。这类培训做得好可以极大提高公司的竞争力，有效弥补企业不足。因此，这类培训需要集中公司人力、物力来保证。

（4）培训形式。培训形式大体可以分为内训和外训两大类，其中内训包括集中培训、在职辅导、交流讨论、个人学习等；外训包括外部短训、MBA 进修、专业会议交流等。

（5）培训内容。培训内容涉及管理实践、行业发展、企业规章制度、工作流程、专项业务、企业文化等课程。从人员上讲，中高层管理人员、技术人员的培训宜以外训、进修、交流参观等为主；而普通员工则以现场培训、在职辅导、实践练习为主更加有效。

（6）培训讲师。讲师在培训中起到了举足轻重的作用，讲师分为外部讲师和内部讲师。涉及外训或者内训中关键课程以及企业内部人员讲不了的，就需要聘请外部讲师。在设计年度培训计划时，可以确定讲师的大体甄选方向和范围，等到具体培训时，再最后确定。

（7）培训时间。年度培训计划的时间安排应具有前瞻性，要根据培训的轻重缓急安排。时机选择要得当，以尽量不与日常的工作相冲突为原则，同时要兼顾学员的时间。一般来说，可以安排在生产经营淡季、周末或者节假日开始的一段时间。并应规定一定的培训时数，以确保培训任务的完成和人员水平的真正提高。

（8）培训费用。预算方法很多，如根据销售收入或利润的百分比确定经费预算额，或根据公司人均经费预算额计算等。在预算分配时，不能人均平摊。培训费用应向高层领导、中层管理者以及技术骨干人员倾斜。

5. 培训效果的评估

员工培训评估，就是企业在人员培训过程中，依据培训的目的和要求，运用一定的评估指标和评估方法，检查和评定培训效果的环节。实际上人员培训的评估就是对人员培训活动的价值的判断过程，也是培训流程中的核心环节。培训评估的主要内容包括：培训对象和有关人员对培训项目的看法；培训对象学习之后态度、行为的变化；培训项目的实施是否提高了企业的整体绩效和满足了培训需求。

4.1.2　员工培训的作用

企业在面临全球化、高质量、高效率的工作系统挑战中，培训显得尤为重要。合理的培训能使员工的知识、技能与工作态度明显提高和改善，由此提高企业的经济效益，获得更大的竞争优势。具体体现在以下方面。

1. 培训有利于增强员工对企业的归属感和主人翁责任感

一方面，就企业而言，对员工的培训越充分，对员工越具有吸引力，越能发挥人力资源的高增值性，从而将员工转化为有高附加值的人力资源，为企业创造更多的效益。另一方面，培训还能满足员工实现自我价值的需要，能激发员工的潜能及劳动积极性、主动性、创造性和主人翁责任感，提高员工的工作技能和对自身价值的认识，使其能适应或能接受具有挑战性的工作与任务。

2. 培训有利于提高企业组织绩效与员工个人绩效，增强企业盈利能力

培训可以为企业组织内成员创造持续学习的机会，营造员工与企业的共同理念，提高组织的绩效，达到组织和员工双赢的目的。随着科学技术的不断发展，导致员工技能和工作角色的变化，员工已不仅是简单地接受工作任务，提供辅助性工作，而是需要更多的参与提高产品与服务水平的团队活动。在团队工作系统中，员工扮演着越来越重要的工作角色，对其能力要求也越来越高。尤其是培训员工学习使用互联网及其他用于交流和信息收集工具的能力，可使企业工作绩效系统高效运转。

3. 培训有利于提高企业管理效能，实现企业发展目标

企业的成功基于不断地学习与培训。培训首先能满足企业和员工成长的共同需要，能充分调动企业和员工双方的积极性，挖掘企业本身的资源，是企业为了提高劳动生产率对员工进行的一种教育投资活动，是企业最有价值的投资，是企业发展的支柱和新动力。所以培训能增强企业人力资源的有效使用，有利于构建科学规范的管理体系，实现企业发展目标。

📖 视野拓展

培训究竟该怎么做?

今天，A 公司进行了年度工作总结。忙碌一年，终于可以松一口气了，大家都在憧憬着会后的聚餐。可是，人力资源部负责人张君，却高兴不起来，耳边不时回响着王总在会上的讲话：公司今年成绩斐然，业务拓展蓬勃开展……但是，内部管理还存在着严重不足，特别是公司制度建设和员工培训，与我们预先设想的目标，还有相当大的距离……

王总并没有点名批评人力资源部，相反还批评其他相关部门负责人配合不力。张君感激王总的支持和理解，但是，培训工作没有做好，自己终归是要负责任的。几天前，财务部还明确提出今年的培训费用太高了，耗时耗力，却收效甚微，可以说，人力资源部过去一年主抓的员工培训，基本上是失败的。

张君来 A 公司时间并不长，两年前作为公司招聘主管进入公司，在招聘岗位干了一年，部门负责人调离后，他以诚恳的工作态度和娴熟的专业技能，赢得了王总的青睐，提升为人力资源部负责人。走马上任之初，王总单独找张君长谈过一次：近几年来，公司急于业务拓展，员工人数大增，但疏忽了内部管理，再加上前任人力资源部负责人自身能力的关系，员工整体素质大不如前。因此，王总希望，张君上任后能够把整个人力资源管理抓起来，首先用一年间把员工培训做好。

张君首先走访了各部门同事，特别是各部门负责人和基层的一线员工，听取大家的培训想法和意见。与此同时，张君还组织人力资源部发放培训需求调查表，对公司全体员工进行书面调查。经过两周的访谈和调查，人力资源部分析出了公司全体人员的培训需求，开始着手编写公司培训管理办法。

首先是年度培训预算费用。张君提出，A 公司的培训总预算占上一年总销售额的 1.5%。在公司例会上讨论方案时，各部门负责人表示，培训预算费用太高。在王总的建议下，预算费用削减一半，方案算是通过了。但针对近年新员工增加比较多，对企业认同感比较低，人力资源部准备请知名培训专家来公司做企业文化培训时，由于费用的原因，只好取消了相关计划。

考虑到培训预算，张君决定开发课程，编写教材，选拔一批业务熟练、表达能力强的人组成内部讲师队伍。由企业内部培训师培训，不涉及教材的版税，只要员工的工资，再加上一些设备、材料的损耗费，培训费用最低。

张君将公司培训分成公司培训和部门培训两个层级。人力资源部把公共类的课程和计划早早地编写完，但各个部门叫苦不迭，初次接手课程编写就一下子要编写那么多。专业培训课程迟迟不能出炉，一拖就拖到了年后 3 月份，催了几次，才陆续交来，内容和形式大部分都达不到要求。反复修改，勉强定稿，已经是 4 月份，但内部讲师却几乎没有人报名参加，平时工作已经很累，哪有时间和精力备课，报酬又寥寥无几。最后下了任务，每个部门必须指定一人，讲师才基本到位。

但各部门负责人似乎希望人力资源部能全力承担所有的培训工作，基本都没有完成专业培训计划。新入职员工自从人力资源部做完入职培训后，部门几乎就没有再专门做其他培训，一部分经验相对少的员工在试用期内就萌生了离职念头。

折腾了一年，公司培训似乎还是原来的样子。张君沉思着，这里面到底有什么问题呢?

4.1.3　员工培训应注意的问题

随着市场化进程的推进，企业对人力资本增值愈发重视，越来越多的企业开始将企业的发展与员工个人的发展并行考虑，以期通过培训使企业与员工均获得更长足的发展和最大的边际利益。但是，来自专业机构的调查却显示，多数员工对于企业所组织的培训活动满意度较低，培训效果不容乐观。

分析发现，对企业培训不满意主要集中在这样几个方面：

（1）企业培训内容过时，不适应当前的社会环境及工作具体要求；

（2）企业培训价格过高，未考虑员工的实际承受能力；

（3）企业培训缺乏整体规划，培训内容单一，未结合具体岗位要求制定培训方案；

（4）部分企业为培训工作添加额外的附加条件，将培训活动作为留住员工的筹码，从而使员工对于培训活动产生抗拒心理；

（5）忽视培训评估工作，培训工作流于形式。

针对员工培训所存在的主要问题，企业在组织培训活动时应进行全面规划，充分调研，以确保培训活动落到实处，取得实效。具体说来，应从以下几方面考虑。

（1）重视培训需求分析。通过多种手段和渠道了解员工的培训需求，选取恰当的培训方法、培训时间、培训讲师、培训教材、培训内容等从而提高员工参与培训的积极性。尤其是培训方法和培训内容的确定要具有时代特色，富有创新意识。

（2）充分重视培训活动，将其纳入企业人力资源整体规划的范畴，从战略高度看待员工培训活动。通过合理规划，使培训活动更具长期性、系统性和科学性。

（3）企业应当通过建立更有吸引力的薪酬体系、更完善的激励机制及更具凝聚力的企业文化来吸引和留住人才，重视培训工作的长远效益，不应把培训活动作为强行留人的手段和工具。

（4）切实做好培训评估工作，避免学而无用。企业可以通过设置问卷调查或信息反馈卡等方式及时追踪了解员工对培训的意见和建议，适时予以改进，确保培训效果。同时，员工的意见和建议也可以作为今后培训方案设计的重要依据，进而提高企业整体培训质量。

📖 视野拓展

培训费只买来"轰动效应"

某国营机械公司新上任的人力资源部部长刘先生，在一次研讨会上获得了一些他自认为不错的培训经验，于是，回来后就兴致勃勃地向公司提交了一份全员培训计划书，以提升公司人力资源整体水平。不久，该计划书就获批准。刘先生便踌躇满志地"对公司全体人员——上至总经理、下至一线生产员工，进行为期一周的脱产管理知识培训"。为此，公司还专门下拨数万元的培训费。可一周的培训过后，大家议论最多的，便是对培训效果的不满。除少数中基层干部觉得有所收获外，其他员工要么觉得收效甚微，要么觉得学而无用，大多数人竟达成共识地认为：几万元的培训费用只买来了一时的"轰动效应"。有的员工甚至认为，这场培训，是新官上任点的一把火，是在花单位的钱往自己脸上贴金！而刘先生则感到满腹委屈：在一个有着传统意识的老国企，给员工灌输一些新知识怎么效果不理想呢？他百思不得其解：当今竞争环境下，每人学点管理知识应该是很有用的呀！怎么不受欢迎呢？

4.2　员工培训的方法

1. 影响培训方法选择的主要因素

影响培训方法选择的主要因素表现为以下几个方面。

1）学习的目标

学习目标是影响培训方法选择的重要因素。如果以学习或者掌握一定的知识为目标，可以选择课堂讲授、多媒体教学、讨论法等培训方法；如果以掌握相关专业技能、提升工作能力为目标，就可以选择实习、岗位轮换等培训方法。

2）所需的时间

不同的培训方法所需耗费的时间长短不一。有的培训方法需要的准备时间较长，如课堂讲授、多媒体教学等培训方法；而有的培训方法在培训过程中的持续时间较长，如直接传授、岗位轮换等。

3）所需的经费

在选择培训方法时还需要考虑企业及学员的经济实力和承受能力，各种培训方法在所需经费上的差距较大。其中，直接传授、授权下级、小组讨论等方法，所需经费一般较低；多媒体教学方法因需要购入相关设备及教学资源而投入较多。

4）学员的数量

学员人数的多少除了会影响培训的效果，也在一定程度上影响着培训方法的确定。对于学员人数较少的培训，可以采用小组讨论或者角色定位演练法；如果参加培训的学员人数较多时，采用课堂讲授、参观访问、竞赛与评比等方法则更为恰当。

5）学员的特质

所谓学员的特质就是指学员本身所具有的知识、技能及所处的岗位、阶层等。比如，当学员不具有基本的电脑操作知识时，采用多媒体教学就很难达到预期的培训目的；当学员的分析表达能力较弱时，小组讨论或者演讲、辩论等方法的效果也不好。

2. 在职培训方法

在职培训的方法包括以下四种。

1）直接传授

本方法主要针对新员工，即在工作中指派具有丰富操作经验的老员工通过"传、帮、带"的方式向新员工传授本岗位的工作职责、工作要求、相关技能及方法技巧等。通过此方法，可以使新员工在短时间内具备胜任岗位的基本能力。

2）竞赛与评比

这种方法是指通过组织开展正确的竞赛与评比活动，以增加员工不甘落后的压力感和奋发向上的竞争心的培训方法。竞赛与评比对动机有激发和强化作用，使员工处于持续的活跃状态。运用此方法的重点是制定合理、公平的评比条件。评比结果应公开，增加评比工作的透明度，以增强员工参与其中的兴趣。当然，竞赛与评比培训应适时举行，避免过多过滥，引起员工反感。

3）授权下级

授权下级是指上级通过授予下属更多的决策权以及委任其更重要的工作任务，使下属在更大的职责范围内参与管理，从而提高下属的综合管理能力的培训方法。运用该方法要注意的问题是，虽然将任务及职权授予下属，但是最终确保高质量完成该项任务的责任仍然由上级担负。因此，在下属解决问题的过程中上级要进行必要的监督和控制。

4）岗位轮换

岗位轮换的根本目的是拓宽员工的视野和知识面。通过岗位轮换，使受训者能够掌握本单位各部门的职能和管理知识。岗位轮换可以用非管理工作、考察、平级调任、担任"副职"、各种不同职位上的不定期轮换等来进行。从理论上讲，岗位轮换是一种非常好的方法，但实施起来并不容易。因为，一个单位里不太可能有较多相同的工作部门；工作轮换后，首先面临的是能否熟悉该部门的业务。另外，在有的轮换中，轮换者没有直接管理权，他们只是观察、协助，并不承担真正的管理责任。尽管有不少问题，但是岗位轮换仍不失为一种有益的培训方法。

📖 视野拓展

可口可乐的轮岗制度——动起来，更精彩

可口可乐人事政策中有个"3 + 3 + 3 + 3"的方案，代表可口可乐的轮岗制度。它有两个特点。一是年限。员工在同一岗位上的时间最多不可以超过 3 年。如果一个人在同一个岗位上做了快 3 年，很可能对他的工作已经很熟悉了，失去了新鲜感和热情，他就应该换到另外的岗位上学习新的知识，这样可以使员工增添新的经历、加快知识更新。第二个特点是员工在晋升之前必须做一回培训员。虽然公司有系统的培训材料，但是这些培训员们会被要求重点加上自己的实际案例。

3. 脱产培训方法

所谓脱产培训，就是脱离工作场所进行的员工培训，多数脱产培训安排有专门的时间，对正常工作有一定的影响。为保证达到预期的培训目标和效果，在策划和组织脱产培训时，要耗费较多的培训经费和资源。脱产培训可采用以下四种方法。

1）课堂讲授

由专家根据单位的实际情况重点讲授，主要目的是提高受训人员的基本素质和开阔眼界，接受新的知识和信息，提高认识水平，提升对各种问题的分析处理能力，为提高工作能力和工作效率打下了良好的基础。

2）多媒体教学

在培训过程中，企业可以合理选择和运用现代教学媒体，通过声音、图像、文字并行的培训方式吸引员工的注意力，激发员工的学习兴趣，达到最优化的培训效果。

3）参观访问

参观访问是指针对某一特殊环境或事件组织学员作实地的考察和了解。有计划、有组织地安排职工到有关单位参观访问，也是一种重要的培训方式。

4）游戏训练法

游戏训练法是一种在培训员工过程中常用的辅助方法。它的目的是为了改变培训现场气氛，并且由于游戏本身的趣味性，可提高参加者的好奇心与兴趣及参与意识，并改良人际关系。

视野拓展

沟通能力训练游戏

形式：20 人左右最为合适

时间：15 分钟

材料：准备总人数两倍的 A4 纸（废纸亦可）

适用对象：所有学员

活动目的：

我们平时的沟通过程中，经常使用单向的沟通方式，结果听者总是见仁见智，个人按照自己的理解来执行，通常都会出现很大的差异。使用了双向沟通之后，虽然有改善，但增加了沟通过程的复杂性，差异依然存在。所以什么沟通方法是最好的要依据实际情况而定。作为沟通的最佳方式要根据不同的场合及环境而定。

操作程序：

1. 给每位学员发一张纸。

2. 培训师发出单项指令：

——大家闭上眼睛

——全过程不许问问题

——把纸对折

——再对折

——再对折

——把右上角撕下来，转 180 度，把左上角也撕下来

——睁开眼睛，把纸打开

培训师会发现各种答案。

3. 请一位学员上来，重复上述的指令，不同的是这次学员们可以问问题。

有关讨论：

完成第一步之后可以问大家，为什么会有这么多不同的结果——（也许大家的反应是单向沟通不许问问题所以才会有误差）完成第二步之后又问大家，为什么还会有误差——希望说明的是，任何沟通的形式及方法都不是绝对的，它依赖于沟通双方彼此的了解，沟通环境的限制等，沟通是意义转换的过程。

4. 综合培训方法

综合培训方法包括讨论法和角色定位演练法两种方式。

1) 讨论法

由指导教师有效地组织培训人员以团体的方式对某项预先制定的题目，采取一定的方式进行讨论，最后得出共同的结论的方法为讨论培训法。

2) 角色定位演练法

角色定位演练是以有效开发企业员工行动能力为目标的训练方法。角色定位演练法主要适用于管理中凸现的某种特殊情况，如运用于询问、电话应对、销售技术、业务会谈等基本技能的学习和提高。

5. 网络培训

1) 产生背景

随着信息技术的产生和快速发展，网络技术已对社会各个领域产生了深刻的影响。在这样的时代背景下，传统教育培训模式显然无法跟上知识更替和信息爆炸的步伐。因此，网络培训方式的出现就成了必然。

2) 优势

网络培训在培训领域有着巨大的优势。

一是资源储备丰富，可以最大化利用资源。

二是学习形式自主灵活，员工可以结合自身需要和兴趣选择相应的培训内容，自主性较强。

三是培训成本较低。网络资源多数是免费的，虽然部分专业性较强的培训需要付费，但支付的实际费用也相对较低。对比传统方式的培训，网络培训在时间、人力、物力等方面的投入也相对较少，因此网络培训的总体成本较低。

四是不受时空限制，局限性小。传统培训方式对于远距离、跨区域培训而言操作难度和实施成本较高，而通过网络手段运用现代视像技术则可以克服这些障碍。

五是运用领域广泛，授课方式多样化。目前，网络技术在培训领域的应用极其广泛，无论是以增长知识为目的的文凭培训还是以提高技能为目的的职业化培训都涵盖其中。同时，由于网络培训不受地域限制的特点，授课主体范围也十分广泛，因此授课形式更加灵活多样。

思考题

1. 培训方案设计包括哪些内容？
2. 影响培训方法选择的主要因素有哪些？
3. 职前培训主要包括哪些内容？

案例分析

飞利浦公司的员工培训

飞利浦公司长期以来一直把人力资源及其发展看作公司发展的重要基础。飞利浦公司一方面着力于引进年轻优秀、具有发展潜力的人才，充实飞利浦公司的各级团队；另一方面，注重培养和发展内部人才，让他们在满足飞利浦发展策略的同时，完善自己的职业生涯。

例如，通过"TOTAL"发展计划，使中层管理人才有机会参与公司的高层决策，并能得到更多的领导和管理能力方面的培养与实践，帮助他们成为未来的领军人物。飞利浦定期挑选那些具有潜力的员工，进行为期18个月的培训。而参加培训的员工90%以上都可以通过所有的培训考核。这些通过考核的员工日后有可能成为公司的高级管理人员。飞利浦希望通过这样的培训提高员工的团队协作能力，帮助员工完善自己。此外，飞利浦公司在跨国经营中实施"本土人才国际化"计划。如在中国，他们通过把杰出的中国员工派驻海外进行培训和工作，为其全球业务的发展培养来自中国的领导人才。

为了吸引并留住人才，飞利浦对每一位员工进行针对性的培训和职业规划。例如，飞利浦公司有一项针对内部员工的"员工敬业度调查"，在每次调查的过程中，所有的员工都会对公司的现状及未来发展提出自己的看法和建议，而每次调查的结果也都会引起飞利浦公司最高领导层高度关注，并成为指导公司下一步策略的重要依据。每位员工将与他的经理一起制订个人发展计划，在计划中描述所有可以帮助员工发展个人能力的相关活动，这些活动将帮助员工在接下来的一年中实现工作目标。因此，每位飞利浦的员工都有明确的工作目标和计划。这样的方式将工作量化后，员工能更充分地了解自己的优劣势，找出自己的问题所在而加以改进。在工作了一段时间以后，为了使员工可以自己把握职业的发展，公司允许员工通过内联网和互联网的系统，搜索、浏览和申请世界各地飞利浦的工作。作为飞利浦的员工，还可以报名参加公司为发展员工技能与知识而提供的众多培训项目。无论员工在世界任何地方，都可以获得相同的、受益匪浅的学习机会，也可以找到自己的归属感。

飞利浦为本土人才提供各种培训的机会以弥补员工的不足，如口才不够好的可以参加一些演讲会的课程，适应能力不够强的可以参加各种生存能力、协作能力的培训课程。飞利浦常常与员工一起讨论不足之处并加以提高。一般来说，本土人才往往缺乏国际性经验和工作灵活性。飞利浦帮助他们进入大型跨国公司工作以提高各方面的素养和能力。

问题：飞利浦的员工培训对我们有何借鉴意义？

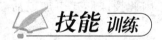

技能 训练

任务：编写新员工培训计划书

【背景材料】

新员工培训，又被称为入职培训，是企业将聘用的员工从社会人转变成为企业人的过程，同时也是员工从组织外部融入到组织或团队内部，并成为团队一员的过程。

新员工培训的内容主要包括两个方面：

1. 常识性培训，是指对员工进行企业发展历程、企业文化、管理理念、组织结构、发展规模、前景规划、产品服务与市场状况、业务流程、相关制度和政策及职业道德教育展开介绍、讲解和培训，使其可以全面了解、认识企业，加深认识并激发员工的使命感。

2. 专业性培训，主要包括：介绍部门结构、部门职责、管理规范、培训基本专业知识技能、讲授工作程序与方法、介绍关键绩效指标等。在此过程中部门负责人要向新员工说明岗位职责的具体要求，并在必要的情况下作出行为的示范，并指明可能的职业发展方向。

重庆昊海房地产开发公司于2010年8月新聘销售人员10人，根据公司人事管理制度，对新人职员工均需进行培训。

【任务要求】

"好的开始等于成功的一半!",你作为该公司人力资源部人事专员,请根据背景资料,可以参照下表编写一份完整的《新员工培训计划表》。

新员工培训计划表

编号:　　　　　　　　　　　　　　　　　　　　　　　　　　　拟定日期:

受训人员	姓　名		培训期间	月　日 至 月　日	辅导人员	姓　名	
	学　历		入职时间	年　月　日		部　门	
	专　长		岗　位			职　称	

项次	培训期间	培训日数	培训项目	培训部门	培训人员	培训日程及内容
1	月　日至 月　日止	天			姓名: 职称:	
2	月　日至 月　日止	天			姓名: 职称:	
3	月　日至 月　日止	天			姓名: 职称:	
4	月　日至 月　日止	天			姓名: 职称:	
5	月　日至 月　日止	天			姓名: 职称:	
6	月　日至 月　日止	天			姓名: 职称:	

部门负责人:　　　　　　　　　　　人事部:　　　　　　　　　　　制表人:

课外 练习

一、单项选择题

1. 关于外聘教师与内部培养教师的优劣比较,表述正确的是 (　　)。

A. 外聘教师保证交流的顺畅

B. 企业内部开发教师资源成本较高

C. 使用内部培养教师可能会加大培训风险

D. 内部培养教师可能影响培训对象的参与积极性

2. 在企业培训中 (　　) 是最基本的培训方法。

A. 讲授法　　　　　B. 专题讲座法　　　　　C. 参观法　　　　　D. 实验法

3. 企业培训的成功有赖于培训（   ）的指导与规范。

A. 制度　　　　　　　B. 内容　　　　　　C. 计划　　　　　　D. 措施

4. 下面关于确定培训对象要遵循的基本原则错误的是（   ）。

A. 在最需要的时候选最需要培训的人进行培训

B. 针对具体的岗位或职位及其在组织运营中的重要程度选择

C. 充分体现员工个人发展愿望与组织需要的结合

D. 根据社会经济以及知识、技术发展的趋势选择培训对象

5. 关于入职培训，表述错误的是（   ）。

A. 较少考虑新员工之间的个体差异

B. 使任职者具备合格员工的基本条件

C. 培训活动中应强调员工对于公司的重要性

D. 让员工学习新的工作准则和有效的工作行为

6. 讲义法属于与（   ）培训相适应的培训方法。

A. 技能　　　　　　　B. 知识　　　　　　C. 创造性　　　　　D. 解决问题能力

7. （   ）是进行培训的物质基础，是培训工作所必须具备的场所、设施、培训师等项目的重要保证。

A. 培训预算　　　　　B. 培训经费　　　　C. 培训设施　　　　D. 培训基地

8. 培训内容与需求合理衔接方式有两种：先定培训内容后选择受训者或（   ）。

A. 先审视受训者后评估内容　　　　　　　B. 先选择受训者后定培训内容

C. 先定培训内容后进行培训　　　　　　　D. 先选择受训者后评估内容

9. 对新员工进行入职培训是招聘过程的（   ）。

A. 结果　　　　　　　B. 成果　　　　　　C. 延续　　　　　　D. 展现

10. 设置培训课程的基本依据是（   ）。

A. 符合培训对象的差异性　　　　　　　　B. 符合企业培训的基本目标

C. 符合成人学习者的认知规律　　　　　　D. 符合企业和学习者的需求

二、多项选择题

1. 关于入职培训，表述正确的有（   ）。

A. 较少考虑新员工之间的个体差异

B. 使入职者具备合格员工的所有条件

C. 培训内容分为一般性培训和专业性培训

D. 培训活动中应强调员工对于公司的重要性

E. 让员工学习新的工作准则和有效的工作行为

2. 属于直接传授培训方式的培训方法有（   ）。

A. 讲义法　　　　　　B. 案例分析法　　　　C. 头脑风暴法

D. 模拟训练法　　　　E. 专题讲座法

3. 企业设置培训课程的基本原则有（   ）。

A. 体现全员参与的原则　　　　　　　　　B. 符合企业和学习者的需求

C. 体现企业培训功能的基本目标　　　　　D. 符合成人学习者的认知规律

E. 德、智、体、美全面发展

4. 在企业中最需要培训的对象是（　　　）。

A. 通过必备技能缺项测评，确实需要补充单项技能的人

B. 因新技术、新工艺的推广使用而需要培训的人

C. 出于自身的兴趣，希望提高某一项能力的人

D. 因组织需要，要提拔、转岗和晋升的人

E. 希望学到新的知识使自己的退休生活更丰富的人

5. 可以提供培训服务的咨询机构主要包括（　　　）。

A. 管理顾问公司　　　B. 管理咨询公司　　　C. 商务学校

D. 管理学院　　　　E. 培训公司

模块 5 领 导

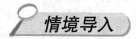 情境导入

"闲可钓鱼"与"无暇吃鱼"

一、"闲可钓鱼"的王业震

新港船厂是中国船舶工业总公司属下一家较为大型的企业，1982 年 11 月，46 岁的高级工程师王业震出任该厂厂长。当时该厂有职工 6 500 人，固定资产 1.2 亿元。在技术上和管理上，借鉴日本三井造船、大阪造船等企业的经验，锐意改革。

该厂企业内部管理体制设两大系统：直线指挥系统和职能系统。日常工作中，上级不可越级指挥，但可越级调查；下级不可越级请示，但可越级投诉。明确每个人只有一个直接上级，而每个上级直接管辖的下属为 3～9 人。归厂长王业震本人直接领导的只有 9 人。此外，专设 3 个"厂长信箱"，随时了解职工的意见和建议。一次，某车间工人来信反映某代理工段长不称职，王业震于第二天收阅后批转有关部门查处，经调查属实随即作人事调整，前后仅 5 天时间。

"一个厂长不时时想到为工人服务，就没有资格当厂长。"一次，两艘货轮在渤海湾相撞，由该厂承担抢修业务。在夜以继日的抢修中，王业震让后勤部门把馒头、香肠、鸡蛋送到现场。任务提前完成后，盈利 80 万元。王业震和厂领导班子决定破例发给参加抢修的职工加班费和误餐补助费 8 600 元。

新领导班子对会议作了改革。全厂必须召开的 15 个例会，时间、地点、出席人员都通过制度固定下来。一般会议不超过 2 小时，每人发言不超过 15 分钟。王业震本人每周仅召集 2 次会：厂长办公会和总调度会。

王业震基本上按时上下班，很少加班加点。每逢出差外出，他就委托一位副厂长代行职权。厂里曾经委派一位中层管理人员去日本监造主机，行前又明确授权让他一并购买主机控制台用的配件。那人到日本后，却接连就价格、手续、归期等事项挂国际长途电话向厂里请示。王业震的答复是："将在外，君命有所不受。你是厂里的全权代表，可以做主，不要遇事请示，那里的事你相机定夺嘛。今后再挂电话来，电话费由你自己付。"

仅仅一年光景，新班子和王业震初试锋芒即见成效。1983 年，新港船厂造船 4 艘、修船 137 艘，工业总产值、利润、全员劳动生产率分别比上年增长 25.6%、116% 和 20%。

二、无暇吃鱼的步鑫生

海盐衬衫总厂坐落在浙江省海盐县武原镇。该厂的前身是成立于 1956 年的红星成衣社，

一个仅有30多名职工的合作社性质的小厂。自1976年起，该厂由门市加工为主的综合性服装加工转为专业生产衬衫。此后，陆续开发出了双燕牌男女衬衫、三毛牌儿童衬衫和唐人牌高级衬衫等产品。到1983年，该厂已拥有固定资产净值107万元，600多名职工，当年工业总产值1 028万元，实现利润52.8万元。

成功容易却艰辛。步鑫生为厂里大大小小的事情操心，可谓"殚精竭虑"、"废寝忘食"。他性喜吃鱼，却忙得连吃鱼也顾不上了。有一次，食堂里没有别的菜，只有鱼。鱼颇鲜美，正合口味，可是他只吃了几口，因为太费时间，张口将未及咀嚼的鱼连肉带刺吐了出来，三口两口扒饭下肚，急匆匆地走了。他每天工作十五六个小时，从不午睡，每次出差，都是利用旅途小憩，到达目的地立即投入工作。

步鑫生常对厂里职工说："上班要拿出打老虎的劲头。慢吞吞，磨蹭蹭，办不好工厂，干不成事业。"他主持制定的本厂劳动管理制度规定：不准迟到早退，违者重罚。有位副厂长从外地出差回来，第二天上班迟到了3分钟，也被按规定扣发工资。以1983年计，全厂迟到者仅34人次。步鑫生本人开会、办事分秒必争，今天要办的事绝不拖到第二天。在他的带动下，全厂上下形成了雷厉风行的作风。只要厂内广播一通知开会，两分钟内，全厂30名中层以上干部凡是在厂的全都能到齐。开会的时间一般不超过15分钟。

进入1984年，一阵风在中国刮起了"西装热"。步鑫生先是不为所动，继而办起了一个领带车间，最后终于作出了兴办西装分厂的决策。在与上级主管部门来人的一次前后不过2小时的谈话中，步鑫生作出了这一重大决策。副厂长小沈闻讯提出异议："不能这样匆忙决定，得搞出一个可行性研究方案。"然而，这一意见被步厂长一句"你懂什么"给否定了。一份年产8万套西装、18万美元的估算和外汇额度的申请报告送到了省主管部门，在那里又加大了倍数，8万套成了30万套，18万美元成了80万美元，层层报批、核准，6 000平方米西装大楼迅速进入施工，耗资200万元。

无奈好景不长。宏观经济过热急剧降温，银根紧缩，国家开始压缩基建规模。海盐厂的西装大楼被迫停工。与此同时，市场上一度十分抢手的西装也出现了滞销迹象。步鑫生是靠衬衫起家的，年产120万件的产量和"唐人"、"三毛"、"双燕"三大牌号的衬衫令他引为自豪。但代表本厂水平的"唐人"牌高级衬衫在全国同行业产品评比中落选了。

1985年入秋，步鑫生被选送浙江大学管理专业深造。他并不因此而稍有解脱，企业严峻的经营状况令他放心不下。他频频奔波于厂校两地，在厂的日子远多于在校。半年之后，他退学回厂，决心以3年时间挽回企业的颓势。

仍然是精明强干的步鑫生，他的助手多数也很能干，只是当他从早到晚忙着处理厂里的大事小事时，他的助手似乎插不上手。步鑫生备尝创业的艰辛，终因企业濒临于破产窘境而被免去厂长之职。

"我没有预感到会有这个结局"，步鑫生这样说。他进而补充了一句："我是全心全意扑在事业上的。"副厂长小刘也不讳言："到现在为止，我敢说步鑫生仍是厂里工作热情最高的人。"

任务1　领　　导

 学习目标

1. 知识目标：理解领导基本理论，掌握和正确使用领导方式。
2. 能力目标：能够初步掌握领导应该具备的修养和能力。
3. 素质目标：感受和体会领导艺术。

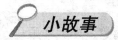 **小故事**

两 只 刺 猬

两只困倦的刺猬，由于寒冷而拥在一起。可因为各自身上都长着刺，于是它们离开了一段距离，但又冷得受不了，于是凑到一起。几经折腾，两只刺猬终于找到一个合适的距离：既能互相获得对方的温暖而又不至于被扎。

1.1　领导的内涵

1.1.1　领导的涵义

领导是指利用组织赋予的职权和个人具备的能力去指挥、命令和影响、引导职工为实现组织目标而努力工作的活动过程。

领导的涵义可从以下几方面理解。

（1）领导一定要与群体或组织中的其他人员发生联系（或心甘情愿，或屈服于权力的压制）。

（2）权力在领导者和组织其他成员中存在着不平等的分配。

（3）领导者能够对组织成员产生各种影响，使其有某种所期望的行为或表现。

（4）领导是手段而不是目的，不可为领导而领导。

1.1.2　区分领导者和管理者

区分领导者和管理者应注意以下几个方面。

（1）管理者的职权是通过组织的正式任命获得的，其对下属的命令行为建立在合法的、有报酬的和强制性的权力基础上。领导者既可以是任命的，也可能是在非正式组织中产生或由非正式组织成员公认的，其对组织成员的影响可能建立在合法的、有报酬的和强制性的权力基础上，也可能建立在个人影响权和专长权以及模范作用的基础之上。

（2）并不是所有的领导者都是管理者。一种原因是领导者可能不处于管理岗位上；另一种原因可能是，一个人能够影响别人并不表明他也同样能够做好计划、组织和控制等管理工作。

（3）实践证明，一个好的管理者不一定是一个好的领导者；一个好的领导者也不一定是一个好的管理者。

1.1.3　领导的作用

1. 指挥

集体活动中，人们需要运筹帷幄的领导者来帮助成员认清形势，指明组织活动的目标和达到目标的途径。

2. 协调

组织系统中，即使有了明确的目标，由于组织成员中的才能、理解能力等不同，加上外部各种因素的干扰，人们会在思想认识上发生各种分歧，因此就需要领导者来协调人们之间的关系和活动，把大家团结起来，朝着共同的目标前进。

3. 激励

现代企业中，员工大多都有积极工作的热情和愿望，但未必能自动长久地保持下去。这主要是因为人们需求的满足还受到种种限制。怎样使每一个员工都能够始终保持旺盛的工作热情，以最大限度地调动他们的工作积极性呢？这就需要有通情达理、关心群众的领导者来为他们排忧解难，激发和鼓励他们的斗志，发掘和加强他们积极进取的动力。

1.1.4　领导权力的来源

领导权力的来源如图 5 - 1 所示。

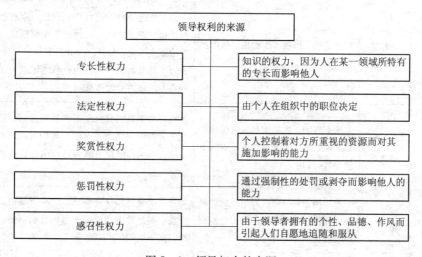

图 5 - 1　领导权力的来源

📖 **视野拓展**

感召权力　周恩来逝世联合国降半旗

当时的联合国秘书长瓦尔德海姆站出来，在联合国大厦门前的台阶上发表了一次极短的演讲，总共不过一分钟。他说："为了悼念周恩来，联合国下半旗，这是我决定的，原因有二：一是，中国是一个文明古国，她的金银财宝多得不计其数，她使用的人民币多得我们数不过来。可是她的周没有一分钱存款！二是，中国有 10 亿人口占世界人口的 1/4，可是她的周没有一个孩子。你们任何国家的元首，如果能做到其中一条，在他逝世之日，总部将照样为他降半旗。"说完，他转身就走，广场上的外交官各个哑口无言，随后响起雷鸣般的掌声。瓦尔德海姆机敏而锋利的谈吐，不仅表现了他机智无比的外交才能，同时也反映了我们敬爱的周总理的高尚品格是举世无双的。

1.2　领导风格类型

领导风格类型的划分标准参见表5-1。

表5-1　领导风格类型的划分标准

划分标准	类型	含义	特征或优缺点
权利运用的方式	集权式领导者	把管理的制度权力相对牢固地进行控制的领导者	优势在于通过完全的行政命令，下达指令。长期将下属视为某种可控制的工具，不利于下属职业生涯的良性发展
	民主式领导者	向被领导者授权，鼓励下属的参与，并且主要依赖于个人专长权和模范权影响下属	通过激励下属的需要，发展所需的知识，尤其是意会性或隐性知识，能够充分地积累和进化组织的能力，员工的能力结构也会得到长足提高；权力的分散性使得组织内部资源的流动速度减缓，进而增大组织内部的资源配置成本
创新方式	魅力型领导者	有着鼓励下属超越他们预期绩效水平的能力	有能力陈述一种下属可以识别的、富有想象力的未来远景；有能力提炼出一种每个人都坚定不移赞同的组织价值观系；信任下属并获取他们充分信任的回报；提升下属对新结果的意识；激励他们为了部门或组织利益而超越自身的利益
	变革型领导者	鼓励下属为了组织的利益而超越自身利益，并能对下属产生深远而不同寻常的影响	关心每个下属的日常生活和发展需要，帮助下属用新观念分析老问题，进而改变他们对问题的看法；能够激励、唤醒和鼓舞下属为达到组织或群体目标而付出加倍的努力
思维方式	事务型领导者	也称维持型领导者，对组织的管理职能和程序推崇备至，勤奋、谦和而且公正	通过明确角色和任务要求，激励下属向着既定的目标活动；尽量考虑和满足下属的社会需要，通过协作活动提高下属的生产率水平
	战略型领导者	将领导的权力与全面调动组织的内外资源相结合，实现组织长远目标	战略型领导行为系指拥有预见、洞察、保持灵活性并向他人授权，以创造所必需的战略变革能力；战略型领导是多功能的，管理人力资本的能力是战略型领导者最重要的技能

1.3　领导理论的发展

1.3.1　行为理论

行为理论（Behavior Theory）主要研究领导者的行为及其对下属的影响，以期寻求最佳的领导行为。行为理论包括以下五种理论。

1. 三种领导方式理论

三种领导方式理论的代表人物是怀特（Ralph K. White）和李皮特（Ronald Lipper），具体内容参见表 5－2。

表 5－2 领导方式及其内容

领导方式	内 容
专权型领导	领导者个人决定一切，布置下属执行
民主型领导	领导者发动下属讨论、集思广益，然后决策，要求上下融洽、合作一致
放任型领导	领导者撒手不管，下属愿意怎样做就怎样做，完全自由

2. 密歇根大学的研究——"工作中心"与"员工中心理论"

该理论的代表人物是伦西斯·利克特（Resins Likert），研究的主要目的是确定领导者的行为特点以及与工作绩效的关系，研究的方式是通过问卷、面谈等方式对各种组织结构的领导者进行研究。这种领导方式的类型有两种。

（1）工作导向型——关心工作的过程和结果，下属只是实现目标或任务绩效的工具。

（2）员工导向型——关心员工，有意识地培养与高绩效的工作群体相关的人文因素，重视人际关系。

通过两种不同领导方式的对比可知：员工导向型的领导者与高的群体生产率和高满意度正相关，而工作导向型的领导者则与低的群体生产率和低满意度正相关。

3. 四分图理论

该理论的代表人物是拉尔夫·斯托格迪尔（Ralph M. Stogdill）与卡罗尔·沙特尔（Carroll L. Sharte），研究的目的是探讨领导行为与绩效的关系，通过调查问卷的方式进行研究。

四分图理论将领导行为用两个构面来描述，如图 5－2 所示。

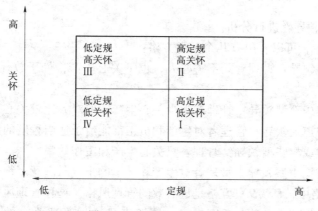

图 5－2 领导的四分图理论

四分图理论设置两个维度：① 关怀维度（consideration）：领导者对员工以及领导者与追随者之间的关系，对相互信任、尊重和友谊的关心。② 定规维度（initiation of structure）：领导者构建任务、明察群体之间的关系和明晰沟通渠道的倾向。

大量研究发现，一个在定规和关怀方面均高的领导者，常常比其他三种类型的领导者更能够使下属达到高绩效和高满意度，但是这种领导风格也并不总是能产生积极的效果。比如，当工人从事常规任务时，高定规反而会导致高抱怨、高缺勤和高离职，工作的满意度水平也较低。研究也发现，直接上级主管对领导者进行的绩效评估等级与高关怀性呈负相关关系。

4. 管理方格理论

该理论代表人物是美国心理学家布莱克和穆顿（Robert Blake and Tare S. Mouton），二人发展了领导风格的二维观点，在关心人和关心工作的基础上，于 1964 年提出了管理方格理论。

管理方格理论的具体步骤如下。

① 把管理人员按他们的绩效导向行为（称为对生产的关心）和维护导向行为（称为对人员的关心）进行评估，给出等级分值；

② 以此为基础，把分值标注在两个维度坐标界面上，并在这两个维度坐标轴上分别划出 9 个等级，从而生成 81 种不同的领导类型（如图 5-3 所示）；

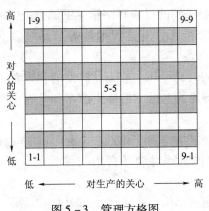

图 5-3　管理方格图

③ 对每种类型领导者进行分析。

从管理方格图中，可以看出有几个关键方格：

（1-1）贫乏型领导：管理者既不关心人，也不关心生产，处于放任管理状态，领导没有发挥作用；

（1-9）乡村俱乐部型领导：管理者很少关心生产，但对人比较关心；

（5-5）中庸之道式领导：管理者对生产和员工都能给予适当程度的关心；

（9-1）任务型或权威型领导：管理者只关心生产和工作效率；

（9-9）团队或民主型领导：管理者对生产和员工的士气与满意度都表现出高度的关心。

在以上关键方格中，（9-9）方格是最有效的管理风格，这种管理风格能改进组织绩效，减少缺勤率和离职率，使员工满意度提高。能够满足这种管理要求的人就是最称职的领导者。

1.3.2　权变理论

领导权变理论认为，每个组织的内在要素和外在环境条件都各不相同，因而在管理活动中不存在适用于任何情景的原则和方法。成功管理的关键在于对组织内外状况的充分了解和有效的应变策略。比较著名的权变理论有费德勒模型、领导生命周期理论、目标—途径理论、赫塞—布兰查德情境理论、领导者—参与模型，在这里仅介绍费德勒模型和领导生命周期理论。

1. 费德勒模型

伊利诺大学的费德勒（Fred Fiedler）从1951年开始，首先从组织绩效和领导态度之间的关系着手进行研究，经过长达15年的调查试验，提出了"有效领导的权变模式"，即费德勒模型。他认为任何领导形态均可能有效，其有效性完全取决于是否与所处的环境相适应。他把影响领导者领导风格的因素归纳为三个方面：职位权力、任务结构和上下级关系。

职位权力指的是与领导者职位相关联的正式职权和从上级与整个组织各个方面所得到的支持程度，职位权力由领导者对下属所拥有的实有权力所决定。领导者拥有这种明确的职位权力时，组织成员将会更顺从他的领导，有利于提高工作效率。

任务结构是指工作任务明确程度和有关人员对工作任务职责的明确程度。当工作任务本身十分明确，组织成员对工作任务的职责明确时，领导者对工作过程易于控制，整个组织完成工作任务的方向就更加明确。

上下级关系是指下属对领导者的信任爱戴和拥护程度，以及领导者对下属的关心、爱护程度。这一点对履行领导职能是很重要的。因为职位权力和任务结构可以由组织控制，而上下级关系是组织无法控制的。

领导者须与情境配合，才能达到更有效的领导（如表5-3所示）。

表5-3　费德勒权变领导匹配表

人际关系	好	好	好	好	差	差	差	差
工作结构	简单	简单	复杂	复杂	简单	简单	复杂	复杂
职位权力	强	弱	强	弱	强	弱	强	弱
环境	Ⅰ	Ⅱ	Ⅲ	Ⅳ	Ⅴ	Ⅵ	Ⅶ	Ⅷ
领导目标	高				不明确		低	
低 LPC 领导	人际关系				不明确		工作	
高 LPC 领导	工作				不明确		人际关系	
最有效方式	低 LPC				高 LPC		低 LPC	

从表中可以得到结论，人际关系型的领导方式比较有效。通过一系列的心理学测试可以得出下面三项结论：第一，在支持性、无压力的领导环境下，指导性行为只有与高智力结合起来，才会发挥高绩效水平；第二，工作经验与工作绩效之间成正相关。第三，在领导者感到无压力的情境中，领导者的智力水平与群体绩效成正相关。

2. 领导生命周期理论

该理论由赫塞（Paul Hersey）和布兰查德（Ken Blanchard）提出，他们认为下属的"成熟度"对领导者的领导方式起重要作用。所以，对不同"成熟度"的员工采取的领导方式有所不同。

所谓"成熟度"（readiness）是指人们对自己的行为承担责任的能力和愿望的大小。它取决于两个要素：工作成熟度和心理成熟度。工作成熟度包括一个人的知识和技能，工作成熟度高的人拥有足够的知识、能力和经验完成他们的工作任务而不需要他人的指导。心理成熟度指的是一个人做某事的意愿和动机，心理成熟度高的个体不需要太多的外部激励，他们靠内部动机激励。

领导方式和任务成熟度之间的关系如图5-4所示。

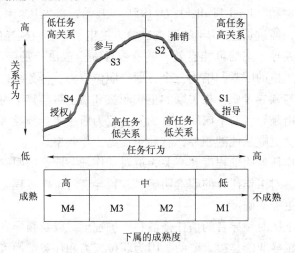

图 5-4 领导方式和任务成熟度之间的关系

在管理方格图的基础上，根据员工的成熟度不同，将领导方式分为命令式、说服式、参与式和授权式四种。

1.4 领导者素质

领导者素质，是指在先天禀赋的生理和心理基础上，经过后天的学习和实践锻炼而形成的在领导工作中经常起作用的那些基础条件和内在要素的总和。在领导科学理论的研究中，人们一般把领导者的素质分为政治素质、思想素质、道德素质、文化素质、业务素质、身体素质和心理素质，以及领导和管理能力等。

1.4.1 领导者素质学说

1. 要素说

素质是由素质载体所包含的要素总和构成的。例如，企业素质是由劳动力、劳动对象、劳动资料组成的有机结合以及有效的组织管理；领导者的素质由思想素质、文化技术素质、年龄素质、脑力和体力素质等构成。

2. 能力说

素质是一种质的动态反映，是一种综合性能力。

有日本理论家将企业领导者的能力归纳为十项：思维决策能力、规划能力、判断能力、创造能力、调查能力、劝说能力、对人理解能力、解决问题能力、培养下级能力、调动积极性能力。

3. 结合说

素质是指素质载体系统的、综合的、整体的特性或能力；素质不是指各种要素的本身能力，而是各要素能力的结合。例如，企业素质不是指组成生产力的各个要素，而是指这些要素发生的作用。企业素质的外在表现就是企业的活力；个人的素质是肌肉、骨骼、大脑等各种器官能力的结合，反映为人的智谋、技能、思维判断、速度、反应、耐力等。

国内对领导者素质的说法包括政治思想、文化知识、领导能力、思想作风、年龄体质五个方面。

日本企业界要求领导者应该具有使命感、责任心、信赖性、积极性、忠诚老实、有进取心、忍耐性、公平、热情、勇气等品德。

1.4.2　领导者应该具备的素质

20 世纪 70 年代美国哈佛大学约翰·科特教授有关于领导者素质的研究，他在对多家企业的经理进行调查之后认为一个领导者应该具备以下六个方面的素质。

1. 行业的知识和企业的知识

行业的知识主要包括市场情况、竞争情况、产品情况和技术状况。企业的知识主要包括领导者是谁、领导者成功的主要原因、公司的文化渊源、公司的历史和现在的制度。

2. 在公司和行业中拥有人际关系

这个人际关系首先要广泛，在企业活动涉及的各个领域必须拥有广泛的人际关系，越广越好；同时，必须是稳定的，不是短期的而是长期的，不是一次性的而是可以反复合作的。

3. 信誉和工作记录

一个好的领导者必须有良好的职业信誉和良好的工作记录。所以在探讨职业经理人的从业风险时，投资家会认为：我把资金交给职业经理人，那么他干得不好我的投资就没有了，所以我担的风险很大。但是理论家们则认为：职业经理人所担的风险其实更大，因为作为投资家，这笔投资失败了他还可以去进行其他的投资，在这里损失了，在别处可以找回来。但作为职业经理人，如果他把一个公司做垮了，把一项事业做得失败了，那么他的信誉就会受影响，这个很差的工作记录永远无法抹去，这对他以后整个事业道路和人生发展都会产生不良影响。所以投资商是拿着自己财产中的一部分来冒可逆的风险，而职业经理人是拿着自己的整个职业生涯和自己的人生发展来做赌注。

4. 基本的技能

领导者应掌握的基本技能包括：社会技能、概念技能和专业技能。概念技能主要指分析判断全局的能力和进行战略规划的能力，要求领导得有敏捷的思路和强大的抽象思维做支撑。

5. 要拥有个人价值观

这个价值观最基本的两条是：一要有积极的行为准则；二是要保持客观公正的评价态度。

6. 要拥有进取精神

进取精神具体来讲就是建立在自信基础上的成就和权力动机，并且保持充沛的精力，能够全身心地投入工作。

1.5　领导艺术

作为领导者，其有效性本质不是"把事做对（do things right-efficiency）"的能力，而是

"做对的事（do the right things-effectiveness）" 的能力。

1.5.1　有效利用自己的时间

1. 记录时间

许多有效的管理者经常保持一个时间记录簿，并且定期拿出来翻阅，进行研究和调整。

2. 管理时间

时间浪费常见的原因有两种：其一是自己时间管理不当，或不辨事情性质都躬亲处理；其二是组织缺陷。一个有效的管理者总能合理地管理时间。

3. 集中时间

管理者应尽可能地集中时间，以处理重要的事务，产生更大的效益。

1.5.2　致力于为组织成果做贡献

有效的管理者应经常自问："组织需要我贡献什么？我能做什么对组织目标产生重要的贡献？"另外管理者必须随职务的改变而改变自己的工作思路。

1.5.3　发挥自己、上级、同事、下级以及周围环境的长处

组织本身就是一种用来发挥成员的长处、中和成员的短处，并使其短处尽可能不发挥作用的工具。所以，有效的管理者不是看重成员不能干什么，而是重视成员能干什么；不是看重成员的短处，而是看重成员的优势；并通过自己的协调、指挥，将成员的各自优势发挥出来。

有效地发挥下级长处，必须考虑以下原则：一是不设计常人不能承担的职位；二是职位要求要严，而内涵要广；三是用人时先看他能做什么，而不是先看职位的要求是什么；四是在用人之长的同时，还应容人之短。

发挥上级的长处应注意两点：第一，发挥上级的长处，不能靠阿谀奉承的方法，而应坚持对的就是对的，错的就是错的，并以一种能为上级接受的方式向其提出。这是原则问题。第二，必须对上级的长处有所了解，并调整自己以适应其长处。这种适应主要应该注重"怎样适应"而不是"适应什么"。

1.5.4　集中精力做好最重要的工作

要集中精力应从以下三个方面做起。

（1）善于按事情缓急轻重安排工作，一次只把精力集中在一件工作上。管理者越是能有效地将时间、精力、财力集中起来，成果就越显著。

（2）摆脱昨天的困扰，终止不再起积极作用的工作。管理者的工作就是不断摒弃过去，开拓未来。

（3）在开始一件新工作前终止一件旧工作，也是控制整个机构负荷量的必要一步。

管理者常常根据事情的重要性和时间的紧迫性把所遇到的工作划分主次缓急。做最重要工作应遵循以下四条原则：着眼未来而不是过去；着重机遇而不是难题；要求坚持自己的方向而不随波逐流；要确立远大目标，注重所产生的效果，而不求简单、保险。

1.5.5 能作出有效的决策

首先，管理者必须认请问题的性质。一般来说，决策所要解决的问题可分为四类，包括：① 常见的问题；② 表面上看是一件特殊事件，实质是一个普通的常见问题；③ 一般性问题的首次出现；④ 真正的例外及特殊事件。

事实上，除了第四类真正的例外及特殊事件以外，所有问题都只需具有普遍意义的解决办法，即一条规则、一项政策，一旦建立了真正的原则，所有同类问题都可得到解决。

其次，管理者必须明确所要解决问题的具体"规范"。如：决策的目标是什么？它必须达到的最低限度的目标是什么？它应满足的条件是什么？

再次，管理者必须先认真思考解决问题的方法，然后再考虑必要的妥协、让步、改动等一系列事项，以期决策能被接受。

最后，在执行决策过程中，管理者应及时收集执行情况的信息，一方面反馈给执行者，另一方面用以检验决策的正确性及有效性。

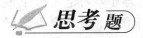 **思考题**

1. 简述领导的含义。
2. 领导与管理有什么不同？
3. 比较著名的管理理论有哪些？其核心思想分别是什么？
4. 领导者应该具备的素质有哪些？
5. 如何理解"领导艺术"？

 **案例分析**

江东毛纺有限公司

江东毛纺有限公司的前身是江东毛纺厂，去年进行现代企业制度改革试点之后才改制为有限公司。这是一家具有百年历史的老厂，是一家拥有近 5 000 名职工的国有大型企业。新中国成立前它是一家私营毛纺厂，新中国成立以后经过公私合营，以及 20 世纪 80、90 年代的改革开放，经历了几十年的风风雨雨，江东毛纺厂从小到大，得到了很大的发展。特别在改革开放的年代里，企业在著名企业家张京的带领下，克服了种种困难，在我国毛纺行业整体不太景气的环境中，一枝独秀，销售额、税利每年均以 10% ～ 20% 的速度递增，80 年代企业被评为国家一级企业。

江东毛纺公司的员工讲起公司的发展，都异口同声地说：公司之所以有今天，离不开公司的好当家——董事长兼总经理张京。张京今年 54 岁，毕业于华东纺织工学院，大学毕业后分配到江东毛纺厂工作，一干就是 30 多个年头。他开始从技术员干起，以后担任技术科组长、科长、技术副厂长。20 世纪 80 年代初，毛纺厂遇到了改革开放带来的机遇，同时也遇到了企业从生产型向市场经营型转制所带来的困难和挑战，企业的效益一度出现了下滑。这个时候张京接替离休的老厂长，挑起了厂长的重担。面对当时的形势，张厂长全面分析了企业的内外环境，深感要使企业继续发展必须注重内部管理，一方面要有全新的观念，来面对改革的形势，适应需要，同时要脚踏实地地推进企业内部改革，做好转制工作；另一方面需要抓紧技改，落实各项管理措施，依靠技术和管理，保质保量地生产出顾客需要的产品。在张厂长这一思想的指导下，企业内部进行了一系列的改革，上下一心使企业发展又上了一个台阶。屈指算来张厂长已做了 15 年的厂长，在这个岗位上，他以全新的思路，踏踏实实的工作态度，和全厂员工一起作出了优异的成绩，他也被评为全国劳动模范和优秀企业家。

说起取得的成绩，张厂长总是说，这是大家努力的结果。他总结的一条成功的经验是处理好各种关系，特别是处理好与中层干部的关系。这条经验的背后包含了张厂长大量的工作。企业要发展，必须要改革，要改掉计划经济体制下传统的一套，进而建立适应市场经济需要的体制。张京上任厂长后，首先感受到企业的组织机构设置不适应转制的需要。20 世纪 80 年代初，当时毛纺厂职工不到 2 000 人，可厂里科室、车间等部门却有 50 多个，厂里机构的设置都与上级主管公司、工业局上下对应，50 多个部门大部分都有一正三副，有的是一正四副，加起来带"长"的中层干部就近 200 人。机构重叠、人浮于事的情况相当严重。这些干部整天忙忙碌碌，可是不少工作不仅于事无补，而且是在帮倒忙，严重影响企业的发展。经过调查研究，张厂长决心从改革厂的组织机构开始。这项工作一开始，张厂长就碰到了来自两方面的阻力：一是来自上级部门，他们反对改变上下对口设机构的做法，因为这要影响他们的工作，下面没有了对口的部门，他们没有了直接联系的对象，信息收集就有困难了；二是来自中层干部，因为大家都知道，改革现行组织机构，必然要精简掉一些科室，拆掉了庙，就要搬菩萨和赶和尚，现有的利益格局要打破，一部分人会失去既得利益。果然，张厂长在厂务会议上宣布了改革方案后，引起了强烈的反响。工厂的科室和车间从原来的 50 多个精简为 40 个，每个部门只设一正一副，个别部门设一正二副。按张厂长当时的讲法，这只是机构改革的第一步，可接着而来的工作却使张厂长和党委书记忙了一年多时间。虽然做了大量工作，也采取了一些补救措施，比如由于精简机构而下岗的中层干部仍享受中层干部待遇等。面上基本摆平了，可是张厂长深知，在这个过程中一部分人的利益受到了影响，他们的积极性也出现了些问题。但张厂长清楚地感到，机构改革一定要搞好，要不企业适应不了市场经济的需要，因此，到了 80 年代末，张厂长又进行了一次大的组织机构改革：将原来的车间改制成分厂，将厂部的科室根据市场经济的需要又作了调整和精简。改组后厂部科室只有 15 个，每个科室只设正职，另配一名助理。当然方案的实施又碰到了各种阻力，也有不少思想问题。

进入 90 年代，面临"三资"企业和乡镇企业的挑战，同行业的大部分企业都连年滑坡，并出现了大面积的亏损。但江东毛纺厂由于 80 年代较好地完成了转制，产销形势喜人，产值和利润逐年上升。本市和外地的同行企业纷纷来江东毛纺厂取经，这些厂家的领导看了江东毛纺厂后在与张厂长的交谈中都表示，差距主要在技术和管理上。面对这一形势，张厂长在考虑企业再次创业的问题。再次创业能否成功，关键在于干部队伍，特别是能否调动中层干部队伍的积极性，这是张厂长经过认真考虑后得出的结论。为此由他牵头，党委正副书记和工会主席组成小组，分别了解中层干部的状况，在调查研究的基础上提出切实可行的方案。经过一个多月的访谈，基本情况更清楚了。现在的 25 位中层正职干部，大部分年龄在 50 ~ 55 岁，他们在厂里一般都有几十年工龄，绝大部分都是从基层管理者开始干起，既懂技术，又有着丰富的管理经验，毛纺厂有今天的成绩离不开他们辛勤的工作。一小部分正职干部和大部分助理均是 30～40 岁年龄，这批人学历高，有新思想，也有闯劲，经过几年的锻炼，已具有了一定的管理经验。在访谈中有的 50 多岁的干部表达了想在退休前干好工作，多挣些钱，为退休以后的生活创造好的物质保障条件的想法。经过分析，张厂长认为，这种想法是合理的，虽然不少 50 多岁的干部口上没说，但心里或多或少也有这种想法，而那些 30～40 岁的中青年干部大都希望组织能给他们压担子，有的直接表示希望能有更好的机会，施展自己的才干。面对干部的这些想法，张厂长想，这次不应再像以往搞精简机构时那样做减法，因为那样做虽是必要的，但使得一批原来的中层干部离岗，多少会影响一些他们的积极性，有些人的才干也没有机会得到充分施展，而这次应把中层干部的积极性都充分调动起来。要想法做加法，即不仅要调动现有干部的积极性，还要提一批青年干部上来，有更多的人来挑企业再次创业的重担。但到底怎样做才能达到这一目标呢？这是张厂长近来一直在思索的问题。

问题：

1. 看了案例，你有什么想法？

2. 你认为张厂长是一个称职的企业领导吗？为什么？他具有哪些领导特质？

3. 你认为张厂长应该怎么做才能充分调动中层干部的积极性？

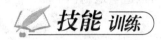 技能 训练

实训：如何开展上任初期的工作

主题词：领导力、合理安排、上任措施

适用情景：当开始开展上任后的工作时，查看此技能

技能描述：接受新的职位任命后，经理人马上就要开展工作。在开展任职初期的工作时，主要从以下几个方面入手。

★首先了解情况

经理人在上任之初，首先要了解有关情况，然后再开展工作，这样，工作才有针对性。了解情况的方式有以下四种。

（1）开座谈会。利用座谈会了解情况是最常用的一种方法，它简单、易行又切实可靠。为了多方面了解情况，可以召开不同类型的座谈会。可以根据调查者的目的和座谈会的类型来选参会人，一般来说，要选择比较了解情况、有一定实践经验和分析能力，尤其是敢说真话的人来参加。

（2）通过个别交谈获取信息。有的人在座谈会上有顾虑，经理人不好也不便细问，这时，可以通过个别的交谈来了解情况。交谈时要打消对方的顾虑，并注重交流技巧。个别交谈比开座谈会了解情况更深入、更详细，尤其是对一些复杂的问题。

（3）通过查看书面材料了解情况。从本单位的文件、总结、简报和统计材料里面，也可以了解有关的情况。但是，对这些材料要善于分析和过滤，从中发现最有价值的东西。

（4）自己用心观察。虽然开座谈会、听汇报、谈话等方式都可以间接地了解情况，但经理人自己还要善于观察，直接掌握第一手资料。这就要求经理人深入基层，通过参加基层

的活动，或者以旁观者的身份，仔细了解情况。

★以昂扬的精神面貌出现在下属面前

经理人上任后的一言一行、一举一动都会在员工的注视之中，所以，经理人要充满信心地去上任，以昂扬的精神面貌出现在员工面前，以高昂的情绪和乐观的精神去鼓舞士气。

提醒：

在上任之际，要使自己处在"竞技状态"。

★对任何事情都不要轻易下定论

经理人上任之初，由于对相关情况不是很熟悉，所以对任何事情都不要轻易下结论、表态，要多用耳朵听，用眼睛看，少发表意见。要广泛收集各方面的情况，认真听取大家的意见、要求和希望，发现问题后相互之间进行密切的沟通和磋商。

★多依靠下属

到任以后，不能过于雄心勃勃，把事情全部包揽下来，把相关的职能部门撇到一边。这样，不仅会使自己陷入事务的泥潭，而且破坏了原来的领导层次，把正常的工作秩序给打乱了，最终失去大家的拥护，成为孤家寡人。所以，在工作上要多依靠下属员工，合理授权，虚心听取他们的意见和建议。

小看板：

等到局面基本稳定下来，自己对各方面的情况也很了解以后，可以适当地调整干部，但也不能搞"一朝天子一朝臣"。

★慎重对待人事变动

在刚刚上任之际，一切都还不稳定，对下属的情况也不熟悉，许多事情还要依靠原来的下属来协作完成。所以，在刚开始的时候，要保持下属队伍的稳定性，不能进行大规模的人事变动。否则，可能会影响员工情绪，严重者会导致局势动荡，给以后的工作埋下诸多不安定因素。

总之，在上任之初，要慎重对待各方面的工作，为以后打开局面打下一个良好的基础。

牢记要点：

开展任期之初工作的方法有：了解情况；表现出积极的精神面貌；对任何事情都不要轻易下定论；多依靠下属；慎重对待人事变动；

实践练习：

请你根据下列情境回答问题。

假设你刚到某公司的一个相关部门任经理，那么在上任之初，你将如何开展工作？请把你的思路和设想表述出来。

1. 当第一次召集下属开会时：

_____

2. 当你听取下属的工作汇报时：

_____

3. 涉及前任的工作情况评价时：

_____

4. 对于部门的人事变动：

_____

5. 与下属的工作配合方面：

_____

课外练习

一、单项选择题

1. 要做到有效倾听，下列不正确的是（　　）。

A. 领导者必须控制自己的情绪

B. 对于力所能及的要求，要大方许诺

C. 不要随意插话

D. 适时发问，鼓励对方进一步的解释和说明

2. 王先生是某公司的一名年轻技术人员，一年前被调到公司企划部任经理，考虑到自己的资历、经验等，他采取了较为宽松的管理方式，试分析下列哪一种情况下，王先生的领导风格最有助于产生较好的管理效果（　　）。

A. 企划部任务明确，王先生与下属关系好但职位权力弱

B. 企划部任务明确，王先生与下属关系差但职位权力弱

C. 企划部任务不明确，王先生与下属关系差且职位权力弱

D. 企划部任务不明确，王先生与下属关系好且职位权力强

3. 张教授到某企业进行管理咨询，该企业总经理热情地接待了张教授，并介绍公司的具体情况，才说了 15 分钟，就被人叫了出去，10 分钟后回来继续，不到 15 分钟，又被叫出去。这样，整个下午 3 个小时总经理一共被叫出去 10 次之多，使得企业情况介绍时断时续。这说明（　　）。

A. 总经理不重视管理咨询　　　　B. 该企业可能这几天遇到了紧急情况

C. 总经理可能过度集权　　　　　D. 总经理重视民主管理

4. 某公司销售部经理被批评为"控制的太多，而领导的太少"，据此你认为该经理在工作中存在的主要问题可能是（　　）。

A. 对下属销售人员的疾苦没有给予足够的关心

B. 对销售任务的完成没有给予充分的关注

C. 事无巨细，过分亲历亲为，没有做好授权工作

D. 没有为下属销售人员制定明确的奋斗目标

5. 以下是实际所观察到的某些领导的行为表现：① 自行作出并宣布决策；② 强行推销自己所做的决策；③ 作出决定并允许提出问题；④ 提出可修改的讨论计划；⑤ 提出问题、征求意见并作出决策；⑥ 规定界限但由集体作出决策；⑦ 允许下属在上级规定的界限内行使决策权。

对这 7 种领导行为的最适当分类是：（　　）。

A. ①②属于专制式，③④⑤属于参与式，⑥⑦属于民主式

B. ①属于专制式，②③④⑤属于民主式，⑥⑦属于放任式

C. ①②属于专制式，③④⑤属于民主式，⑥⑦属于放任式

D. ①②属于专制式，③⑤属于民主式，④⑥⑦属于放任式

6. 下述活动与领导职能无关的是（　　　）。

A. 向下属传达自己对销售工作目标的认识

B. 与某用户谈判以期达成一项长期销售计划

C. 召集各地分公司经理讨论和协调销售计划的落实情况

D. 召集公司有关部门的职能人员开联谊会，鼓励他们攻克难关

7. 某企业多年来任务完成得都比较好，职工经济收入也很高，但领导和职工的关系却很差，该领导很可能是管理方格中所说的（　　　）。

A. 贫乏型　　　　　B. 乡村俱乐部型　　　C. 任务型　　　　　D. 中庸之道型

8. 美国管理大师彼得·德鲁克说过，如果你理解管理理论，但不具备管理技术和管理工具的运用能力，你还不是一个有效的管理者；反过来，如果你具备管理技巧和能力，而没有掌握管理理论，那么充其量你只是一个技术员。这句话说明（　　　）。

A. 有效的管理者应该既掌握管理理论，又具备管理技巧与管理工具的运用能力

B. 是否掌握管理理论对管理者工作的有效性来说无足轻重

C. 如果理解管理理论，就能成为一名有效的管理者

D. 有效的管理者应该注重管理技术与工具的运用能力，而不必注意管理理论

9. 如果你是公司的总经理，在周末下午下班后，公司某位重要客户给你打来电话，说他向公司购买的设备出了故障，需要紧急更换零部件，而此时公司的全体人员均已下班。对于这种情况，你认为以下各种做法中哪一种比较好（　　　）。

A. 告诉客户，因周末找不到人，只好等下周解决，并对此表示歉意

B. 请值班人员打电话找有关主管人员落实送货事宜

C. 因为是重要客户的紧急需要，马上亲自设法将货送去

D. 亲自打电话找有关主管人员，请他们设法马上送货给客户

10. 假定请你主持召开一个由公司有关"智囊"参加的会议，讨论公司发展战略的制定问题。如果在会上听到了许多与你观点不同的意见，而且你也知道这些意见有失偏颇是因为发言者掌握的资料不全。对此你认为最好采取哪一种做法（　　　）。

A. 视情况谈谈自己对一些重要问题的看法　　B. 既然是智囊会议，就应允许畅所欲言

C. 及时提供资料，证明这些意见的错误　　　D. 及时打断这些发言以发表自己的高见

二、多项选择题

1. 在领导行为的四分图理论中，确定领导行为的因素是（　　　）。

A. 对员工的关心　　　　　　　　　　B. 对生产的关心

C. 对规则的关心　　　　　　　　　　D. 对上级命令的关心

E. 员工的素质

2. 在费德勒的权变领导理论中，条件评价由三个部分组成，它们是任务结构和（　　　）。

A. 领导者与被领导者的关系　　　　　　B. 权力类型

C. 领导者的职务权力　　　　　　　　　D. 领导风格

任务2 激 励

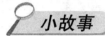

学习目标

1. 知识目标：掌握激励的含义和典型激励理论。
2. 能力目标：能够识别激励理论和方式。
3. 素质目标：理解和体会激励理论的应用。

小故事

昂起头来真美

珍妮是个总爱低着头的小女孩，她一直觉得自己长得不够漂亮。有一天，她到饰物店去买了只绿色蝴蝶结，店主不断赞美她戴上蝴蝶结挺漂亮，珍妮虽不信，但是挺高兴，不由昂起了头，急于让大家看看，出门与人撞了一下都没在意。珍妮走进教室，迎面碰上了她的老师，"珍妮，你昂起头来真美！"老师爱抚地拍拍她的肩说。那一天，她得到了许多人的赞美。她想一定是蝴蝶结的功劳，可往镜前一照，头上根本就没有蝴蝶结，一定是出饰物店时与人一碰弄丢了。

2.1 激励原理

2.1.1 激励的概念

激励是指影响人们的内在需求或动机，从而加强、引导和维持那些有利于实现组织目标的自觉行为的活动或过程。

激励可以从以下几个方面理解。

（1）激励的对象是人。

（2）激励是手段，是为实现组织目标服务的。

（3）激励是心理过程，因人、因时而异。

（4）激励应产生自觉行动，不论在什么条件下，它都表现为"我要做"而非"要我做"。

2.1.2 激励与行为

人类有目的的行为都是出于对某种需要的追求。未得到的满足是激励的起点，进而导致某种行为，激励是组织中人的行为的动力。

要通过激励促成组织中人的行为的产生，取决于某一行动的效价和期望值。效价指个人达到某种预期成果的偏爱程度，或某种预期成果可能给行为者带来的满足程度；期望值是某一具体行动可带来某种预期成果的概率，即行为者采取某种行动，获得某种成果从而带来某种心理上或生理上满足的可能性。激励力的计算公式为：

$$激励力 = 某一行动的效价 \times 期望值$$

2.1.3 激励产生的内因和外因

激励产生的内因由人的认知知识构成，外因则是人所处的环境。人的行为可看成是人自身特点及其所处环境的函数。

2.1.4 需要的管理学意义

从领导方式看，需要是领导者指挥下属和鼓励下属的行为基础。

组织目标的有效实现，不仅是领导者运用权力影响下属的过程，还是领导者为下属创造发展空间以整合个人目标的过程。

2.2 激励理论

2.2.1 内容型激励理论

1. 马斯洛的需要层次理论

该理论是亚伯拉罕·马斯洛提出来的，其基本出发点有以下两个方面。

（1）人是有需要的动物，其需要取决于已经得到什么，还缺什么，只有尚未满足的需要才能够影响行为，已经得到满足的需要不再起激励作用。

（2）人的需要都有层次，某一层需要得到满足后，另一层需要才出现。

① 人的需要分为五个层次，如图 5-5 所示。

图 5-5 马斯洛的需要层次理论

a——生理的需要：最基本的需要。

b——安全的需要：现在安全的需要和未来安全的需要。

c——社交的需要：生活上的接纳、共处和感情上的归属。

d——尊重的需要：自尊和被尊。自尊是指在自己取得成功时有一股自豪感；被尊是指当自己作出贡献时能得到他人的承认。

e——自我实现的需要：这种需要就是希望在工作上有所成就，在事业上有所建树，实现自己的理想或抱负。主要来自于两个方面：胜任感方面和成就感方面。

② 这五种需要不是并列的而是由 a 到 e 从低到高排列的。

③ 人的行为是由主导需求决定的。

2. 赫茨伯格的双因素理论

该理论由美国匹茨堡心理学研究所的赫茨伯格于 20 世纪 50 年代后期提出。他提出影响人们行为的因素主要有两类，即保健因素和激励因素，如表 5-4 所示。

表 5 - 4　双因素理论

	好	不好
保健因素	没有不满意	不满意
激励因素	满意	没有满意

其中保健因素是指那些与人们不满意情绪有关的因素，保健因素往往是一些工作的外在因素，大多同他们的工作条件和环境有关，如企业政策、工资水平等。

激励因素指那些与人们的满意情绪有关的因素，激励因素通常是工作内在的因素，由工作本身所决定，如工作表现机会和工作带来的愉快、工作上的成就感、由工作业绩而得到的奖励、对未来发展的期望、职务上的责任感等。

3. 麦克兰的成就需要论

成就需要论包括三个方面的内容。

（1）成就的需要：指渴望完成困难的事情、获得某种高的成功标准、掌握复杂的工作以及超过别人。

（2）依附的需要：指渴望结成紧密的个人关系、回避冲突以及建立亲切的友谊。

（3）权力的需要：指渴望影响或控制他人、为他人负责以及拥有高于他人的职权和权威。

4. 麦格雷戈的 X 理论和 Y 理论

（1）X 理论认为：

① 员工天性好逸恶劳，只要可能，就会躲避工作；

② 员工以自我为中心，漠视组织要求；

③ 员工只要有可能就会逃避责任，安于现状，缺乏创造性；

④ 员工不喜欢工作，需要对他们采取强制措施或惩罚办法，迫使他们实现组织目标。

（2）Y 理论认为：

① 员工并非好逸恶劳，而是自觉勤奋，喜欢工作；

② 员工有很强的自我控制能力，在工作中执行完成任务的承诺；

③ 一般而言，每个人不仅能够承担责任，而且还主动寻求承担责任；

④ 绝大多数人都具备作出正确决策的能力。

2.2.2　过程型激励

1. 弗鲁姆（弗隆）的期望理论

该理论的基本观点为：人们在预期他们的行动将会有助于达到某个目标的情况下才会被激励起来去做某些事情以达到这个目标。其主要内容是：人们从事任何工作的激励程度将取决于经其努力后取得的成果的价值与他对实现目标的可能性的看法的乘积。即：

$$M = V \times E$$

其中：M（Motivation）表示激发力量；V（Value）表示效价；E（Expectation）表示期望值。

效价，是指一个人对某一成果的偏好程度，或某种预期成果可能给行为者带来的满足程度。

期望值，是指通过特定的活动导致预期成果的概率，即对工作目标能够实现概率的估计。

2．亚当斯公平理论

亚当斯公平理论的主要内容是员工首先思考自己收入与付出的比率，然后将其与相关他人的收入与付出比率进行比较。如果感觉到自己的比率与他人的相同，则为公平状态，否则会产生不公平感觉。

在公平理论看来，组织成员所得报酬的绝对值与其积极性的高低并无直接的和必然的联系，对其行为产生影响的，只是员工自己和他人对组织的贡献与组织所给予报酬的比较。

3．斯金纳强化理论

斯金纳强化理论的主要内容是人们为了达到某种目的，都会采取一定的行为，这种行为将作用于环境，当行为的结果是有利的时候，这种行为就会重复出现；当行为的结果不利时，这种行为就会减弱或消失。

强化理论具体表现在以下方面。

（1）正强化。就是能增加行为的频率，而且这种行为能带来积极的后果，如表扬、给予一定的特权等。

（2）负强化。避免某种对自己不利的后果而增加某种行为。

（3）惩罚。导致某种行为的减少。主要有两种形式：一是将惩罚作为某种行为与其不利后果相应联系；二是当某种不良行为发生时，收回行为者所重视的东西。

（4）零强化。为终止（或减少）某种行为，而不对此种行为进行强化。

4．目标理论

目标理论的基本原理在于它着眼于希望达到的结果，而不是着眼于内心的需求和激励过程。

目标理论的作用体现在：建立了目标的人比没有建立目标时能得到更高水平的结果；建立了目标的人比没有建立目标的人工作表现更好。

5．波特和劳勒的综合模式

该模式的主要内容包括以下几点。

（1）个人是否努力以及努力程度不仅仅取决于奖励的价值，还受到个人觉察出来的努力和受到奖励的概率的影响。

（2）个人实际能达到的绩效不仅仅取决于其努力程度，还受到个人能力的大小以及对任务的了解和理解程度的影响。

（3）个人所应得到的奖励应当以其实际达到的工作绩效为价值标准，尽量剔除主观评估因素。

（4）个人对于所受到的奖励是否满意以及满意程度如何，取决于受激励者对报酬公平性的感觉。

（5）个人是否满意以及满意的程度将会反馈到其完成下一个任务的努力过程中。

2.3　激励实务

2.3.1　激励的重要工作

为保障激励工作正常进行，可以从以下方面开展工作。

（1）委以恰当工作，激发职工内在的工作热情。工作的分配要能考虑到职工的特长和爱好，使人尽其才，才尽其用；工作的分配要能激发职工内在的工作热情，既富有挑战性，又有实现的可能性。

（2）正确评价工作，合理给予报酬，形成良性循环。赏要合理，满足公平理论；罚要合情，遵循火炉原则。

（3）掌握批评武器，化消极为积极。首先要明确批评目的；其次要了解错误的事实；最后还要注意批评方法，对事不对人，要注意适当用语，选择适当场合、适当时间进行批评。

（4）注意批评效果。要能从批评的过程和结果中获得提高。

（5）加强教育培训，提高职工素质，增强进取精神。要加强思想政治工作的开展，建立自我激励机制；还要明确激励的目的是达到不激励。

2.3.2 激励常用的方法

在漫长的历史长河中，人们不断总结前人的实践经验，形成了多种多样的激励方法。从激励主客体角度划分，有自我激励和外部激励；从激励对象角度划分，有群体激励和个体激励；从激励时效角度划分，有及时激励和延时激励；从激励的作用角度划分，有正强化激励和负强化激励；从激励的动因角度划分，有物质激励、精神激励和复合激励（物质与精神的结合）。本节重点从激励方式的角度划分分析，主要有以下几种类型。

1. 行政激励

这是激励的一种主要方式，是国家行政机构和各级组织按照一定的法规程序给予的具有行政权威性的奖励和处罚。

行政激励具有鲜明的法规性、权威性、永久性和严肃性的特点。所谓法规性，就是要严格执行法律和条令条例以及文件规定，不能有随意性。所谓权威性，就是以国家和行政组织名义出现对激励对象有着十分重大的影响。所谓永久性，就是一般要"记录在案"，在激励对象身上能留下长远的"印记"，甚至是影响终身。所谓严肃性，就是要按照严格的程序和规定进行，并以一定的形式公布于众。

2. 物质激励

物质激励是以货币和实物形式进行的对人们良好行为的一种奖励方式，或者是对不良行为的处罚的办法，是一种古老的激励方式。物质激励虽然是一种古老的激励方式，但具有较强的生命力，在现代及今后相当长的历史时期将继续发挥其独特的作用。当前，比较通行的物质奖励方式有奖品、奖金、分房，以及休假、疗养、旅游等福利待遇；处罚方式有扣发奖金和工资、罚款、没收非法所得等。

物质激励之所以行之有效，在于物质利益是人们最基本的利益。在社会生活中，每个人都离不开一定的物质需求和物质利益，这不仅是维持生存的基本条件，而且是个人在各方面获得发展的重要前提。物质利益是人们从事一切社会活动的物质动因。物质激励就是通过满足或者限制个人的物质利益的需求，来激发人们的积极性和创造性。人们为了获得或者避免失去物质利益，就会自觉用法律、条令和规章制度来约束自己，规范自己的言行，积极努力地工作，从而实现管理的目的。满足人们物质利益需要符合社会发展的客观规律。第二次世界大战之后，欧亚各国都面临着恢复经济的艰巨任务，英国工党提出"勒紧裤带，恢复经济"的方针，结果因不能满足人民的物质利益需要，调动不了人民的积极性而遭失败。日本政府接受英国工党失败的教训，提出了《国民所得倍增计划》，把发展生产同提高人民生活水平相结合，使日本经济走上了腾飞的轨道。

3. 舆论激励

舆论激励，也可以叫荣辱激励，它是运用社会公德、职业道德的一般规范，造成某种舆论氛围，使激励对象产生一种荣辱感。其主要方式是通过文件、报刊、会议以及墙报、广播等宣传媒介，对先进事迹进行表扬，对不良行为进行批评。从而达到弘扬正气、抵制歪风邪气的目的，形成奋发向上、你追我赶的良好气氛。

荣辱之心，人皆有之，趋荣避辱，世之常情。纵观古今中外历史，人们都是十分重视荣誉的，以致把荣誉当成是第二生命。激励作为评价行为、肯定成绩、给人荣辱的重要手段，对于人们荣辱观念的形成起着重要作用。

4. 升降激励

升降激励通过职务和级别的升降来激励人的进取精神。

升降激励必须坚持任人唯贤，升降得当。坚持正确的任用方针，唯能是用，德才兼备。选对一人，就会鼓舞一片，罚对一人，就会教育一片，这才能起到激励作用；反之，选错一人，就会冷落一片，罚错一人，就会寒心一片，不仅起不到激励作用，还会起到相反的效果。

5. 民主激励

据心理学研究发现，如果一个单位的领导者能够充分发扬民主，给予广大下属以参与决策和管理的机会，那么这个单位的生产、工作、员工情绪、内部团结都能处于最佳状态。广大员工参加民主管理的程度越高，越有利于调动他们的积极性。

领导者应当采取多种形式为广大员工参与民主管理提供一切方便，创造有利条件，使其能切实地行使应有的管理的权力，焕发出更大的当家做主的热情。在工作中，领导者要采取民主式领导，实行员工路线，有事多和员工商量，集思广益。不管是决定问题，还是向下级布置工作，都要有良好的民主作风，不要以为自己是领导者，就事事都搞强迫命令，而要多讨论，多商量。这样可以开启下级思想的闸门，使他们开动脑筋，充分说出自己的见解。一方面下级的意见可以弥补领导者智慧的不足；另一方面，共同商量决定的问题里面包含了下级提出的正确意见，下级执行起来，就会更加自觉；同时，领导者用商量的方式与下级研究问题，还可以增强下级对领导者的亲切感，从而进一步加深彼此之间的感情。在这样的领导者手下工作，下级就会感到心情舒畅，积极性就能得到有效的发挥。

6. 调迁激励

调迁激励有岗位调动、部门调动、地区调动、任务调动和入学深造等形式。它通过调动部属去重要岗位、重要部门担负重要工作或者去完成重要任务，使部属有一种信任感、尊重感和亲密感，从而提高积极性，产生一种正强化激励作用。同时还可将不胜任工作的部属从重要部门、重要岗位调出，免去所担负的重要任务，使其看到自己的差距和不足，从而产生一种负强化激励作用。

7. 许诺激励

许诺激励是领导者通过对某一事项、某一事件或某一个人，根据不同的需要，在公开场合或私下进行不同的许愿，以满足下属心理需要，激发出完成工作目标积极性的一种激励方式。许诺的内容是多方面的，比如提干、晋升、奖励、拨款等。但无论哪种形式、什么内容的许诺，都应力求公正、准确、适度。所谓公正，指要有清醒的头脑和实事求是的精神，用科学的标准和态度衡量和要求下属，坚持一视同仁。切忌根据自己的主观意念和好恶或凭私下情感，滥用职权，乱开口子，乱给优惠。不公正的许诺只能迎合少数人的心理，而打击多数员工的积极性。所谓准确，指的是领导者给下属许诺的内容和范围都要紧扣"主题"，不要离"题"万里。那种张冠李戴、不着边际的许诺，只会激起员工的不满，降低领导的声誉。所谓适度，指的是领导者许诺要符合客观事物本身的度，即掌握好分寸，恰到好处，不要凭借权力，不切实际一味许诺，以致难以操作，无法实现。只有当有功者得到应有的奖励，有能者得到应有的提拔，成绩显赫者得到重用，工作落伍者受到惩罚时，领导者的主张才会化为员工努力完成工作目标的自觉行动。当然，许诺还要讲究针对性，不同需要应作出不同许诺。针对性强，实效性才大。

8. 情感激励

情感为人类所独有，在人类的生活中起着巨大的作用。人的任何认识和行动，都是在一定的情感推动下完成的。积极的情感可以焕发出惊人的力量去克服困难，消极的情感则会大大妨碍工作的进行。

情感具有极大的激励作用，是人的行为最直接的一种激励因素。领导者是做人的工作的，而人是有感情的，领导者必须用自己的感情去打动和征服下级的感情。领导者要对下级尊重、信任和关怀，从感情上赢得下级的信赖；下级愿意接近领导，肯把心里话对领导说，从内心里愿意听从领导的指挥，对领导布置的工作，他们能痛痛快快地去完成。上下级之间感情融洽，是一种比什么都重要的巨大力量，可以大大推动工作的进展。

9. 荣誉激励

荣誉激励是一种高层次的激励方式，多是一定层次的组织对下属个人或单位授予一种荣誉称号，有的是对一段时间工作的全面肯定，有的是对某一方面的突出贡献予以表彰。荣誉激励在社会现实中使用十分普遍，而且种类很多。被组织授予荣誉称号，即是被社会承认为群体成员的学习榜样，标志着某方面追求的成功和自我价值的增值，是对一种高级精神需要的满足。对一个有才干、有抱负的群体成员来说，这无疑是一种巨大的鞭策，将起着长久的作用，而且对整个群体的榜样作用更是难以估量。对一个群体授予荣誉称号，会增强全体成员的荣誉感和奋发感，聚合更大的群体力量，达成群体的高功能，同样也会对其他群体产生巨大的榜样作用。

10. 示范激励

所谓示范激励，就是通过宣传典型，树立榜样而引导和带动一般。运用此种激励方法应注意以下几点。

（1）榜样必须是真实可信的，否则不但起不到激励作用，还会引起人们的反感。

（2）榜样要具有代表性、可学性。人们往往有一种偏见，仿佛榜样就得完美无缺，"高、大、全"。其实这种榜样不仅人间少有，而且缺乏代表性和可学性。实际上，榜样也应该是分层次、分类型的。某人在某个方面值得学习，就可树为某个方面的榜样；某人在某一层次有代表性和可学性，就可树为某一层次人们学习的榜样。从一定意义上说，由于员工更熟悉这样的榜样，这样的榜样更接近他们，他们会感到亲切，学习效果可能更好一些。

（3）作为领导者，要注意亲自作出示范。社会心理学关于群体的理论指出，在群体成员中存在着相互示范效应，即人们之间会自觉或不自觉地相互仿效，而且特别容易仿效领导。由于此种效应，领导者在工作中为下属作出好的示范就显得特别重要。

11. 日常激励

所谓日常激励，就是经常随时随地地对部属的行为作出是与非的评价，进行表扬与批评、赞许与制止，以激励部属的一种方法。它是从日常的具体事情上对人的行为进行规范，达到潜移默化的作用。日常激励要求管理者要有一张"婆婆嘴"，随时留心，见缝插针，有机会就讲，一两分钟不嫌短，三五句话不嫌少，上班前后讲几句，散步路上谈几句，关键时候提醒一句；紧张的工作之余说上一句问候话；部属家庭遇到困难送上一份关怀；部属身体有病时，领导上门亲切慰问，等等，看起来很平常，实际却有很强的激励作用。有时关键时刻提个醒，就可能避免部属犯错误，或者避免工作的损失。美国专家布兰查德教授和医学博士约翰逊合写的《一分钟经理》出版后，反映十分强烈，一年多时间在世界各地的销售量就超过 100 万册，并译成 16 种文字。"一分钟经理"有三个秘诀：一分钟目标、一分钟表扬和一分钟批评。这说明，日常激励在组织管理中具有十分重要的作用。

日常激励一般是对直接部属在一定空间内进行的，主要采取语言表达方式和形体示意方式。语言表达方式有文字语言，及时宣扬好人好事，批评不良行为；有口头语言，即通过声音传播激励信息，及时告知被管理者是与非、对与错、可行与不行、赞扬与反对，以此规范被管理者的言行。形体示意方式有目光示意，即通过眼睛这一心灵的窗口和无声的语言，在目光相遇的一瞬间，把激励信息告诉对方，使被管理者心领神会，明确管理者的意图；有面部表情示意，即以笑容、怒容等更形象、更生动的表情来传递激励信息，反映思想感情，为对方所接受；有手势和体态示意，即通过握手接触、拍拍肩膀、身体前倾、手势动作等，更有效地传递激励信息，收到更为良好的效果。

12. 挫折激励

讲激励离不开挫折，否则激励就是不完整的。挫折激励法就是利用人们的挫折心理，变消极防卫为积极进取，变被动应付为主动奋争的一种激励法。前面讲的发愤激励法其实也属于挫折激励法的范畴。

1）两种不同的态度

当某个人努力满足自己的需要而工作却遭受挫折时他可能会采取两种态度，第一种是积极适应的态度，第二种是消极防卫的态度。

遇到挫折后冷静地分析原因，适当地改变、转换需要，调整行为，这是一种积极态度；遇到挫折后承认现实条件的限制，承认自己能力的不足，从而降低以至去掉原来的需要，这也是一种积极态度；遇到挫折，不灰心不丧气，决心以更坚强的意志更果敢的行为追求原来的目标，满足原来的需要，同样是一种积极的态度。领导者对下属挫折后的积极态度要给以支持，加以引导。

常见的防卫态度、防卫表现有以下几种。

（1）逃避：个人遇到挫折后不愿或不敢面对现实，不敢面对预计会受到挫折的那种环境，而是逃到自认为完全，自认为不会受到挫折的幻想世界中去。逃避可能是有形的，也可能是无形的、内在的，比如精神不振，心灰意懒等。一个职工总是缺勤迟到，要求调动，就可能是一种逃避现象。

（2）攻击：受到挫折后去直接攻击上司，攻击管理人员，比如和上司打架、吵骂等。

更常见的是将攻击转嫁他人，比如攻击同事，回到家里对老婆孩子出气等。

（3）补偿：一个人在谋求奖励、晋升的努力中受到了挫折，他可以在其他场合中谋求奖励、晋升。他还可以用别的东西替代原来追求的目标。比如他得不到晋升就发奋搞技术革新、搞小发明小创造等；或者申请专利，在技术方面追求成就；或者放弃晋升的努力转而抓钱，以钱为自己追求的新目标。

（4）抑制：为了减少挫折带来的不快和恐惧，有意或无意地"忘掉"遭受挫折的处境，将可能产生挫折的欲望、动机以及与之有关的情感压抑下去，将其排除在意识之外。压抑的结果虽然可以暂时减少焦虑而获得某种安全感，但被压抑的痛苦并不因此消失，反而会深入到潜意识之中，影响人格的健全发展。

（5）表同：个人在现实生活中无法得到满足，将自己比拟、设想为某个成功者，借此在心理上分享其成功的感觉，从而分散冲淡自己的挫折感。

（6）合理化：自己给自己找借口来解释受挫折的原因。尽管别人看来这借口毫无道理，但当事人却认为合情合理，感到心安理得。

（7）投射：将个体的动机、态度、习性等有意识或无意识地加到别人和其他物体上面，以此来减轻自己的内疚、不安等焦躁情绪。

（8）反向：一个人的外表行为和情感与其内心的动机和需要完全相反，以虚假的外表掩盖内心真实的动机。例如对上司不满甚至憎恨却采取过分亲切、屈从的反向行为。

防卫态度具有调和自我与环境之间矛盾的功能，但在大多数情况下只是消极地维护、保卫个体免受打击而不能真正解决问题。消极防卫的结果使挫折不但依然存在，而且可能使防卫者越来越脱离现实，越来越难以适应环境，从而遭受到更大的挫折。

不要让个别人受挫的情绪弥漫扩散，传染给整个群体。有时候某个人受到的挫折并不怎么严重，受挫者也有一定的承受力，但因为少数人添油加醋，流言蜚语，反而使事态越演越烈，不仅使当事人受不了，而且使整个群体的工作态度、工作干劲受到不利影响。

领导者要深入细致地做思想政治工作，要以理服人，千万不要一味指责受挫者，歧视受挫者，不要使矛盾激化，走向对抗。当然也不是对受挫者一味迁就，一味容忍，关键是要切实解决思想问题，缓解受挫心理，振奋精神。对遭遇挫折的下属不能总是被动防御，而是应采取主动措施化消极因素为积极因素，把受挫者再度激励起来。首先要帮助受挫者克服自卑心理，使他们树立起自信心，其次要善于利用受挫者的防卫机制，促其"升华"。当人们遇到挫折时常常转向其他目的、其他对象，如若这一取代对象属于较高境界，则称这一过程为"升华"。升华是防卫机制中最富有建设性的一种。发愤是一种升华，是遭受挫折后的再一次受到激励。最后，对挫折要一分为二。受到挫折既有面临挑战、受到压力的一面，又有发展机遇、发展潜力的一面。这时只要沉着应付，因势利导，很有可能出现"柳暗花明又一村"的景象。这一点不仅适用于受挫的人，而且很适用于受挫的单位和群体。

2）变消极态度为积极态度

对受到挫折的人进行激励大体上有如下方法。

（1）防患于事前

下属遭受到挫折往往导致不良后果。他们可能产生坚持性行为、对抗行为或放弃行为，这些行为大多会产生不良后果。领导者和管理人员对职工进行激励预先就要考虑到防范措施，制定必要的应急和补救对策。

为了使下属能取得预先期望的绩效，对他们不要树立不切实际的高目标、高指标。要对下属进行培训，提高他们工作的能力，帮助他们达到目标。对工作中遇到的困难要多想一想，并尽可能找到克服困难的方法。对下属提出的期望不要太高，要尽量做到下属的实际所得不低于大家的平均期望。激励最要紧的是公正。如果公正，即使下属所得低于期望值他们也能够容忍。

（2）除患于事后

一个敏感的领导者应能及时觉察挫折给下属带来的紧张和焦躁，应能觉察他们思想和行为的每一微小变化。首先领导者要主动承担责任，解除下属的思想顾虑；其次要真诚地给他们以关心、劝慰和鼓励；最后还要帮助他们总结教训，分析原因，摆脱困扰，振奋精神。

经过调查发现下属受挫的原因是领导者激励失当，那么领导者就应承认错误，采取适当的措施来弥补自己的过失。仔细分析每个受挫下属的心理状态，明确他们的态度是积极进取还是消极防卫。如若是消极防卫要特别用心弄清楚他们采取什么方式进行防卫，然后对症下药，采取针对性措施来消除不利影响。

利用受挫的特有时机促使下属在各方面成熟起来，全面提高素质和能力，接受教训，以利再战。受挫后应冷静下来，客观地分析自身的条件和环境，反思自身的所思所想、所作所为，以便于在今后的工作中尽量减少受挫因素，不断增强对挫折的容忍力、应变力。并且，及时帮助受挫下属调整转变行为目标，把对成绩、奖励、晋升等的期望值调整到一个恰当的水平上，把希望、动机转变到新的可能会被满足的需要上来。总之变坏事为好事，变被动为主动，变消极为积极，使受挫者的受挫心理缓解，并转变到新的更加实在，更加有力的激励上来。

思考题

1. 如何理解激励的含义？
2. 马斯洛需求层次理论、双因素理论的主要观点是什么？
3. 常用的激励手段和方法有哪些？
4. 如何理解最有效的激励？

案例分析

EVA 薪酬体系改革

"部分员工存在抵触情绪，成败未知。"这是 2003 年 1 月底记者采访东风汽车公司 EVA 薪酬改革时不断听到的一句话。这场 EVA 薪酬体系改革试图改变东风汽车公司 12 万多名员工的钱包，现在，它正在考验东风公司管理层。

东风模具厂原来准备学习长春一汽的岗位效益工资体系：拉开不同岗位的工资差距，然后竞争上岗。但在实施一段时间后，东风汽车公司意识到这一体系的局限，它并不能有效激励各个分公司创造更多的利润和经济增加值。2001 年 5 月，东风公司宣布要搞以 EVA 为基础的岗效工资。现在，东风模具厂的 EVA 薪酬体系已经实施完成，今年 1 月 15 日，1 000

多名员工已经按新的薪酬标准领取工资。新的薪酬由四部分组成，占总额 30% 的基础工资（相当于当地最低生活保障金）、60% 的绩效工资、10% 的年功工资（大约相当于工龄工资），另外一部分就是 EVA 超额奖励工资。

"这个体系把收入差距拉得更大，增薪层大约占 30%，维持层大约占 50%，降薪层约 20%，但 EVA 超额奖励工资还没有真正拿到。"1 月 22 日，模具厂综合管理处处长张安民对记者说。因为要到 3 月份才能拿到经过国家财政部审计过的 2002 年的财务数据，而 EVA 奖金是以全年财务数据为基础的，这就意味着就算实施了 EVA 的试点也要在 3 月之后才可能真正执行。

和模具厂同属东风装备公司旗下的另五家专业厂进展更慢一些，到目前为止，都没有实施完。"一线工人比较反感，和干部差距较大，有的专业厂在 12 月实施推广后，厂长等管理层全部下去做员工工作。"东风公司一位中层管理人员说。

而较之装备公司，东风汽车能源、仪表等分公司的 EVA 改革困难更大，因为这些分公司在 EVA 薪酬改革同时伴随的是人事制度改革。

仪表分公司从去年 3 月份开始准备，10 月上旬，同时出台《用工管理办法》、《EVA 岗效工资管理办法》、《EVA 岗位评级与归级管理办法》、《待岗职工管理暂行规定》5 份文件，同时进行人事制度和 EVA 薪酬制度的改革。具体办法就是将在职中层干部和岗位工人"集体下岗"，重新竞争上岗并以此作为 EVA 实施的基础。

按照 EVA 理论，要正确评价企业的业绩，就必须把资金成本考虑进去，不包括资金成本的利润不是真正的利润。其 EVA 的基本计算公式是：EVA = 企业当年净利润 − 资金成本。由于企业经营的结果每年都不一样，EVA 可以为正数，也可以为负数，还可以为零。这样不但可以比较准确地评价各个专业厂哪些真正创造了价值，同时也为实施有效的激励打下了基础，"各个单位 EVA 奖金值将相差很大，从而使员工收入真正拉开。"

据说，除此以外还有一个针对管理层的"贡献系数奖金"。

"EVA 奖金可以说是一块为激励员工和管理层而制造的新蛋糕。"东风公司人事部长胡永福表示。现在的情况却像一块名为 EVA 的新蛋糕终于被摆到桌上，东风公司正准备拿起刀叉分而食之时，却遇到了最后的阻力。

"蛋糕本来只有那么大，有人切得比以往多，自然就有人切得比过去少。"一位东风的员工认为这是因为新的分配方式突出了差距，有部分人出现抵触情绪是正常的。但事实上，员工平时工资与 EVA 关系并不大，EVA 奖金是按单位分的，单位再对 EVA 奖金进行划分，特别是目前，EVA 增加值带来的收益还没有真正体现在员工的收入中。

给 EVA 岗效工资实施带来阵痛的部分原因是重新定岗等人事制度的变革，虽然人事制度改革与 EVA 薪酬体制改革没有直接的关系，但估计有一半以上的分公司都在实施 EVA 的同时实施了人事制度变革。精简员工、机构重组也是东风公司此次 EVA 薪酬体系目的之一。

为什么两项改革同时进行？东风仪表分公司党委书记陈洁表示："在原岗位实施 EVA，对很多干部职工不公平。人事制度和分配制度改革同步，可以给每个人一次重新挑选岗位的机会。"

使事情变得复杂的另一个原因是公平问题，由于涉及几乎全体员工的利益，在准备推进 EVA 薪酬体系前，工会就大体方案进行了一次员工调查，表示满意的只有约 40%。东风公司虽然对推进采取了相当谨慎的态度，但公平问题依然让人议论纷纷。

比如机关干部与普通员工的收入差距问题，一位管理人员告诉记者，在实施之前，以为机关最简单，但在做完一些专业厂人事改革和薪酬改革后，现在才发现机关最难。虽然 EVA 奖金还没有拿到，但从方案看，机关干部从 EVA 改革中获利更多，一线工人工资上涨的并不多，这也造成了一些工人情绪上的波动。

正是出于此因，东风公司决定为完全按 EVA 薪酬体系留下缓冲时间，即使实施已经完成也还按原来的方式拿工资，如果有新员工进来，可能将按新方法办，逐渐过渡到新方案。

影响未来东风公司 EVA 改革命运更深层的因素是东风公司自主测算的一系列 EVA 数值是否真实有效的问题。如果没有强大的数据库和相关行业的一些关键性数据，很难在内部交易情况复杂的公司中测算出相对精确的 EVA 系数，比如宝钢，为得到较准确的 EVA 系数，在实施 EVA 薪酬改革前参考了国内外 30 多家同行企业的 EVA 系数。东风公司实施全面 EVA 薪酬改制时，一开始就在全体员工力推 EVA。但是一般来说，采用 EVA 激励机制都采取自上而下的方式，先在公司管理层进行，再逐步推行到员工。

也许正是这些原因，东风公司人事部副部长刘文泉在接受采访时并不乐观，他表示，东风公司的 EVA 薪酬体制改革目前还在完善过程中，一些细节还没来得及实践，未来的成败难以预测。

问题：
1. 你认为东风公司实现薪酬改革遭遇阻力的原因是什么？
2. 请你用相关激励理论解释改革在员工中遭遇的阻力？
3. 谈谈你的看法：如何把东风的 EVA 薪酬体系改革进行下去？

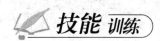

实训：案例讨论中如何运用激励措施

【实训目的】

通过实训培养和发挥秘书的参谋辅助能力，体会秘书参与辅助的感觉，并由此认识到，只有合理的激励措施才能提高工作效率，不当的激励将会阻碍工作进程。

【实训内容】

材料一：法新公司在中国设有子公司，吸引了国内大量人才前往应聘，公司要求应聘者各方面的条件都要出众。该公司销售部有 30 名员工，销售业绩比较好，公司采用奖励政策，加大职工工作强度，经常需要员工加班，因此与员工家庭生活产生矛盾。然而公司仍采用以往的奖励政策，最终致使 8 名优秀职工提出辞职。公司处在批准这 8 名职工的辞职申请书还是修改公司政策的两难之中。公司的其他职工也在密切关注着这件事情，希望公司尽快表态。

讨论法新公司应该采取什么样的激励措施，才能既创造公司的业绩，又提高员工的工作积极性以及总经理是否应当批准 8 位员工的辞职。

材料二：创先科技取得了生产和销售的大丰收，为此，公司决定奖励在生产销售中作出贡献的广大管理人员和职工，但在奖金下发后，引起较多人不满。第二年，公司的销售情况出现了下滑。

讨论分析公司是否应当发放这笔奖金，如果下发，应该采取何种分配方案？分析创先公司内部出现的问题以及第二年销售出现倒退现象的原因，并讨论解决方案。

【实训环境与设备】

文秘实训中心、案例讨论所需材料。

【实训原理】

对员工的激励是指通过各种有效的方法，激发人的需要、动机、欲望，形成某一特定的目标，并在追求这一目标中保持高昂的情绪和持续的积极状态，发挥潜力，从而达到预期目标。

企业的激励措施必须能把各层次、各方面的积极性都调动起来，针对不同的对象，采取不同的方式充分激发员工的积极性。激励计划本身是面向所有员工的，但要激励的对象是那些有真才实学的、在工作中肩负重任的有识之士。面面俱到的激励方法，实际上是一种不公平的激励方法。

【实训步骤】

1. 讲解激励原则的概念、重要性以及相关知识点。

2. 发放相关阅读材料。

3. 请同学仔细阅读材料，详细分析内容。

4. 针对材料中出现的各种问题，请学生讨论，结合具体内容写成实训报告上交。

5. 根据同学的回答作简单评论与总结。

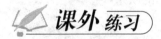

课外 练习

一、单项选择题

1. 企业中有些问题可以通过制度化方式来处理，而另有一些问题则不能，还有些问题如果进行制度化处理则会导致效率下降。对于一个企业的经营来说，面临以下各种情况时，你认为哪一种是最没有必要且不可能制度化的？（　　　）

A. 随着企业市场规模的增大，应收账款总额急剧上升

B. 随着引进人才增多，企业核心经营理念更趋多元化

C. 随着我国加入世贸组织，市场变化将更具不确定性

D. 企业上下人均收入的提高导致员工心态变差

2. 南方某厂订立有严格的上、下班制度并一直遵照执行。一天深夜突降大雪，给交通带来极大不便，次日早晨便有许多职工上班迟到了，厂长决定对此日的迟到者免于惩罚。对此，企业内部职工议论纷纷。在下列议论中，你认为哪种说法最有道理？（　　　）

A. 厂长滥用职权

B. 厂长执行管理制度应征询大部分职工的意见

C. 治厂制度又不是厂长一人定的，厂长无权随便变动

D. 规章制度应有一定的灵活性，特殊情况可以特殊处理

3. 高级工程师老王在一家研究所工作，该所拥有一流的研究设备，根据双因素理论，你认为下列哪一种措施最能对老王的工作起到激励作用？（　　　）

A. 调整设计工作流程，使老王可以完成完整的产品设计而不是总重复做局部的设计

B. 调整工资水平和福利措施

C. 给老王配备性能更为先进的个人电脑

D. 以上各条都起不到激励作用

4. 从期望理论中，我们得到的最重要的启示是（　　）。

A. 目标效价的高低是激励是否有效的关键

B. 期望概率的高低是激励是否有效的关键

C. 存在着负效价，应引起领导者注意

D. 应把目标效价和期望概率进行优化组合

5. 根据马斯洛的需要层次理论，可得如下结论：（　　）。

A. 对于具体的个人来说，其行为主要受主导需求的影响

B. 越是低层次的需要，其对于人们行为所能产生的影响也越大

C. 任何人都有五种不同层次的需要，而且各层次的需求程度相等

D. 层次越高的需要，其对于人们行为产生的影响也越大

二、多项选择题

1. 根据双因素理论，（　　）往往与职工的不满意关系密切。

A. 企业政策　　　　B. 工作的成就感　　　C. 工资水平　　　　D. 责任感

2. 期望理论包含的三种联系是（　　）。

A. 努力—绩效的联系　　　　　　　B. 努力—个人目标的联系

C. 绩效—奖赏的联系　　　　　　　D. 奖赏—个人目标的联系

E. 奖赏—努力的联系

3. 下列属于马斯洛层次需要的内容有（　　）。

A. 生理的需要　　　B. 安全的需要　　　C. 社交的需要

D. 尊重的需要　　　E. 自我实现的需要

三、简答题

期望值理论是谁提出的？公式怎么表达？

任务3　沟　　通

学习目标

1. 知识目标：了解沟通的过程，掌握沟通方式。

2. 能力目标：掌握改善沟通的技术和方法。

3. 素质目标：能够识别和改善冲突。

小故事

秀 才 买 柴

有一个秀才去买柴，他对卖柴的人说："荷薪者过来！"卖柴的人听不懂"荷薪者"（担柴的人）三个字，但是听得懂"过来"两个字，于是把柴担到秀才前面。

秀才问他："其价如何？"卖柴的人听不太懂这句话，但是听得懂"价"这个字，于是

就告诉秀才价钱。秀才接着说："外实而内虚，烟多而焰少，请损之。（你的木材外表是干的，里头却是湿的，燃烧起来，会浓烟多而火焰小，请减些价钱吧。）"卖柴的人因为听不懂秀才的话，于是担着柴就走了。

3.1　沟通概述

3.1.1　沟通的涵义

1. 沟通的含义

沟通一词来自英文"communication"，可译作信息交流、意见沟通。人们将各种信息的发送、传递、接受称为沟通。因此所谓沟通就是指可理解的信息或思想在两人或两人以上的人群中的传递或交换的过程。

2. 沟通的重要性

良好的沟通可以实现以下几方面的作用。

1）收集信息

沟通过程实际上就是一个信息双方交流的过程。企业内部的沟通，可以了解员工地意见倾向、价值观和劳动成果，他们的积极性源泉和需要，各部门之间的人际关系、管理效率等，以作为决策的参考。

2）改善人际关系

沟通是人际交往，它可以解除人们内心的紧张和怨恨，使人们感到精神舒畅，而且在相互沟通中易使双方产生共鸣和同情，增进彼此间的了解，从而减少了冲突。

3）改变行为

在沟通过程中，信息接受者收到并理解了发送者的意图之后，一般来讲会作出相应的反应，表现出合作的行为，否则沟通就是无效。

3. 沟通过程

有效的沟通过程参照示意图 5-6，满足这一过程就可以定义为沟通成功。

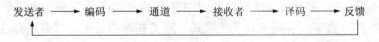

图 5-6　沟通过程示意图

3.1.2　沟通的类型

1. 按照方式划分

按照沟通方式，沟通可以划分为口头沟通、书面沟通、非语言沟通、电子媒介沟通等，这是组织中使用最普遍的沟通方式，它们之间的比较如表 5-5 所示。

表 5-5　沟通方式比较

沟通方式	举　例	优　点	缺　点
口头	交谈、讲座、讨论会、电话	快速传递、快速反馈、信息量很大	传递中经过层次愈多，信息失真愈严重，核实愈困难

沟通方式	举　例	优　点	缺　点
书面	报告、备忘录、信件、文件、内部期刊、布告	持久、有形、可以核实	效率低、缺乏反馈
非语言	声、光信号、体态、语调	非言语信息意义十分明确，内容丰富、灵活	传递距离有限、界限含糊、只可意会不可言传
电子媒介	传真、电视、网络、电子邮件	电子媒介快速传递、信息量大、远程传递、一份多人，廉价、单向传递	信息交流对技术、网络依赖较强

2. 按照组织系统划分

按照组织管理系统和沟通体制的规范程度，沟通可以分为正式沟通和非正式沟通。

正式沟通是通过组织管理渠道进行的信息交流，传递和分享组织中的"官方"工作信息。例如，上级文件按组织系统逐级向下传达，或下级情况逐级向上反映等，都属于正式沟通。正式沟通在很大程度上受到组织结构的影响，管理沟通的流程与正式沟通有密切的关系。通常，上行沟通多用于向上传递信息，下行沟通多用于下达指示、指令或绩效反馈，而水平沟通则多用于协调努力和活动。

非正式沟通是在正式渠道之外进行的信息交流，传递和分享组织正式活动之外的"非官方"信息。非正式沟通网络构成了组织中重要的消息通道。例如，员工间私下交换意见，议论某人某事以及传播小道消息等都是非正式沟通的行为。当正式沟通渠道不畅通或出现问题时，非正式沟通会起十分关键的作用。由于非正式沟通在管理活动中十分普遍，而且人们真实的思想和动机往往在非正式沟通中更多地表露出来，因此，管理心理学很重视研究非正式沟通。常见的非正式沟通有小道消息和"铁哥们儿网络"等。

（1）小道消息：小道消息主要以熟人或朋友为基础，跨组织边界传播，时间快、范围广。研究表明，小道消息沟通的主要问题在于信息源本身的准确性低，而不是沟通方式的问题。Davis（1953）在一家中型皮件厂的经理中进行的经典研究发现，小道消息沟通有四种基本模式：聚类式、概率式、流言式、单线式。聚类式沟通是把小道消息有选择的传递给朋友或有关人员；概率式沟通以随机的方式传递信息；流言式沟通是有选择地把消息传播给某些人；单线式沟通则以串联方式把消息传播给最终接收者。Davis 的研究结果表明，小道消息传播的最普通形式是聚类式，传播小道消息的管理人员一般占总数的 10%。后来进行的验证研究也证实，非正式沟通网络的发送者并不多。

（2）"铁哥们儿网络"：这是指哥们儿朋友形成的非正式沟通网络，其信息传播较具感情色彩，"铁哥们儿网络"的关系联络的功能强于信息功能，范围也往往比较小。

3. 按照沟通的方向特点划分

按照沟通的方向特点，可以把沟通划分为单向沟通和双向沟通。发送者和接收者之间的地位不变为单向沟通，两者之间地位变换是双向沟通。有关单向沟通和双向沟通的效率和利弊的比较研究表明：单向沟通的速度比双向沟通快；双向沟通的准确性比单向沟通高；双向沟通中有更高的自我效能感；双向沟通中的人际压力比单向沟通时大；双向沟通动态性高，容易受到干扰。

3.2　组织沟通

3.2.1　人际沟通

人际沟通是指组织中的个体成员如何将个体目标和组织目标相联系的过程。

3.2.2　团队沟通

团队沟通是指组织中以工作团队为基础单位对象进行的信息交流和传递的方式。

团队是两个或两个以上相互作用和协作以便完成组织预定的某项特别目标的单位。团队包含三个要素：需要两个或两个以上的人员；团队人员有规律的相互接触；团队人员共享绩效目标。

3.2.3　组织间沟通

组织间沟通就是组织之间如何加强有利于实现各自组织目标的信息交流和传递的过程。

3.3　沟通管理

3.3.1　影响有效沟通的因素

1. 认知与任务因素

1）认知因素

影响沟通网络形成的个人因素包括技术专长、开放性、表达能力等。人们的认知因素会直接影响沟通的效果。第一，在沟通过程中，需要对信息进行"译码"，这时，信息发送者的可信度，以及发送者对于接收者或"听众"敏感性，都对沟通效果有显著影响。人们的背景、经历等也会影响对信息的解释。第二，人们的判断和思维能力对于沟通信息的编码与解码具有很大的影响，由于同样的词语对于不同人员可能具有不同的"语义"，因而对"同样的语言"容易给予不同的信息加工或在编码与解码之间不兼容，从而造成沟通偏差。第三，各人的参照框架会有较大的差异，处于第一线的员工、主管等具有不同于中高层管理人员的参照框架，因而产生内隐性的沟通歪曲和偏差。第四，人们在沟通中倾向于表现出某种"选择性倾听"，以致阻碍新的似乎有所冲突性的信息加工，并且在上行沟通中起到"过滤"的作用，例如，下属对上级保留不利信息。各级员工不同的选择性注意和知觉水平会在很大程度上制约沟通者对于信息的选择、筛选、搜寻、加工和反馈，也会由于经验不同，而对相同沟通信息作出不同的解释。研究表明，过滤是组织沟通中常见的由于传递不良、信息弱化等带来的问题。为了克服认知方面的问题，需要从接收者的角度对信息加以编码和传递；并通过直接提问和回顾沟通内容等方式，减少沟通问题。同时，管理者应该把沟通差误看成一种学习机会，营造双向沟通的气氛。

2）价值取向因素

在任何沟通情景中，人们的兴趣、价值观取向会影响对信息作出的价值判断，这是指在完整接受沟通信息之前赋予一定的价值。这一倾向主要受各人经历和信息评价的影响。同时，信息源的可信性知觉也是沟通中十分重要的因素。研究表明，接受者的信息源可信性知觉会直接影响其观点和行动。例如，下属对于来自经理的信息会影响他们对经理的评价，特别是他们与经理的相处。

3）任务因素与环境因素

沟通的时机、通道特点和所使用的媒体，对于沟通质量影响很大。同时，任务特征是决定沟通网络模式的关键因素：如果群体的主要任务是决策，就需要采用全通道沟通网络，以便为评价所有的备选方案提供所需要的信息；如果群体的任务主要是执行具体工作，则需要构建链式网络或轮式网络，这时，群体成员之间的沟通对于完成任务并不重要。时间压力也是沟通的重要障碍之一，例如，时间压力会导致信息"短路"、短时内信息超载等。群体成员的工作环境会对沟通的频次和互动类型产生巨大的影响，这些因素包括工作场所、地理位置、办公地点等。这里还包括社会心理环境因素，如群体内聚力与气氛、上下级关系、群体规范等因素。此外，电子商务和互联网的迅猛扩展，也使沟通网络得到了新的发展。

2. 人际沟通因素

人际沟通主要借助于语言来进行，语言成为思想交流的工具和符号系统。Likert（1961）指出了组织沟通中的一些重要影响因素，如缺乏信任对于人际沟通所产生的负面影响。人际沟通中常见的问题是"知觉差异"和"人际交往风格"。"知觉差异"受到背景、经验、价值取向以及人们的认知偏差等因素的巨大影响；"人际交往风格"则涉及人们的信息加工模式，在很大程度上取决于人们所选用的信息类型、沟通渠道和反馈方式。管理者在日常管理中十分重视有效的人际沟通。他们通过发送信息、下达指令和指示来说服和影响他人。沟通方式与管理绩效有着密切的关系。按照管理者在使用信息类型和反馈方式等方面的能力和偏爱程度，可以大体分出四种管理沟通风格。

（1）专制型风格。既不偏重信息类型，也不采用反馈方式，很少运用自身知识，往往在管理沟通过程中表现出焦虑。如果在组织的关键岗位上有许多这样的经理，就会出现组织与人际沟通低效和失去个体的创新性。

（2）顺从型风格。沟通中注意满足某种上下级关系，但由于个性或态度方面的原因，难以开放式地表达意见，往往在管理沟通过程中无法有效运用信息，更多依赖于反馈。在组织与人际沟通中，这样的经理多为顺从型风格，从而难以与下属建立相互信任的工作关系。

（3）维持型风格。沟通中比较重视自己的意见，并不看重他人的意见，因此，在沟通时，采取"告知式"或"通报式"而不是"交流式"的维持型风格；在运用信息类型的同时，往往忽视听取对方的意见，从而牺牲了反馈的作用。在这种沟通风格下，下属常常会形成抵触心理，大大降低沟通的质量。

（4）成功型风格。比较有效的人际沟通方式是综合运用多种信息类型和反馈渠道，开放式地表达意见和获取反馈，从而成功、有效地开展人际沟通。

3. 态度与个性因素

人们的态度、观点、信念等会造成沟通过程中的障碍。例如，上行沟通中，发送者往往会有"打埋伏"的现象，报喜不报忧，夸大成绩，缩小缺点等。下行沟通传达指示时，接收者对于这些指示会作出各自的加工，例如，猜测这种指示的"言外之意"、"弦外之音"等。这说明人们在沟通信息时，往往会把自己的主观态度掺杂进来，影响了沟通的质量。人们的个性因素也会极大地影响信息沟通的模式。例如，善于抽象思维的人与善于形象思维的人在互相交流与沟通时就可能发生障碍。总之，造成人际沟通障碍的因素很多。在管理中应注意这些障碍，并采取可能的方法消除这些障碍，确保沟通的准确、迅速和及时。

4. 跨文化沟通因素

随着我国改革开放的迅速发展，跨文化沟通成为日益流行的管理沟通方式。这里所说的"跨文化沟通"有两层含义：一是中外文化条件下的人际沟通，例如，外资企业中来自不同文化背景的经理人员之间的沟通；二是不同区域或价值观念下的人际沟通，例如，来自沿海发达地区和中西部欠发达地区的人员之间可能会形成某种跨亚文化背景的人际沟通。管理心理学的研究比较注意的是前一方面的跨文化沟通，许多研究围绕中外文化背景下的人际沟通特点进行。我们可以从跨文化沟通的内容和方式等两个方面来分析其特点。

（1）跨文化沟通的内容。在跨文化沟通条件下，沟通的焦点会由于不同文化背景下人际沟通侧重点的差异而发生变化。研究表明，文化的同质性会使人际沟通更多注意相互关系方面的信息，而忽视工作任务方面的信息，或者说，人们在沟通中更容易把自己局限在相互关系内容的交流上。具有文化多样性特点的人际沟通则更容易进入工作状态，讨论工作中所遇到的各类问题。此外，人们在语音和语义等方面的差异，也会影响跨文化沟通的效能。

（2）跨文化沟通的方式。我们在对外资宾馆中外方经理的研究表明，有关跨文化沟通的效能问题，是沟通研究中的热点之一。从我国的研究情况来看，中外经理在人际交往和管理风格方面存在着较大的文化差异。例如，海外的经理比较注重直线经理的信息，而我国经理则更多依赖于社会规范，这样，他们在进行人际沟通时，就容易出现问题。研究表明，在合资企业中，中外经理在决策方式、会议方式等与沟通方式有密切联系的方面具有显著差异。

3.3.2　沟通障碍

1. 发送者的障碍

在沟通过程中，信息发送者的情绪、倾向、个人感受、表达能力、判断力等都会影响信息的完整传递。主要表现在以下几方面：

（1）表达能力不佳；

（2）信息传送不全；

（3）信息传递不及时或不适时；

（4）知识经验的局限；

（5）对信息过滤即故意操纵信息，使信息显得对接受者更有利。

2. 接受者的障碍

从信息接受者的角度看，影响信息沟通的因素主要有以下方面：

（1）信息译码不准确；

（2）对信息筛选，造成信息的不完整甚至失真；

（3）对信息的承受力不同；

（4）心理上的障碍会歪曲或拒绝接受信息；

（5）过早地评价，将有碍于对信息所包含的意义的接受；

（6）信息接受者的情绪，应尽量避免在情绪很激动的时候进行沟通。

3. 沟通通道的障碍

沟通通道的障碍主要有以下几个方面：

（1）选择沟通媒介不当；

（2）几种媒介相互冲突；

（3）沟通渠道过长；

（4）容易受外部干扰。

3.3.3 如何克服沟通中的障碍

有效沟通的前提就是要学会聆听，发送完信息后，对方就要去接收信息，即聆听。发送信息和聆听信息哪一个更重要一些呢？冷静地思考后就会发现，其实在沟通中听比说更重要，我们平时听别人说了很多的话，却没有认真去聆听对方真实传递的信息，导致沟通失败。所以说聆听是一种重要的非语言性沟通技巧。

1. 聆听的原则

在聆听的过程中，我们需要注意聆听的原则包括以下几点。

（1）聆听者要适应讲话者的风格。每个人发送信息的时候，说话的音量和语速是不一样的，要尽可能适应他的风格，尽可能接收更多、更全面、更准确的信息。

（2）聆听不仅仅要用耳朵听，还应该用眼睛看。耳朵听到的仅仅是一些信息，而眼睛看到的是信息发送者传递的一种思想和情感，因为这需要更多的肢体语言去传递，所以聆听是耳朵和眼睛在共同的工作。

（3）要理解对方。听的过程中一定要注意，站在对方的角度去想问题，而不是去评论对方。

（4）鼓励对方。在听的过程中，看着对方保持目光交流，并且适当地去点头示意，表现出有兴趣的聆听，这样能给予对方鼓励。

2. 有效聆听的四步骤

步骤一：准备聆听。

首先，就是要给讲话者一个信号，自己做好准备了，给讲话者以充分的注意；其次，准备聆听与你不同的意见，从对方的角度想问题。

步骤二：发出准备聆听的信息。

通常在听之前会和讲话者有一个眼神上的交流，显示你给予发出信息者的充分注意，这就告诉对方：我准备好了，你可以说了。要经常用眼神交流，不要东张西望，应该看着对方。

步骤三：采取积极的行动。

积极的行动包括我们刚才说的频繁的点头，鼓励对方去说。那么，在听的过程中，身体可以略微地前倾，这是一种积极的姿态，这种积极的姿态表示着：你愿意去听，努力在听。同时，对方也会有更多的信息发送给你。

步骤四：理解对方全部的信息。

聆听的目的是为了理解对方全部的信息。在沟通的过程中没有听清楚、没有理解时，应该及时告诉对方，请对方重复或者是解释，这一点是我们在沟通过程中经常忽视的地方。所以在沟通时，如果发生这样的情况要及时通知对方。

很多专业的沟通者在说话之前都会说：在我讲的过程中，诸位如果有不明白的地方可以随时举手提问。这证明他懂得在沟通的过程中，要说、要听、要问。而不是说：大家要安静，一定要安静，听我说，你们不要提问。那样就不是一个良好的沟通。

沟通的过程是一个发送—聆听—反馈的双向的循环过程。

3. 聆听的五个层次

在沟通聆听的过程中，因为每个人的聆听技巧不一样，所以看似普通的聆听却又分为五种不同层次的聆听效果。

1）听而不闻

所谓听而不闻，简而言之，就是不做任何努力地去听。

听而不闻的表现是不做任何努力，可以从聆听者的肢体语言看出，他的眼神没有和讲话者交流，他可能会左顾右盼，他的身体也可能会倒向一边。听而不闻，意味着不可能有一个好的沟通结果，当然更不可能达成一个协议。

2）假装聆听

假装聆听就是要作出聆听的样子让对方看到，并没有用心在听。在工作中常有假装聆听现象的发生，例如：与客户交谈的时候，客户有另外一种想法，出于礼貌他在假装聆听，其实他根本没有听进去；上下级在沟通的过程中，下级惧怕上级的权力，所以作出聆听的样子，实际上没有在听。假装聆听的人会努力作出聆听的样子，他的身体大幅度的前倾，甚至用手托着下巴，实际上是没有听。

3）选择性的聆听

选择性的聆听，就是只听一部分内容，倾向于聆听所期望或想听到的内容，这也不是一种好的聆听。

4）专注地聆听

专注地聆听就是认真地听讲话的内容，同时与自己的亲身经历做比较。

5）设身处地地聆听

设身处地的聆听，不仅是听，而且在努力理解讲话者所说的内容，用心和脑，站在对方的利益上去听，去理解，这才是真正的、设身处地的聆听。设身处地的聆听是为了理解对方，多从对方的角度着想：他为什么要这么说？他这么说是为了表达什么样的信息、思想和情感？如果你的上级在和你说话的过程中，他的身体却向后仰过去，那就证明他没有认真地与你沟通，不愿意与你沟通。所以要设身处地的聆听。当对方和你沟通的过程中，频繁地看表也说明他现在想赶快结束这次沟通，你必须去理解对方：对方是否有急事？可以约好时间下次再谈，对方会非常感激你的通情达理，这样做将为你们的合作建立基础。

3.4　组织冲突与谈判

3.4.1　冲突的起源

托马斯教授指出：冲突是一种过程，当一方察觉到他方已经或正要对其所在意的东西施予不利的影响时，冲突即发生。

冲突的起源包括以下几个方面。

（1）由于某种差异而引起的抵触、争执或争斗的对立状态。

（2）沟通差异。不能够进行良好的沟通，使双方处于冲突的前端。

（3）结构差异，如组织结构差异。

（4）个体差异。个体差异包括社会背景、教育程度、阅历、修养、性格、价值观、行动风格等。

3.4.2 冲突处理

（1）谨慎地选择你想处理的冲突。

① 有些冲突非常琐碎，不值得处理；

② 有些冲突虽很重要但力不能及，不宜插手；

③ 有些冲突难度很大，未必有回报，不轻易介入；

④ 管理者应该选择处理那些群众关心、影响面大、对推进工作打开局面等有意义、有价值的事件；

⑤ 事事时时都冲到第一线的管理者不是真正优秀的管理者。

（2）仔细研究冲突双方的代表人物。

（3）深入了解冲突的根源。

（4）在之前工作的基础上妥善地选择处理办法。

3.4.3 谈判

谈判应遵循的原则包括以下几个方面。

（1）理性分析谈判事件。

（2）理解你的谈判对手。

（3）抱着诚意开始谈判。

（4）坚定与灵活相结合。

3.5 高效沟通的基本步骤

运用换位思考，可以使沟通更有说服力，同时树立良好的信誉。

3.5.1 步骤概述

在工作中我们要完成一次有效的沟通，要通过六个步骤来完成。

第一个步骤是事前准备。

第二个步骤是确认需求。确认双方的需求，明确双方的目的是否是一致的。

第三个步骤是阐述观点。即如何发送你的信息，表达你的信息。

第四个步骤是处理异议。沟通中的异议就是没有达成协议，对方不同意你的观点，或者你不同意对方的观点，这个时候应该如何处理。

第五个步骤是达成协议。就是完成了沟通的过程，形成了一个协议。实际在沟通中，任何一个协议并不是一次工作的结束而是沟通的结束，意味着一项工作的开始。

第六个步骤是共同实施。

3.5.2 步骤详解

步骤一：事前准备

发送信息的时候要准备好发送的方法、发送的内容和发送地点。我们在工作中，为了提高沟通的效率，要做好充足的事前准备。

（1）设立沟通的目标。

这非常地重要，我们在与别人沟通之前，一定要有一个目标。希望通过这次沟通达成什么样效果，就是我们沟通要设立的目标。

（2）制订计划。有了目标要有计划，计划怎么与别人沟通，先说什么，后说什么。

（3）预测可能遇到的异议和争执，及早准备应付和处理的措施。

（4）对情况进行分析。就是明确双方的优劣势，设定一个更合理的，大家都能够接受的目标。

那么在沟通的过程中，要注意第一点是事前准备，这是我们在沟通过程中第一个步骤；要准备目标，因为我们在工作中往往会不知道目标是什么，当我们在沟通之前有了一个目标时，对方肯定也会有一个目标，双方能够通过沟通达成一致协议。完成这个步骤一定要注意，在我们与别人开始沟通的时候，首先要说：我这次与你沟通的目的是……

沟通中，提问和聆听是常用的沟通技巧。我们在沟通过程中，首先要确认对方的需求是什么。如果不明白这一点就无法最终达成一个共同的协议。要了解别人的需求、了解别人的目标，就必须通过提问来达到。提问是非常重要的一种沟通行为，因为提问可以帮助我们了解更多更准确的信息，所以，提问在沟通中会常用到。同时提问还能够帮我们去控制沟通和谈话的方向。

1. 问题的两种类型

在沟通中我们提问的问题包括开放式的问题和封闭式的问题，两者的主要区别是：封闭式的问题就是对方只能用是或不是来回答的问题；开放式的问题就是对方可以尽情地去阐述、描述自己观点的一些问题。

由于平时我们在提问的过程中没有注意到开放式和封闭式问题的区别，往往会造成收集的信息不全面或者浪费了很多的时间。现举几个简单的例子来说明这两种问题的不同之处。

（1）封闭式的问题："请问一下会议结束了吗？"我们只能回答"结束了"或者"还没有"。

（2）开放式的问题："会议是如何结束的?"对方可能会告诉你非常多的信息，如会议从几点开始到几点，最后形成了什么协议，然后在什么样的氛围中结束。

可见，开放式的问题，可以帮助我们收集更多的信息。在我们工作中，有些人习惯用一些开放式的问题与人交流，而有些人却习惯于用封闭式的问题。我们只有了解了它们各自的优劣处，才能够更加准确地运用封闭式的问题或开放式的问题。

📖 视野拓展

你向航空公司订一张去上海的机票，询问机票的情况。

◇开放式：

"我想问一下，去上海都有哪些航班，各航班的时间为几点？"服务人员就会告诉你非常多的信息。

◇封闭式：

"有4点去上海的航班吗?"回答可能是没有；

你又问："有 5 点的吗？"回答很有可能是没有；

"6 点的呢？"回答还可能是没有。

你会问："那到底有几点的呢？"服务人员会告诉你："有 4 点 10 分、4 点 40 分、5 点 15 分、5 点 45 分的航班。"

所以，在沟通的过程中，我们注意区分两种不同问题特点，正确提问利于提高沟通的效果。

【忠告】

大多数只需简短回答的"封闭式"问题，都可变成"开放式"问题。

2. 两种类型问题的优劣比较与提问技巧

1）开放式和封闭式的问题的优劣势

（1）封闭式问题的优点和劣势。

优点：可以节约时间，容易控制谈话的气氛。

劣势：不利于收集信息，简单说封闭的问题只是确认信息，确认是不是、认可不认可、同意不同意；收集信息不全面；用封闭式问题提问的时候，对方会感到有一些紧张。

（2）开放式问题的优点和劣势。

优点：收集信息全面，得到更多的反馈信息；谈话的气氛轻松，有助于分析对方是否真正理解意思。

劣势：浪费时间，谈话内容容易跑偏，离开了最初的谈话目标。

一定要注意收集信息要用开放式的问题，特别是确认某一个特定的信息适合用开放式问题。

2）提问技巧

在沟通一开始的时候，我们希望营造一种轻松的氛围，所以在开始谈话的时候可以问一个开放式的问题；当发现话题跑偏时可问一个封闭式的问题；当发现对方比较紧张时，可问开放式的问题，使气氛轻松。

在我们与别人沟通中，经常会听到别人问"为什么"。当别人问我们为什么的时候，我们会有什么感受？当自己没有传达有效的、正确的信息或没有传达清楚自己的意思时；当自己和对方的交往沟通有一定的偏差或沟通没有成功时，对方才会问为什么。实际上对方需要的就是让你再详细地介绍一下刚才说的内容。

在沟通过程中，我们应注意几个不利于收集信息的问题。

（1）少说为什么。在沟通过程中，我们一定要注意，尽可能地少说为什么，用其他的话来代替。比如：你能不能再说得详细一些？你能不能再解释得清楚一些？这样给对方的感觉就会好一些。实际上在提问的过程中，开放式和封闭式的问题都会用到，但要注意，我们尽量要避免问过多的"为什么"。

（2）少问带有引导性的问题。如"难道你不认为这样是不对的吗？"这样的问题不利于收集信息，会给对方留下不好的印象。

（3）多重问题。就是一口气问了对方很多问题，使对方不知道如何去回答。这种问题也不利于收集信息。

📖 视野拓展

提问的技巧有哪些?

表 5 - 6　提问中的常用技巧

开放式问题	封闭式问题
会议是如何结束的?	会议结束了吗?
你喜欢你工作的哪些方面?	你喜欢你的工作吗?
你有什么问题?	你还有问题吗?
如果我们实行这个计划会产生什么样的问题?	你认为这个计划可行吗?

问题：通过对两种问题优劣势的学习，你认为以上问题采用哪种提问效果更好？为什么？（请结合工作举例说明）

3. 积极聆听技巧

请你判断下面这些情况是不是积极聆听。

（1）当别人在讲话的时候，你在想自己的事情。

（2）一边听一边与自己的观点进行对比，进行评论。

聆听是为了理解而不是评论。一边听一边做和聆听无关的一些事情，不是设身处地的聆听。当你处于这种状况的时候，就不可能听到准确的信息。当对方处于这种状态的时候，也没有做到设身处地的聆听。

那么，积极聆听的技巧有哪些呢？下面介绍几种。

（1）倾听回应。就是当你在听别人说话的时候，一定要有一些回应的动作。比如回答说："好！我也这样认为的"、"不错！"。在听的过程中适当地点点头，就是倾听回应，是积极聆听的一种，也会给对方带来非常好的鼓励。

（2）提示问题。就是当你没有听清的时候，要及时去提问。

（3）重复内容。在听完了一段话的时候，你要简单地重复一下内容。

（4）归纳总结。在听的过程中，要善于将对方的话进行归纳总结，更好地理解对方的意图，寻找准确的信息。

（5）表达感受。在聆听的过程中要养成一个好习惯，要及时地与对方进行回应，表达感受"非常好，我也是这样认为的"，这是一种非常重要的聆听的技巧。

聆听不是一种被动而是一种积极主动的行为，它不仅能够帮你收集到更多更准确的信息，同时它能够鼓励和引导对方更好地去表达。

【忠告】

听比善辩更重要。

步骤二：阐述观点

阐述观点就是怎么样把你的观点更好地表达给对方，这是非常非常重要的，就是说我们的意思说完了，对方是否能够明白，是否能够接受。在表达观点的时候，有一个非常重要的原则——FAB 的原则。FAB 是一个英文的缩写：F 就是 Feature（属性）；A 就是 Advantage

（作用）；B 就是 Benefit（利益）。在阐述观点的时候，按这样的顺序来说，对方能够听懂、能够接受。

[**举例**] 卖沙发

按 FAB 顺序：

图 5-7　按 FAB 顺序

没有按 FAB 顺序：

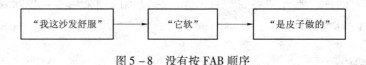

图 5-8　没有按 FAB 顺序

结论：

采用 FAB 顺序表达时，对方更容易听得懂，而且印象会非常深。

自检：

利用 FAB 原则，向客户介绍你公司的产品。

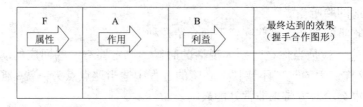

图 5-9　FAB 介绍产品

步骤三：处理异议

在沟通中，有可能双方会产生异议，就是对方不同意你的观点，你也不同意对方的观点。在工作中你想说服别人是非常困难的，同样别人说服你也是非常困难的。所以在沟通中一旦遇到异议之后就会产生沟通的破裂。

当在沟通中遇到异议时，我们可以采用的一种类似于借力打力的方法，叫做的"柔道法"。你不是强行说服对方，而是用对方的观点来说服对方。在沟通中遇到异议之后，首先了解对方的某些观点，然后当对方说出了一个对你有利的观点的时候，再用这个观点去说服对方。

【忠告】

处理异议时，态度要表现出具有"同理心"。

解决人际关系问题中最具威力的三个字是"我理解"。在沟通过程中，塑造一个让客户可以畅所欲言、表达意见的环境，展现支持、理解、肯定的态度，尊重客户的情绪及意见，让对方觉得与你交谈是件轻松愉快、获益良多的事。

步骤四：达成协议

沟通的结果就是最后达成了一个协议。一定要注意：是否完成了沟通，取决于最后是否达成了协议。

在达成协议的时候，要做到以下几方面：

（1）感谢。

善于发现别人的支持，并表示感谢；对别人的结果表示感谢；愿与合作伙伴、同事分享工作成果；积极转达内外部的反馈意见；对合作者的杰出工作给以回报。

（2）赞美。

（3）庆祝。

步骤五：共同实施

达成协议是沟通的一个结果。但是在工作中，任何沟通的结果意味着一项工作的开始，要共同按照协议去实施，如果我们达成了协议，可是没有按照协议去实施，那么对方会觉得你不守信用，对方就会对你不再信任。我们一定要注意，信任是沟通的基础，如果你失去了对方的信任，那么下一次沟通就变得非常地困难，所以说作为一个职业人士在沟通的过程中，对所有达成的协议一定要努力按照协议去实施。

总之，在工作中我们要完成一次沟通必须经过六个步骤。第一个就是要事前准备：准备我们这次沟通的目标，以及为了达成这个目标必要的一些计划及在沟通中可能遇到的异议。第二个就是要确认需求：一见到对方就说出你的目的，然后再询问对方的目的。第三个就是阐述意见：阐述你的观点，让对方更容易接受。第四个处理异议：采用对方的观点来说服对方。第五个就是达成协议：达成协议后要感谢、赞美对方。第六个是共同实施：按照协议，去实施达成的协议，否则就会失去对方的信任。在沟通的过程中，我们一定要按照这六个步骤去沟通，这样才可以使我们的工作效率得到一个更大的提升。

案例分析

防止小道消息传播的圆桌会议

圆桌案例：Y 公司是国内大型民营企业，这几年发展可谓如日中天，每年业绩以 100% 的增速成长，主导产品的市场占有率也在 50% 以上。在公司经营情况总体良好的情形下，公司总裁却时常觉得有点烦。原因在于公司内小道消息满天飞，一些企业内的非正式组织津津乐道于有关企业内似是而非的东西。比如：公司在外面欠了许多钱，某某市场部的经理拿了公司货款跑了等，因此极大地影响了企业内的员工士气与团队精神，更可怕的是员工对企业的信心与向心力亦由于小道消息而减弱。

圆桌成员：

诸强新：杭州唯新食品有限公司常务副总经理

韩志锋：青汉阳品牌管理咨询公司副总经理

王长江：北京浩竹猎头公司总经理

高树山：普华信（国际）管理咨询公司总经理

一、都是信息渠道惹的祸

诸强新：小道消息几乎每个企业都存在，很让人头痛。小道消息之所以能大行其道，其中一个重要因素在于：企业方面的信息缺乏正常传播渠道，企业领导没有意识到，在企业内建立规范信息传播渠道的必要性与重要性。企业没有给员工建立正常的信息沟通渠道，员工自然只能通过非正式组织及企业内部分所谓"消息灵通人士"去获悉有关信息了。

王长江：我觉得企业内部小道消息之所以有市场，源于人类爱好闲聊、喜欢传递一些好奇或者隐私信息的特性。

韩志锋：一是每个员工在所掌握的信息存在不对称现象；二是一个企业中有非正式组织存在是在所难免的。每个人都可能因为不掌握事情的真实情况而产生猜疑，同时在自己的非正式组织中加以传播，就产生了"小道消息"。

二、建立"官方"传播渠道

诸强新：疏、堵结合很重要。一是"疏"，创办一份企业内刊，将相关信息传递给员工；二是建立管理层与员工定期沟通交流机制，及时消除员工的疑虑、误会；三是针对企业内部有中央音响系统的状况，开办内部电台，使信息能在第一时间传达给员工。建立了多层次、立体化的正常"官方"信息传播渠道，员工有许多途径了解企业，小道消息自然大幅减少。"疏"的同时，"堵"的工作还是要做，要制定出一些禁止小道消息传播的制度。

要培养员工积极的心态。企业首先做的是有关理念、态度方面的培训工作。同时趁热打铁，针对培训内容与小道消息对企业、个人的危害展开大讨论。

王长江：不过，针对 Y 公司的情况，首先应该解决的是已经发生的谣言，这要善于利用事实。比如某某市场部的经理拿公司贷款跑了，可以请那个经理在公司的公开会议上做工作报告，协助传递和澄清某些事实。至于一些不易澄清的事情，可以使用反面的结论推翻谣言的前提。只要公司处理事情客观公正，谣言一般会不攻自破。

不过，防止有害消息产生是最根本的问题。一般主要采取诸先生讲的疏导方法；另外在企业文化建设上，提倡诚信为本，公司领导言出必行，承诺一定兑现。

三、让工作内容丰富化

韩志锋：第一，实现"透明化"管理，对员工关心的一些问题，如人事变动、薪资调整、公司转型、财务状况等进行定期发布，可借助企业内刊，也可借助内部网络。第二，强化内部沟通，提高各级例会质量，及时发现问题、解决问题。在消息刚出炉时，就对其进行修正或阻截的话，影响自然就会小一些。第三，引导非正式组织的舆论导向，使员工自觉的从意识上杜绝小道消息的传播。第四，从小道消息中查找企业工作的缺陷。

高树山：俗话说"无风不起浪"。首先，信息源的管理非常重要。公司的中高层管理干部是信息源的关键掌握者，所以首先要使中高层管理干部具备良好的沟通素质。培训是有效捷径。在一个组织中，沟通的渠道包括会议、文件、口头、座谈会、内刊、指令，等等。公司必须从信息的性质和重要性，选择合适的沟通渠道和方式。而对于公司内喜欢搬弄是非的一小部分人，要给予教育。其次，让工作丰富化。就像王经理说的，这需要适宜的制度创新和工作流程优化。最后，形成富有责任感的沟通文化。就是使公司每一位员工形成"说出的话不仅要对自己负责，还要对同事和公司负责"的意识。

问题：

1. 结合该案例谈谈沟通在企业管理中的作用。

2. "小道消息"与非正式沟通是一个概念吗？如果不是同一概念，它们有什么区别？

3. 企业应该如何对待"小道消息"？

 **思考题**

1. 沟通的基本含义是什么？
2. 沟通的主要方式有哪些？
3. 影响沟通的障碍主要有哪些？
4. 托马斯理论有哪些解决冲突的策略？
5. 有效沟通的步骤是什么？

 **技能训练**

实训：实地交际与沟通

【实训目标】

1. 培养与陌生人交际的能力。
2. 培养说服别人的能力。

【实训内容与要求】

1. 主动同一位相关专业的陌生人士交往，交流某个专业问题。
2. 主动同一位认识的人，通过沟通解决一个难题。
3. 运用交际与沟通理论，讲究交际与沟通的艺术。
4. 事先要有精心的策划，事后要进行简要的小结。

【成果与检测】

1. 每名同学都要完成表 5-7。

表 5-7 沟通实录卡

沟通主体		沟通对象		单位及职务	
沟通目标		时间		地点	
沟通前计划					
沟通过程实录					
沟通后体会					
教师评估					

2. 班级组织一次交流，每个公司推荐 2 人介绍交际与沟通过程及体会。

3. 由教师与学生进行评估与打分。

课外 练习

一、单项选择题

1. 某公司主打品牌的副经理因长期未被扶正而离职,他的离职压力来源于(　　)。

A. 人际关系　　　　B. 角色压力　　　　C. 领导支持　　　　D. 工作负荷

2. 在上行沟通中,汇报工作的重点是(　　)。

A. 谈结果　　　　B. 谈感想　　　　C. 谈过程　　　　D. 谈方案

3. 商务场合行握手礼时,右手握对方的同时左手握对方臂膀,表示(　　)。

A. 支持　　　　B. 熟悉　　　　C. 诚意　　　　D. 支配

4. 对于情绪性冲突,应采取(　　)冲突解决取向。

A. 回避式　　　　B. 折中式　　　　C. 迎合式　　　　D. 强迫式

5. 在沟通距离的划定中 0 ~ 0.5m 属于(　　)。

A. 社交距离　　　　B. 私人距离　　　　C. 亲密距离　　　　D. 公众距离

6. "一个人在能力、特长、品质等某方面比较突出,或社会知名度较高,产生晕轮效应,从而使他人愿意与之交往。"这是属于人际吸引一般规律中的(　　)。

A. 接近吸引律　　　　B. 对等吸引律　　　C. 诱发吸引律　　　D. 光环吸引律

7. 在亨利约瑟夫图表中,"他知,而不自知"所在的区域是(　　)。

A. 开放区域　　　　B. 盲目区域　　　　C. 隐蔽区域　　　　D. 未知区域

8. "善于打破传统观念和陈规陋习,富有创造精神和才能,能获得突破性成就的领导者"属于(　　)领导类型。

A. 民主型　　　　B. 开拓型　　　　C. 业务型　　　　D. 放任型

9. 在单向沟通和双向沟通的对比中,(　　)选项属于单向沟通的特点。

A. 接受信息的人更有信心　　　　B. 速度较慢,但是更准确

C. 发送信息的人不会受到攻击　　　D. 双方都要参与,相互反馈

10. 关于沟通主体素养,下列哪一项不是"7C"标准中的一项(　　)。

A. 沟通(Communication)　　　　B. 勇气(Courage)

C. 合作(Cooperation)　　　　D. 能力(Competence)

二、判断题

1. 编码就是发送者将要发送的信息进行编辑而形成有意义的语言活动或非语言符号的过程。(　　)

2. 管理沟通策略中的客体策略分析的是沟通者自身的地位和特点。(　　)

3. 沟通信息策略的原则就是要站在间接上司的角度来分析问题,就事论事,对事不对人;不对上司的人身做评论。(　　)

4. 沟通的当时没有反馈意见,就意味着意见没有反映出来,没有沟通。(　　)

5. 平视对方可以一种单项的信息交流。(　　)

6. 传递一种爱护、关切、宽容的情感。(　　)

7. 函,适用于不相隶属机关、单位之间商洽工作、询问和答复问题,请求批准和答复审批事项,如商洽性函、告知性函等。(　　)

8. 倾听在沟通中非常重要，可以起到激发对方谈话欲望的作用。   （   ）

9. 谈判的结果必然是有一方取得谈判的胜利。   （   ）

10. 只要沟通得好，什么问题都能解决。   （   ）

三、简答题

1. 简述有效管理沟通的策略？

2. 影响跨文化沟通的因素有哪些？

3. 为了使小道消息的影响降到最低，管理者应该采取哪些措施？

模块 6　控　制

魏文王问名医扁鹊说："你们家兄弟三人，都精于医术，到底哪一位最好呢？"

扁鹊答："长兄最好，中兄次之，我最差。"

文王再问："那么为什么你最出名呢？"

扁鹊答："长兄治病，是治病于病情发作之前。由于一般人不知道他事先能铲除病因，所以他的名气无法传出去；中兄治病，是治病于病情初起时。一般人以为他只能治轻微的小病，所以他的名气只及本乡里。而我是治病于病情严重之时。一般人都看到我在经脉上穿针管放血、刮骨等，所以以为我的医术高明，名气因此响遍全国。"

任务 1　认 识 控 制

学习目标

1. 知识目标：理解并掌握控制的涵义；了解控制的原理；理解并掌握控制的类型。
2. 能力目标：分析各种控制类型的优缺点；总结与评价的能力。
3. 素质目标：分析管理中存在的控制问题。

小故事

把门锁好

某动物园为新来的袋鼠修建了一个一米高的围栏，可第二天管理人员发现这个小家伙跑出来了。于是他们又把围栏加高到两米，可小袋鼠同样又跑了出来。小袋鼠的邻居长颈鹿对此大感不解："如果他们把围栏加高到三米，你还能跑出来吗？"小袋鼠说："是的，哪怕他们加高到 8 米、10 米。"长颈鹿不相信，说："别吹牛了，吹牛不上税是吗？"小袋鼠说："不是我吹牛，是因为他们只知道加高围栏，却忘了锁门。"

1.1　控制的含义

控制是通过制订计划或绩效的衡量标准，以及建立信息反馈系统，检查实际工作的进度及其结果，并与预定计划进行比较，及时发现偏差以及产生偏差的原因，并采取措施纠正偏差的一系列活动。它包括以下两个部分：第一，对业务工作的控制，即通过不断检查和纠正工作中的偏差，使工作按照原定计划进行，使任务能够完成；第二，对下属人员的控制，即通过对下属人员工作表现的考核和评估，希望他们尽职尽责，执行任务。有效的控制工作应兼顾上述两个方面。

与控制工作关系最为密切的管理职能是计划，甚至有些管理学家认为，计划和控制只不过是同一个问题的两个方面而已。实际上，控制与计划既有区别，又相互紧密联系。控制职能旨在按计划标准来衡量所取得的成果并纠正所发生的偏差，以保证计划目标的实现。如果说计划是谋求一致、完整而又彼此衔接的实现目标的方案，那么管理控制则是使一切组织活动都按计划正确地进行。控制是指接受企业内外的有关信息，按规定的目标和标准对企业的生产和经营活动进行监督、检查及发现偏差，采取纠正措施，使工作能按既定的计划进行或适当地调整计划，以达到管理工作的预期目的。

控制和计划是密不可分、相互依存的，具体表现在如下四个方面。

（1）计划起着指导性作用，管理者在计划的指导下，领导各方面工作以便实现组织目标；而控制则是为了保证组织的实际生产、经营活动与计划一致而产生的一种管理职能。

（2）计划预先指出所期望的行为和结果，而控制则是按计划指导实施的行为和结果。

（3）只有管理者获取了关于每个部门、每条生产线以及整个组织过去和现在状况的信息才能制订出有效的计划，而这些信息大多是通过控制过程得到的。

（4）如果没有计划来表明控制的目标，管理者就不可能进行有效的控制；而如果没有有效的控制，计划所规定的目标再好也是难以实现的。

1.2 控制的必要性

亨利·西斯克指出："如果计划从来不需要修改，而且是在一个全能的领导人的指导之下，由一个完全均衡的组织完美无缺地来执行的，那就没有控制的必要了。"然而，这种理想状态是不可能成为企业管理的现实的。无论计划制订得如何周密，由于各种各样的原因，人们在执行计划的活动中总是会或多或少地出现与计划不一致的现象，人也不也可能尽善尽美地领导和指挥，因此，控制的必要性就不言而喻了。

1. 环境的变化

如果组织面对的是一个完全静态的市场，市场供求条件永不发生变化，每年都以同样的费用购回同样性质和数量的资源，同时又能以同样的价格向同样的客户销售同样的品种和数量的产品，那么，管理人员便年复一年、日复一日地以相同的方式组织企业经营，工人可以以相同的技术和方法进行生产作业，因而，不仅控制工作，甚至管理的计划职能都将成为完全多余的东西。事实上，这样的静态环境是不存在的，组织外部的一切每时每刻都在发生着变化。这些变化必然要求组织对原先制订的计划以及经营的内容作相应的调整。

2. 管理权力的分散

只要组织达到一定规模，主管人员就不可能直接地、面对面地组织和指挥全体员工的劳动。时间与精力的限制要求主管人员委托一些助手代理部分管理事务。由于同样的原因，这些助手也会再委托其他人帮助自己工作。这便是组织管理层次形成的原因。为了使助手们有效地完成受托的部分管理事务，高一级的主管必然要授予他们相应的权限。因此，任何组织的管理权限都制度化或非制度化地分散在各个管理部门和层次。组织分权程度越高，控制就越有必要；每个层次的主管都必须定期或非定期地检查直接下属的工作，以保证授予他们的权力得到正确的利用，保证他们利用这些权力使组织的业务活动符合计划与企业目标的要求。如果没有控制，没有为此而建立的相应控制系统，管理人员就不能检查下级的工作情况，即使出现权力不负责任的滥用或活动不符合计划要求等其他情况，管理人员也无法发现，更无法采取及时的纠正行动。

3. 工作能力的差异

即使组织制订了全面完善的计划，经营环境在一定时期内也相对稳定，对经营活动的控制也仍然是必要的。这是由不同组织成员的认识能力和工作能力的差异所造成的。完善计划的实现要求每个部门的工作严格按计划的要求来协调地进行。然而，由于组织成员是在不同的时空进行工作的，他们的认识能力不同，对计划要求的理解可能发生差异；即使每个员工都能完全正确地理解计划的要求，但由于工作能力的差异，他们的实际工作结果也可能在质和量上与计划要求不符。某个环节可能产生的这种偏离计划的现象，会对整个组织活动的进行造成冲击。因此，加强对这些成员的工作控制是非常必要的。

1.3　控制工作的地位与功能

在管理实践中，人们都深切地体会到，没有控制就很难保证每个计划的顺利执行，而如果每个计划都不能顺利进行，那么组织的目标就无法实现，因此控制工作在管理活动中有着非常明确的目的，起着非常重要的作用。

在现代管理活动中，无论采用哪种方法来进行控制，要达到的第一个目的是要"维持现状"，即在变化着的内外环境中，通过控制，随时将计划的执行结果与标准进行比较，若发现有超过计划容许范围的偏差时，及时采取必要的纠正措施，以使系统的活动趋于相对稳定，实现组织的既定目标。

控制工作要达到的第二个目的是要"打破现状"。在某些情况下，变化的内、外部环境会对组织提出新的要求，主管人员对现状不满，要改革，要创新，要开拓新局面。这时就势必要打破现状，即修改已定的计划，确定新的现实目标和管理控制标准，使之更先进、更合理。

基于上述的目的，控制工作在管理活动中的地位和作用是显而易见的，它主要体现在以下三个方面。

1. 控制工作是完成计划的重要保障

计划是对未来的设想，是组织要执行的行动规划。由于受各种因素的制约，制订一项行动计划，无论花费多大的代价，也难以达到十全十美的境界。一些意想不到的因素往往会出现在计划的执行过程中，影响计划目标的实现。此外，计划能否得以实现，除了计划本身要科学、可行之外，还有赖以计划执行人员的努力，计划执行者在执行过程中偏离既定的路线或目标是常见的现象。这些缺陷和偏差，都要靠控制工作来弥补和纠正。控制对计划的保证作用主要表现在两个方面：其一，通过控制来纠正计划执行过程中出现的各种偏差，督促计划执行者按计划办事；其二，对计划中不符合实际情况的内容，根据执行过程中的实际情况，进行必要的修正、调整，使计划更加符合实际。

2. 控制工作是提高组织效率的有效手段

控制工作能提高组织的效率。其主要表现是：其一，控制过程是一个纠正偏差的过程，这一过程不仅仅能够使计划执行者回到计划确定的路线和目标上来，而且还有助于提高人们的工作责任心，防止再出现类似的偏差，这就有助于提高人们执行计划的效率；其二，控制对计划的调整和修正，既可使执行中的计划更加符合实际情况，又可发现和分析制订的计划所存在的缺陷以及产生缺陷的原因，发现计划制订工作中的不足。从而使计划工作得以不断改进；其三，控制过程中，施控者通过反馈所了解的不仅仅是受控者执行决策的水平和效率，同时他也可了解到自己的决策能力和水平及管理控制的能力和水平，这都有助于决策者不断提高自己的决策、控制等管理活动的水平。

3. 控制工作是管理创新的催化剂

控制不等于管、卡、压。控制不仅要保证计划完成，并且还要促进管理创新。施控过程要通过控制活动调动受控者的积极性，这是现代控制的特点。如在预算控制中实行弹性预算就是这种控制思想的体现。特别是在具有良好反馈机制的控制系统中，施控者通过接受受控者的反馈，不仅可及时了解计划执行的状况，纠正计划执行中出现的偏差，而且还可以从反馈中受到启发、激发创新。

1.4 控制工作的类型

1.4.1 按控制点的位置进行划分

1. 同期控制

同期控制的纠正措施是作用于计划正在执行的过程。它是一种主要为基层主管人员所采用的控制方法。主管人员通过深入现场亲自监督检查、指导和控制下属人员的活动。它包括的内容有：向下级指示恰当的工作方法和工作过程；监督下级的工作以保证计划目标的实现；发现不符合标准的偏差时，立即采取纠正措施。

在计划的实施过程中，大量的管理控制，尤其是基层的管理控制都属于这种类型。同期控制是控制的基础。一个主管人员的管理水平和领导能力，常常会通过这种工作表现出来。

在同期控制中，主管人员借助组织机构所授予的职权，使用经济的和非经济的手段来影响其下属。控制活动的标准来自计划所确定的活动目标和政策、规范和制度。控制的重点是正在进行的计划实施过程。控制的有效性取决于主管人员的个人素质、个人作风、指导的表达方式以及下属对这些指导的理解程度，其中，主管人员的"言传身教"具有很大的作用。例如，工人的操作发生错误时，工段长有责任向其指出并作出正确的示范动作帮助其改正。

在进行同期控制时，要注意避免单凭主观意志进行工作。主管人员必须加强自身的学习和提高，亲临第一线进行认真仔细的观察和监督，以标准为依据，服从组织原则，遵从正式的指挥关系，统一指挥，逐级实施控制。

2. 反馈控制

这类控制主要是分析工作过程的输出结果，将它与控制标准相比较，发现已经发生或即将出现的偏差，分析其原因和对未来的可能影响，及时拟定纠正措施并予以实施，以防止偏差继续发展或防止其今后再度发生。

由此可见，反馈控制是一个不断提高的过程。它的工作重点是把注意力集中在历史结果上，并将它作为未来行为的基础。

这类控制方法的特点是：主管人员根据输出的结果与标准比较的信息进行控制。例如，进行产品质量控制，往往是预先制定出产品的质量标准，再统计所生产出的产品检验结果，与标准进行比较，然后采取相应的行动。统计结果是计划执行过程的反馈信息，它属于延时信息，因为获得的统计结果是计划执行一段时间后经过收集、分析和整理，耗费一定时间后才能得到的信息。通过统计结果与预先制定的标准比较，才能发现产品生产过程中有无偏差产生，如出现偏差才能进一步采取纠正和控制措施。所以，反馈控制是根据计划执行的结果来进行控制的，而结果通常包含两种可能：一是达到或超过预期目标，一是未达到目标。例如上文所说的产品质量控制，如果依据对产品检验的结果发现很多产品质量不合格，那么在采取新的纠正或控制措施之前，已生产出的不合格产品已经给企业造成了损失。所以以反馈控制实际是一种"亡羊补牢"式的控制方法，其作用仅在于避免已发生的偏差继续发展或今后再度发生。

显然，反馈控制并不是一种最好的控制方法，但目前它仍被广泛地使用，因为在管理工作中主管人员所能得到的信息，大量的是需要经过一段时间后才能得到的延时信息。在控制中为减少反馈控制带来的损失，应该尽量缩短获得反馈信息的时间，以弥补反馈控制方法的这种缺点，使造成的损失减少到最低程度。

我们看到，随着科学技术的发展，尤其是自动控制技术的发展和电子计算机的广泛运用，一些传统控制方法如反馈控制，得到了很大的改进，使得到的反馈信息在时滞上几乎可以达到忽略不计的程度。例如医院对一些重症患者使用自动监护系统，一旦监护对象病情出现变化，监护系统立即显示出变化的情况，并能自动调节给药量或启动氧气机及时采取治疗措施。至于目前许多企业所运用的计算机集成制造系统（CIMS）、物料需求计划（MRP）系统、企业资源计划（ERP）系统等，不仅使得控制达到一个新的水平，而且还能够使得整个组织的管理水平得到很大的提高。

反馈控制既可用来控制系统的最终成果，例如产量、销售收入、利润、利润率等，也可用来控制系统的中间结果，例如新产品样机、生产计划、生产过程、工序质量、在制品库存量等。前者称为端部反馈，后者称为局部反馈。局部反馈对于改善管理控制系统的功能起着重要作用。通过各种局部反馈，可以及时发现问题，排除隐患，避免造成严重的后果。例如工序质量控制、月度检查、季度检查等，就属于局部反馈。它们对于保证最终产品的质量和保证年度计划的实现无疑起着重要的作用。局部反馈与端部反馈之间是一种多重嵌套关系，这种结构是复杂的动态系统的一个主要特征。

当然，科学技术的进步、控制方法和手段的改进，可以使某些控制达到一个新的水平。但是，管理控制并非都可以依靠科学仪器、设备来进行控制，如对改造人员的工作态度、一些用定性标准来考核的项目、随机因素影响较多的控制对象等，就不能完全依赖新技术去解决，大量的控制还需要传统的反馈控制方法，而且尽管在很多情况下都可以迅速地收集到计量绩效的数据，但把这些数据同标准进行比较，分析产生偏差的原因，制订和执行纠正偏差的计划，却仍然需要较长的时间。

目前在组织中应用最广泛的反馈控制方法有四种，即财务报告分析、标准成本分析、质量控制分析、工作人员成绩评定。其中最重要又是最困难的是工作人员成绩评定，因为任何组织中最关键的资源是人，而评定工作之所以很困难，首先是因为绩效标准很难是客观而且简短明了的。许多管理的和非管理的任务不易用数值或其他客观标准来衡量，因此，相当大的一部分评定过程几乎完全是根据主管人员的主观判断来进行的。

3. 前馈控制

仅仅用系统的输出作为反馈信息的缺点是，只有当输出量偏离目标时，纠正作用才能开始产生。这是一种事后控制，特别是对于系统最终成果的反馈控制。由于系统存在时延，所以待偏差出现之后，再采取纠正措施，在许多情况下，可能造成的损失已是既定事实，无法挽回了。主管人员更需要这样的控制系统——能够在还来得及采取纠正措施时就告诉主管人员信息，使他们知道如再不采取措施就会出问题。"防患于未然"不仅是对计划的要求，也是对控制的要求。

所谓前馈控制，就是观察那些作用于系统的各种可以测量的输入量和主要扰动量，分析它们对系统输出的影响，在这些可测量的输入量和主要扰动量的不利影响产生以前，通过及时采取纠正措施，来消除它们的不利影响。工程中广泛地利用前馈控制的优点，将其与反馈控制结合在一起，构成复合控制系统，以改善控制的效果。

在管理初期，前馈控制是主管人员运用所能得到的最新信息，包括上一个控制循环中所产生的经验教训，反复认真地对可能出现的结果进行预测，然后将其同计划要求进行比较，从而在必要时调整计划或控制影响因素，以确保目标实现。

前馈控制可以大大改善控制系统的性能，但是要切实实施前馈控制，一般应满足以下几个必要条件。

（1）必须对计划和控制系统作出透彻的、仔细的分析，确定关键的输入变量。

（2）建立前馈控制系统的结构模式。

（3）要注意保持该模式的动态特性，也就是说，应当经常检查模式以了解所确定的输入变量及其相互关系是否仍然反映实际情况。

（4）必须定期地收集输入变量的数据，并把它们输入控制系统。

（5）必须定期地估计实际输入的数据与计划输入的数据之间的偏差，并评价其对预期的最终成果的影响。

（6）必须有措施保证。前馈控制的作用同任何其他的计划和控制方法一样，其所能完成的工作就是向人们指出问题，显然还要采取措施来解决这些问题。

实行前馈控制的优越性在于可以使主管人员及时得到信息以便采取措施，也能使他们知道如果不采取措施就会出现问题。它克服了反馈控制中由于时滞所带来的缺陷。

图 6-1 作为控制工作类型的总结，表明了上述三种类型之间的关系。

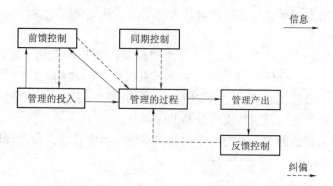

图 6-1 控制工作的类型

1.4.2 按控制的原因或结果标准进行划分

根据主管人员与控制对象的关系，可以分为直接控制和间接控制。

1. 直接控制

直接控制是通过提高主管人员的素质来进行控制工作的一种方法，其控制主体是直接责任者。它通过对主管人员的筛选与培训、完善管理工作成效的考核方法等，使他们能熟练地应用管理技术和方法，以胜任管理工作的职责要求。它的优点是：个人委派任务时能有较大的准确性；能充分发挥管理者的主观能动性；使管理者主动确定职责，加强自我管理能力和主人翁精神；可以减少控制成本。

2. 间接控制

间接控制是指通过建立控制系统对被控制对象进行控制的一种方法。这种控制方法是控制计划执行的结果，即根据计划的标准对比和考核实际结果，追查出现偏差的原因和责任，然后才去进行纠正。它的优点在于：运用间接控制可有助于对主管人员造成的失误和偏差进行纠正；有助于主管人员总结吸取经验教训，提高管理水平。

1.4.3 按控制方式进行划分

根据管理者所采用的控制方式，可以分为集中控制、分散控制和分层控制。

1. 集中控制

集中控制是在组织中建立一个控制中心，由它对所有的信息进行统一的加工处理，并由这一控制中心发出指令，操纵所有的管理活动。比如出租车调度中心、航空公司调度中心、计算机芯片等。

2. 分散控制

分散控制是与集中控制相对的一种控制形式，采用分散的方式，由组织各部门分别实施控制。比如事业部制下的各分公司。

3. 分层控制

分层控制是一种把集中控制和分散控制结合起来的控制方式。

1.4.4 按领导控制的角度进行划分

从领导的角度出发，可将控制的内容分为制度控制和文化控制。

1. 制度控制

通过制度进行控制，主要是要把握好在组织框架内授权的运用。管理者通过授权给下属，领导成千上万的员工个体和员工团队，作出直接影响到他们工作的关键性的业务决策。他们进行财务预算，安排工作负荷，管理库存，解决质量问题以及各种类似活动。直到最近，这些工作才被认为是管理工作不可分割的一部分。

事实上，授权与控制的关系具有科学性和艺术性。组织必须在合理授权的过程中建立反馈控制机制。

2. 文化控制

在组织的文化控制中，创新的作用尤其突出。20世纪90年代企业经理们面对的一个主要问题是，如何在一个要求灵活性和创新性的企业中施加足够的控制。面对日趋成熟的消费者和竞争激烈的市场环境，企业必须领导员工们主动去寻求机遇，对消费者的需求作出反应。但是对于一些机遇的寻求也会使得业务面临极大的风险，或是引发一些可能影响企业道德的行为。

控制工作实质上是一个"信息反馈"的过程。根据反馈信息采取纠正措施，无疑会存在"时间延迟"，这不利于实现控制的目的。为了克服这个问题，人们寻求采用实时信息，乃至超前性的预测信息，实施控制。这样纠正措施可以在过程不断运行的阶段来实现，相应地出现了不同的控制原理和类型。

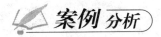

思考题

1. 何谓控制？为什么要进行管理控制？
2. 控制有哪些类型？不同类型的控制有何特点？
3. 控制过程包括哪些阶段的工作？如何进行有效的控制？
4. 控制的原则有哪些？

案例分析

格雷格厂长的目标与控制

格雷格担任这家工厂的厂长已一年多时间了，他刚看了工厂有关今年实现目标情况的统计资料。厂里各方面工作的进展是在他的意料之外的，他为此而气得说不出一句话来。记得他任厂长后第一件事是亲自制定工厂一系列工作的计划目标。具体地说，他要解决工厂的浪费问题，要解决职工超时工作的问题，要减少废料的运输费用问题。他具体规定：在一年内要把购买材料的费用降低 10% ~ 15%；把用于支付工人超时的费用从原来的 11 万美元减少到 6 万美元；要把废料运输费用降低 3%。他把这些具体目标告诉了下属有关方面的负责人。

然而，他刚看过的年终统计资料却大出他的意料。原材料的浪费比去年更严重，原材料的浪费率竟占总额的 16%，职工超时费用亦只降到 9 万美元，远没达到原定的目标，运输费用也根本没有降低。

他把这些情况告诉负责生产的副厂长，并严肃批评了这位副厂长。而副厂长则争辩说："我曾对工人强调过要注意减少浪费的问题，我原以为工人也会按我的要求去做的。"人事部门的负责人也附和着说："我已经为削减超时的费用做了最大的努力。只对那些必须支付的款项才支付。"而负责运输方面的负责人则说："我对未能把运输费用减下来感到意外，我已经想尽了一切办法。我预测，明年的运输费用可能要上升 3% ~ 4%。"

在分别与有关方面的负责人交谈之后，格雷格又把他们召集起来布置新的要求，他说："生产部门一定要把原材料的费用降低 10%，人事部门一定要把职工超时费用降到 7 万元；即使运输费用要提高，但也决不能超过今年的标准。这就是我们明年的目标。我到明年再看你们的结果！"

问题：
格雷格厂长应当如何进行控制管理工作？

实训：辩论赛

【辩论题目】

正方：控制是对民主的保护

反方：控制是对民主的限制。

【实训目标】

1. 使学生更进一步理解控制在工作过程中的作用。

2. 理解控制必须要把握一定的度，超越了度的控制是滥用职权，而达不到目的的控制则是放任自流。

【实训内容与形式】

1. 学生进行分组。在课堂上进行，将全班学生分成两组，分别选择正方和反方，然后进行资料查询准备。

2. 选出 1 名学生担任辩论赛主持人。

3. 选出 5 名同学担任评委，对正反两方的辩论进行打分。

4. 教师担任点评。

5. 正反两方最后形成以本方论点为题目的论文。（字数为 2 500 字以上）

单项选择题

1. 最理想的控制标准是（　　）。

A. 实物标准　　　　B. 定性标准　　　　C. 资金标准　　　　D. 定量标准

2. 在篮球比赛中，教练员根据场上的局势及时调整战术，并更换队员。从管理职能上讲，教练员行使的职能是（　　）。

A. 计划职能　　　　B. 领导职能　　　　C. 组织职能　　　　D. 控制职能

3. 注重于对已发生的错误进行检查改进属于（　　）。

A. 事前控制　　　　B. 过程控制　　　　C. 事后控制　　　　D. 直接控制

4. 控制工作的下列原理中，强调主管人员应只注意重要的偏差的是（　　）。

A. 控制关键点　　　B. 直接控制　　　　C. 例外情况　　　　D. 反映计划要求

5. 强调直接控制的人一般认为，主管人员及其下属的素质（　　），就越不需要间接控制。

A. 越低　　　　　　B. 越高　　　　　　C. 越有差异　　　　D. 越趋于同一

任务 2　　控制过程分解

学习目标

1. 知识目标：理解并掌握控制过程；掌握控制分解环节。
2. 能力目标：分析控制过程各环节重点问题。
3. 素质目标：合理把握控制过程各环节工作重点的能力。

小故事

捉火鸡的故事

有个人布置了一个捉火鸡的陷阱，他在一个大箱子里面和外面撒了玉米，大箱子有一道门，门上系了一根绳子，他抓着绳子的另一端躲在一处，只要等到火鸡进入箱子，他就拉扯绳子，把门关上。

一天，有 12 只火鸡进入箱子，不巧一只溜了出来，他想等箱子里有 12 只火鸡后，就关上门，然而就在他等第 12 只火鸡的时候，又有 2 只火鸡跑出来了，他想等箱子里再有 11 只火鸡，就拉绳子，可是在他等待的时候，又有 3 只火鸡溜出来了，最后，箱子里 1 只火鸡也没剩。

无论在什么类型的组织中，无论控制对象是人，还是财或物，控制的基本过程都包括以下三个步骤（如图 6 - 2 所示）。

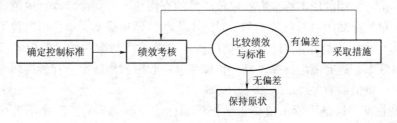

图 6 - 2　控制工作的主要阶段

2.1　确定控制标准

控制的目的是确保计划目标的实现，计划是控制的依据。从逻辑上讲，控制的第一步应当是制订计划，再以计划作为控制的标准。但是，由于组织中计划所包含的内容、项目很多，涉及的范围也很广，各种计划的详尽程度和复杂程度各不相同，因此在大多数的组织活动中，主管人员没有精力、也不可能直接以计划作为控制的标准，来对整个计划执行的全部过程进行全面、具体的控制。所以需要拟定具体的控制标准。标准应当是从整个计划方案中选出的，是对工作绩效进行评价的关键指标，或者是对计划目标的实现发挥关键作用的项目。有了这样的标准，主管人员不必去考察计划执行中的每一个步骤或细节，就能够了解整个计划执行的进展情况，从而使控制起到保证计划目标实现的作用。

为保证有效控制，控制标准应满足如下几个方面的要求。

（1）控制标准应尽可能数量化，具有可操作性，这样在控制过程中，施控者和受控者心中都有明确的行动界线和标准，有助于发现行动中出现的偏差。受控者由此可自觉地、主动地纠偏。模棱两可，解释起来主观随意性大的控制标准是不利于控制的。

（2）控制标准应尽量简洁明了，不仅能为控制者所了解、所掌握，更要能为全体执行人员所掌握、所了解。

（3）控制标准体系应协调一致。一个组织内的活动是多种多样的，各职能管理部门都会制定出各自的控制标准，这些标准应该协调一致，形成一个有机整体，不能互相矛盾，否则会使计划执行者陷入两难困境或管理真空的地带中。

在一个组织中，标准的类型有多种。最理想的标准是把可考核的目标直接作为标准。但更多的情况则往往是需要将某个计划目标分解为一系列的标准。在实际工作当中，按照不同的依据，可以将标准分为不同的类型。例如可以分为实物标准和财务标准，财务标准又可分为费用标准、资金标准和收入标准等；还可以分为有形标准和无形标准，或者定量标准和定性标准；再如根据标准规定的内容，可以通俗在将一个组织的标准分为管理标准、工作标准、技术标准等。无论采用哪类标准，都必须按照控制对象来决定。

（1）实物标准。这是一类非货币标准，普遍适用于使用原材料、雇佣劳动力、提供劳务或产品等的操作层。这些标准反映了定量的工作成果，常用的有：单位产量工时、单位台时产量、货运量的吨公里、日门诊人数等。实物标准也可以反映产品的质量，例如轴承面的硬度、公差的精密度、飞机上升的速率、纺织品的耐久性和颜色牢度等。在某种程度上，实物标准是计划的基石，也是控制的基本标准。

（2）成本标准。这是一类货币标准，也普遍适用于操作层，这些标准用货币值来衡量经营活动的代价。常用的成本标准有：单位产品的直接成本和间接成本、单位产品或每小时的人工成本、单位产品的原材料成本和工时成本、单位销售成本、单位销售费用等。

（3）资本标准。这类标准与投入企业的资本有关，而与企业的运营资本无关，最常用的就是投资报酬率，还有流动比率、资产负债率、应收账款周转率、存货周转率等。这类标准主要是与资产负债表有关。

（4）收益标准。这是用货币值衡量销售量的标准，例如公共汽车每乘客/千米的收入、既定市场范围内的人均销售额等。

（5）无形标准。这是一类既不能用实物又不能用货币衡量的标准。主管人员能够以什么样的标准来确定下属的才干？又能够用什么标准来确定一项广告策划是否符合组织的短期目标或长期目标？怎样才能判断出下属人员是否忠诚于组织目标？要为这类目标确定控制标准是非常困难的，因为既无法用明确的定量标准也无法用明确的定性标准来描述它们。

（6）直接以目标为标准——定量目标和定性目标。定量目标大多是采用上述各种标准的量化表达形式，它是可以准确考核的。定性目标虽然也可考核，但却不能像定量目标一样准确考核，不过，我们可以采用详细说明计划或其他具体目标的特征和完成日期的方法来提高其可考核的程度。

标准的设立应当具有权威性。常用的拟定标准的方法有以下三种。

（1）统计方法，相应的标准称为统计标准。它是根据企业的历史数据记录或是对比同类企业的水平，运用统计学方法确定的。

（2）经验估计法，它是由有经验的管理人员凭经验确定的，一般是作为统计方法和下面将要提到的工程方法的补充。

（3）工程方法，相应的标准称为工程标准。它是以准确的技术参数和实测的数据为基础的。

2.2 绩效考核

绩效考核就是对计划执行的实际情况进行实地检查，并作出判断。绩效考核是控制的中间环节，也是工作量最大的一个环节。在这个阶段，施控者可发现计划执行中所存在的缺陷，有什么样的偏差以及偏差的程度有多大，它们是由什么原因引起的，应采取什么样的纠正措施。可见，该环节的工作影响着整个控制效果。

📖 **视野拓展**

签了字的订单不能说明一切

有一办公设备制造商主要依据销售额的成果数字来对其 10 位地区销售员实施控制，他经常喜欢说的一句话就是："签了字的订单将告诉我们谁最能干。"公司有位负责南部地区销售工作的销售员是一位上了年纪、即将退休的人，他的销售业绩一直不错。可在他退休由别人接替以后，才发现他那片的新客户发展得极差。这位即将退休的销售员一直只是拜访老客户，而且就是在这些老客户中，他对服务方面出现的抱怨也是敷衍了事。接替者在经过了几年艰苦的努力之后，才使该地区恢复到应该达到的状态。出现这种令人不满意状态的原因，就是该公司只依靠简单的销售额衡量销售员的业绩，而忽视了较不明显但对长期销售影响重大的其他因素。

做好绩效考核工作主要应注意以下几个方面。

（1）必须深入基层，踏踏实实地了解实际情况，切忌只凭下属的汇报作判断；也不能在检查中走过场、搞形式，更不能工作不踏实、走马观花、点到为止。

（2）绩效考核工作必须制度化。通过制度建设，管理者可及时、全面地了解计划执行的情况，以便从中发现问题，迅速纠正，尽可能地将重大偏差消灭在萌芽状态；检查无制度，随心所欲，就可能等到出现了大问题，才手忙脚乱地仓促应付。

（3）绩效考核的方法应科学。考核应根据所确立的标准考核，对计划执行中存在的问题，不夸大、不缩小，实事求是地反映情况。这些方法包括个人观察、统计报告、口头报告、书面报告、抽样检查等。

绩效考核的目的是对计划执行状况作出判断，更进一步讲，要判断是否存在偏离计划路线和目标的现象。实际计划执行中的偏差有两种：一种可称之为正偏差，通俗地讲就是超额完成计划的情况。在大多数人的思想里，一直存在着这样一种意识，超额完成计划是好的，应该鼓励。其实，超额完成计划并非都是有利的，有些正偏差会加剧结构失衡。所以，在绩效考核中发现存在着正偏差，也必须全面分析，然后再作出结论。另一种是负偏差，即没有完成计划和偏离计划的情况。显然，负偏差是不利的，施控者必须深入分析产生负偏差的原因，并及时采取对策加以纠正。

2.3 采取措施，纠正偏差

对实际工作衡量后，下一步就是将衡量结果与标准进行对比，发现偏差是否在可接受的范围内。如果有较大偏差，则要分析造成偏差的原因，确定矫正措施实施的对象并采取矫正措施。

1. 分析衡量的结果，找出偏差产生的主要原因

在实施矫正措施之前，必须对偏差的性质加以认定。有些偏差可能并不会对组织的最终成果产生重要影响，而另一些偏差则可能是由于某些偶然、暂时、局部性的因素引起的。因此，要对造成偏差的原因进行深入分析，真正透过表面现象找出造成偏差的深层原因，为"对症下药"地制定纠偏措施提供根本保证。

2. 确定矫正措施实施的对象

在管理控制过程中，造成偏差的原因有三个方面：一是原先的计划或标准制定得不科学，本身就存在偏差；二是由于外在环境发生了预料不到的变化，原有的计划不再适应新形势的需要；三是组织内部因素发生变化，如工作人员的懈怠等。因此，矫正措施的实施对象可能是组织所进行的活动，也可能是衡量的标准，甚至是指导活动的计划。

3. 选择恰当的矫正措施

选择恰当的矫正措施时应该注意以下几个方面。

（1）使矫正方案双重优化。

第一重优化是要考虑采取矫正措施带来的效果是否大于不纠偏的损失。有时即使产生了偏差，但最好的方案也许是不采取任何行动。这种情况多数是发生在矫正措施的实施条件尚不成熟的阶段。第二重优化是在此基础上，通过对各种经济可行方案的比较，找出其中追加投入最少、解决偏差效果最好的方案来组织实施。

（2）充分考虑历史的因素。

（3）治标与治本并重。

（4）注意消除人们对矫正措施的疑虑。

总之，对计划执行过程中出现的偏差进行纠正，说明管理是一个连续的过程。控制职能与其他管理职能的交错重叠，则说明了主管人员的职能是一个统一的完整的系统。

如何提高控制过程的有效性？

西湖公司的控制系统

西湖公司是李先生靠 3 000 元创建起来的一家化妆品公司。开始只是经营指甲油，后来

逐步发展成为颇具规模的化妆品公司，资产已达 6 000 万元。李先生于 1984 年发现自己患癌症后，对公司的发展采取了两个重要措施：① 制定公司要向科学医疗卫生方面发展的目标；② 高薪聘请雷先生接替自己的职位，担任董事长。

雷先生上任后，采取了一系列措施，推行李先生为公司制定的进入医疗卫生行业的计划：在特殊医疗卫生业方面开辟一个新行业，同时开设一个凭处方配药的药店，并开辟上述两个新部门所需产品的货源、运输渠道。与此同时，他在全公司内建立了一条严格的控制措施：要求各部门制定出每月的预算报告，要求每个部门在每月初都要对本部门的问题提出切实的解决方案，每月定期举行一次由各部门经理和顾客代表参加的管理会议，要求各部门经理在会上提出自己本部门在当月的主要工作目标和经济往来数目。同时他特别注意资产回收率、销售边际及生产成本等经济动向，他也注意人事、财务收入和降低成本费用方面的工作。

由于实行了上述措施，该公司获得了巨大的成功。到 20 世纪 80 年代末期，年销售量提高 24%，到 1990 年达到 20 亿元。然而，进入 90 年代以来，该公司逐渐出现了问题：1992 年公司有史以来第一次出现收入下降、产品滞销、价格下跌的情况。主要原因有：① 化妆品市场的销售量已达到饱和状态；② 该公司制造的高级香水一直未打开市场，销售情况没有像预测的那样乐观；③ 国外公司挤占了本国市场；④ 公司在国际市场上出现了不少问题，推销员的冒进，得罪经销商，公司形象没有很好地树立；等等。

雷先生也意识到公司存在的问题，准备采取有力措施，以改变公司目前的处境。他计划要对国际市场方面进行总结和调整，公司开始研制新产品。他相信投入了大量资金研制的医疗卫生工业品不久也可以进入市场。

问题：

1. 雷先生在西湖公司里采取了哪些控制方法？

2. 假设西湖公司原来没有严格的控制系统，雷先生在短期内推行这么多控制措施，其他管理人员会有什么反应？

3. 就西湖公司的目前状况而言，应怎样健全控制系统？

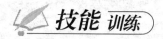

调 研 报 告

【调研目的】

通过调研周边企业在企业运营过程中的控制，加深对企业运营控制的认识，同时对控制的过程进行深入分析，从而提高对控制的过程的理解和掌握。

【组织形式】

1. 将全班同学进行分组，每个小组以 5~6 名同学为宜，选出小组组长，并进行调研工作分工。

2. 调研内容主要是走访学校周边企业进行企业运营控制工作的流程，最好以典型事例为案例进行分析。

3. 由小组成员调研完后完成调研报告一份。（字数在 3 000 字以上）

任务 3　控制方法运用

学习目标

1. 知识目标：理解并掌握控制的原则；理解并掌握控制的方法；了解控制方法的优缺点。

2. 能力目标：在控制原则下，掌握控制方法的运用技巧。

3. 素质目标：在控制原则下，灵活运用控制方法，做到具体问题具体分析。

小故事

控制有多重要

经过长达 15 年的精心准备，耗资 15 亿美元的哈勃（Hubble）太空望远镜终于在 1990 年 4 月发射升空。但是，美国国家航天局（NASA）仍然发现望远镜主镜片存在缺陷。由于直径达 94.5 英寸的主镜片的中心过于平坦，导致成像模糊。望远镜对遥远的星体无法像预期的那样清晰地聚焦，结果造成一半以上的试验和许多的观察无法进行。

更让人觉得可悲的是，如果有一点更好的控制，这些是完全可以避免的。镜片的生产商 Perkings-Elmer 公司使用了一种有缺陷的光学模板来生产如此精密的镜片。具体原因是，在镜片生产过程中，进行检验的一种无反射校正装置没有设置好。校正装置上的 1.3 毫米的误差导致镜片被研磨、抛光成了错误的形状。但是没有人发现这个错误。具有讽刺意味的是，这个项目和许多其他的 NASA 项目不同的是，并没有时间上的压力，有充分的时间发现镜片上的缺陷。事实上，镜片的粗磨早在 1978 年就开始了，直到 1981 年才抛光完成；由于"挑战者号"航天飞机的失事，完成后的望远镜又在地上待了两年。

美国国家航天管理局中负责哈勃项目的官员，对望远镜制造过程中的细节根本就漠不关心。事后一个由 6 人组成的调查委员会的负责人说："至少有三次有明显的证据说明问题的存在，但三次机会都失去了。"

控制方法，是指控制过程所使用的具体控制技术和手段。应用于控制的方法是多种多样的，各有其特点。就一般意义的管理控制来说，主要有预算控制方法和非预算控制方法两类。

3.1　控制的原则

控制是管理的一项基本职能，也是比较复杂的一项工作。在许多情况下，管理者制订了良好的计划，建立了适当的组织，但由于没有把握住控制这一环节，最后还是不能达到预期的目的，无效的控制会引起计划和组织的无效。为了保证对组织活动进行有效的控制，必须遵循以下基本原则。

1. 控制关键点原则

任何控制都不可能面面俱到、事无巨细地同等对待。事实证明，有效的控制应着重于整个过程中的关键而进行局部的和重点的控制。选择关键点是一种管理艺术，管理者要有丰富的经验和敏锐的洞察力及决策能力。

2. 及时性原则

高效率的控制系统能够迅速发现问题并及时采取控制措施。一方面要求及时准确地提供控制所需的信息，避免信息的迟滞，使控制失去应有的效果；另一方面要估计可能发生的变化，使采取的措施与已变化了的情况相适应。

3. 灵活应变原则

在组织活动中，出现意外的情况是不可避免的，这就要求在制订计划时，必须考虑各种可能的情况，拟订各种选择方案并留有一定的后备力量，要有弹性和替代方案。一般来说，灵活的计划最有利于灵活地控制，如弹性预算、跟踪控制等。

📖 视野拓展

拉上那道窗帘

美国管理界有一个经典案例：杰克逊纪念大厦外墙受到腐蚀，政府采取了很多措施，花了不少钱，但情况仍无改善。政府非常担心，派专家组调查。调查结果为，墙壁每日被冲洗，导致受酸蚀损害严重。为什么要每日冲洗呢？因为大厦每天被大量的鸟粪弄脏。为什么有那么多的鸟粪呢？因为大厦周围聚集了许多的燕子。为什么燕子喜欢聚在这里？因为大厦上有燕子最喜欢吃的蜘蛛。为什么这里的蜘蛛多呢？因为墙上有蜘蛛最喜欢吃的飞虫。为什么这里的飞虫多呢？因为飞虫在这里繁殖得很快。为什么？因为这里的尘埃最适于飞虫繁殖。为什么？其实这里的尘埃也无特别之处，只是配合了从窗子照射进来的充足阳光，特别刺激飞虫的繁殖欲。大量飞虫聚集在此超常繁殖，于是给蜘蛛提供了超常的美餐；蜘蛛超常聚集又带来燕子聚集流连；燕子吃饱了就近在大厦上方便……最后，得出解决问题的结论就是——拉上窗帘。

4. 客观准确原则

要想客观地控制，必须做到：第一，要尽量建立客观的计量方法，即尽量把绩效用定量的方法记录并评价；第二，管理者要从组织的角度来观察问题，避免个人偏见和成见。

5. 经济性原则

控制是一项需要投入大量人力、物力的活动，因此要考虑控制的经济性，要把控制所需的费用与控制所产生的效果进行经济上的比较，只有当有利可图时才实施控制。经济性较差的控制，尽管控制的手段先进，控制的效果明显，也不是令人满意的控制。

6. 例外原则

要实施有效的控制，管理人员就必须学会区分信息的轻重缓急，运用好例外控制原则，即对控制过程中例外的、不寻常的现象和问题，尤其是对特别好的和特别差的要予以充分注意，并对其采取特别的控制措施。

7. 控制趋势原则

一般来说，趋势是多种复杂因素综合作用的结果，是在一段时间内逐渐形成的，并对管理工作成效有着长期的影响。趋势往往容易被现象所掩盖，它不易被察觉，也不易被控制和扭转，而且当趋势已经明朗时再进行控制就晚了。所以，有效的控制系统应有预警功能，能在出现某种趋势苗头时迅速采取措施，跟上趋势或将其消灭在萌芽状态。

3.2 控制方法

3.2.1 预算控制

预算是以数量形式表示的计划。预算的编制是作为计划过程的一部分开始的，而预算本身又是计划过程的终点，是一种转化为控制标准的数量化的计划。预算是数字化的计划，更具体一点说，预算是用财务数字来表明的组织的预期成本或收入。

1. 预算的性质与作用

预算就是用数字编制未来某一个时期的计划，也就是用财务数字（例如在财务预算和投资预算中）或非财务数字（例如在生产预算中）来表明预期的结果。

（1）预算是一种计划，因而编制预算的工作是一种计划工作。预算的内容可以概括为：

①"多少"（how much）——为实现计划目标的各种管理工作的收入（或产出）与支出（或投入）各是多少；

②"为什么"（why）——为什么必须收入（或产出）这么多数量，以及为什么需要支出（或投入）这么多数量；

③"何时"（when）——什么时候收入（或产出）以及什么时候支出（或投入），必须使得收入与支出取得平衡。

（2）预算是一种预测，它是对未来一段时期内的收支情况的预计。作为一种预测，确定预算数字的方法可以采用统计方法、经验方法或工程方法。

（3）预算主要是一种控制手段。编制预算实际上就是控制过程的第一步——拟定标准。由于预算是以数量化的方式来表明管理工作的标准，从而本身就具有可考核性，因而有利于根据标准来评定工作绩效，找出偏差，并采取纠正措施，消除偏差。无疑，编制预算能使确定目标和拟定标准的计划得到改进。但是，预算的最大价值还在于它对改进协调和控制的贡献。当为组织的各个职能部门都编制了预算时，就为协调组织的活动提供了基础。同时，由于对预期结果的偏离将更容易被查明和评定，预算也为控制中的纠正措施奠定了基础。所以，预算可以带来更好的计划和协调，并为控制提供基础，这正是编制预算的基本目的。

2. 预算的种类

1）按预算的内容，预算可分为以下几种

（1）经营预算。经营预算是指企业日常发生的各项基本活动的预算。它主要包括销售预算、生产预算、直接材料采购预算、直接人工预算、制造费用预算、单位生产成本预算、推销及管理费用预算等。

（2）投资预算。投资预算是对企业的固定资产的购置、扩建、改造、更新等，在可行性研究的基础上编制的预算。它具体反映在何时进行投资、投资多少、资金从何处取得、何时可获得收益、每年的净现金流量为多少、需要多少时间回收全部投资等。由于投资的资金来源往往是任何企业的限定因素之一，而对厂房和设备等固定资产的投资又往往需要很长时间才能回收，因此，投资预算应当力求和企业的战略以及长期计划紧密联系在一起。

（3）财务预算。财务预算是指企业在计划期内反映有关预计现金收支、经营成果和财务状况的预算。它主要包括现金预算、预计收益表和预计资产负债表。必须指出的是，前述各种经营预算和投资预算中的材料，都可以折算成金额反映在财务预算内。这样，财务预算就成为各项经营业务和投资的整体计划，故亦称总预算。

2）按预算控制的力度，预算可以分为以下几种

（1）刚性预算。刚性预算是指在执行进程中没有变动余地的预算，执行人在执行中无活动余地。一般来说，刚性预算不利于发挥执行人的积极性和不适应环境变化。刚性预算也就只能在重点项目上采用。常见的刚性预算是控制上限或控制下限的预算。如严格要求的财政支出预算和财政收入预算等。

（2）弹性预算。弹性预算是指预算指标有一定的调整余地，执行人可灵活执行的预算。这种预算的控制力度稍弱，但有较强的环境适应性，能较好地适应控制的要求，在预算控制中弹性预算比较常见。

3. 预算方法：零基预算法

美国得克萨斯仪器公司的彼德·A. 菲尔于 1970 年提出了零基预算法。该法提出之后，由于它的优越性，很快为许多组织所采纳。

零基预算法的基本思想是：在每个预算年度开始时，把所有还在继续开展的活动都看作是从零开始的，预算也就以零为基础。由预算人员在从头开始的思想指导下，重新安排各项活动及各个部门的资源分配和收支。实行零基预算法的预算人员需要考虑如下四个方面的内容。

（1）组织的目标是什么，预算要达到的目标又是什么？

（2）这项活动有没有必要，不开展行不行，开展这项活动应取得什么样的成果？

（3）开展这项活动的可选方案有哪些，目前执行的方案是不是最好的？

（4）这项活动需要多少资金，资金从什么地方获取，按目前的方案使用是否合理？

与传统预算管理相比较，零基预算的优点是预算比较科学，有利于分配资金和控制支出，存在的缺点是预算编制的工作量大，费用高。另外需要指出的是，零基预算与其说是一种预算编制方法，倒不如说是一种预算控制思想更为准确。因为它的核心是预算工作人员不要盲目接受过去的预算支出的结构和规模，一切都应重新考虑。零基预算法的程序如下。

1）建立预算目标体系

在审查预算前，主持这一工作的主管人员首先应明确组织的目标，并将长期目标、中期目标、近期目标划分清楚，将可量化的目标量化，建立起一套完整且明确的目标体系。

2）逐项审查预算

以一切活动都是重新开始的思想来审查每一个预算项目，凡是在下一年度继续进行的活动或续建的项目，负责人都要提交详细的计划执行情况报告；凡是新增加的项目都要提交可行性分析报告，所有要继续进行的活动都必须向专门的审验机构证明其活动确有继续开展的必要；所有申请预算的项目和部门都必须提交下一年度的计划，说明各项开支要达到的目标和效益。

3）排定各项目和各部门的优先顺序

在确定了需要开展的项目的范围之后，由计划部门对所有的项目进行排序，列出重点优先项目和非重点一般项目。如果资金有限，先保证重点优先项目的预算。

4）编制预算

由预算编制人员根据审查的最终结果对预算资金进行分配，形成具体的预算。

采用零基预算法应注意以下几个问题。

（1）零基预算法的思想应贯彻到每一个预算编制工作人员和部门。项目负责人的意识中，只有每一个有关的人了解零基预算法，掌握零基预算法，支持零基预算法，零基预算法才能发挥其优势。

（2）零基预算的主持者必须对组织目标有足够的了解。这样才能把握哪些活动是必需的，哪些是可进行的或可不进行的，哪些是要保证的重点项目，哪些是必须兼顾的一般项目，以便正确地分配资源。

（3）发扬创新精神，从零开始本身就隐含着创新要求。实行零基预算法，无论是负责人，还是一般工作人员，都必须具备创新思想，那种既能够提高效益又能够降低成本的方案并不存在于现行的方案中，只有依靠创新才能产生。

在零基预算法实行过程中，另一个需要注意的问题是应防止搞形式主义。名义上是从零开始，实际上是一切依旧，新瓶装旧酒。对此，主要领导人必须有较高的警惕，特别是最后审批预算的主要领导人要亲自主持参加项目的评价过程。真正使那些过去一直在进行却不能提供效益或效益极低的活动停下来，将资金用于最高效益的项目和活动上。这需要权威，又需要艺术，也需要能力。一些领导者往往会对此望而却步。但若想取得成就，就必须面对困难，努力去克服困难。

3.2.2　非预算控制

1. 监督与检查

监督检查可以说是一种最古老、最常见、最直接的控制方法。其具体形式是上级对下级执行计划、命令的过程和状况进行实地检查，进行评价，发现问题并立即采取措施予以纠正。这是一种直接的、面对面的控制。它是管理控制中不可缺少的控制方式。

监督检查的第一个优点是直接。由于是面对面地实施控制，有助于监控人员获得第一手信息。如在生产控制中，通过现场监督检查，可以使主管人员直接了解诸如产品质量、生产条件、生产者的责任心、原材料供应状况、均衡生产状况等方面的信息。这些信息是第一手掌握的，具有相当高的真实性和及时性，有助于控制者针对问题采取措施，有的放矢。

监督检查的第二个优点是能迅速解决问题。因为是面对面地直接控制，监控人员一旦发现问题，就可以立即作出判断，制定解决问题的方案，并尽快地付诸实施。由于监督检查解决问题及时，可以防患于未然，将一些问题消灭在萌芽状态，以免造成更大的损失。

监督检查的第三个优点是有助于施控者与受控者之间的沟通，鼓励下属士气，及时排除困难，为下属完成任务创造条件，从而激励下属积极工作。当然，如果监督检查未能为下属所理解，也可能被下属看做是上级对自己的不信任，下属可能会因自尊心受到伤害而产生消极情绪。

做好监督检查控制，发挥其积极作用，应注意以下几个方面的问题。

一是要抓住重点进行监督检查。特别是高层主管人员的现场检查，一定要抓住重点环节和重点部门。

二是要深入细致。上级的检查不能走马观花，不能浮于表面，更不能主观臆断，搞长官意志。

三是要有反馈。对下级反映的情况和在检查中所发现的问题，要采取措施，给予答复，对存在的问题尽快予以解决。

四是要形成制度，切忌心血来潮，一会热、一会冷。监督检查制度化有助于控制充分发挥作用。

2. 报告制度

报告是用来向负责实施计划的主管人员全面地、系统地阐述计划的进展情况、存在的问题及原因、已经采取的措施、收到的效果、预计可能出现的问题等情况的一种重要方式。控制报告的主要目的在于提供一种如果有必要即可用作纠正措施依据的信息。

对控制报告的基本要求是必须做到适时、突出重点、指出例外情况、尽量简明扼要。通常，运用报告进行控制的效果，取决于主管人员对报告的要求。管理实践表明，大多数主管人员对下属应当向他报告什么，缺乏明确的要求。随着组织规模及其经营活动规模的日益扩大，管理也日益复杂，而主管人员的精力和时间是有限的，从而，定期的情况报告也就越发显得重要。

负责计划实施的上层主管人员，为了实施控制，通常需要报告以下四个方面的情况。

（1）投入程度——主管人员需要确定他本人参与的程度，他需要逐项确定他应在每项计划上花费多少时间，应介入多深。

（2）进展情况——主管人员需要获得哪些应由他向上级或向其他有关单位（部门）汇报的有关计划进展的情况，诸如：进度如何；怎样向客户介绍计划进展情况；在费用方面做得如何；如何向客户解释费用问题等。

（3）重点情况——主管人员需要在向他汇报的材料中挑选哪些应由他本人注意和决策的问题。

（4）全面情况——主管人员需要掌握全盘情况，而不能只是了解一些特殊情况。

为了满足上级主管人员的上述四项要求，一个有效的报告制度通常规定需要报告的内容。以通用电器公司为例，报告主要包括计划执行情况、上层主管人员决策和采取行动需要的关键信息，具体有八个方面的内容。

（1）客户的意见以及上次会议以来外部的新情况。这方面报告的作用在于使上级主管人员判断情况的复杂程度和严重程度，以便决定他是否要介入以及介入的程度。

（2）进度情况。这方面报告的内容是将工作的实际进度与计划进度进行比较，说明工作的进展情况。通常，拟定工作的进度计划可以采用"计划评审技术"。对于上层主管人员来说，他所关心的是处于关键线路上的关键工作的完成情况，因为关键工作若不能按时完成，那么整个工作就有可能误期。

（3）费用情况。报告的内容是说明费用开支的情况。同样，要说明费用情况，必须将其与费用开支计划进行比较，并回答实际的费用开支为什么超出了原定计划，以及按此趋势估算的总费用开支（或超支）情况，以便上级主管人员采取措施。

（4）技术工作情况。技术工作情况是表明工作的质量和技术性能的情况和目前达到的水平。其中很重要的问题是说明设计更改情况和设计更改的理由及方案，以及这是客户提出的要求还是自己作出的决定等。

（5）当前的关键问题。报告者需要检查各方面的工作情况，并从所有存在的问题中挑出三个最为关键的问题。不仅要提出问题所在，还须说明对整个计划的影响，列出准备采取的行动，指定解决问题的负责人，以及规定解决问题的期限，并说明最需要上级领导帮助解决的问题所在。

（6）预计的关键问题。报告的内容是指出预计的关键问题，同样也需要详细地说明问题，指出其影响，准备采取的行动，指定负责人和解决问题的日期。预计的关键问题对上层主管人员来说特别重要，这不仅是为他们制定长期决策提供选择，也是因为他们往往认为下属容易陷入日常问题而对未来漠不关心。

（7）其他情况。报告的内容是提供与计划有关的其他情况。例如，对组织及客户有特别重要意义的成就，上月份（或季、年）的工作绩效与下月份（或季、年）的主要任务等。

（8）组织方面的情况。报告的内容是向上层领导提交名单，名单上的人员可能会去找这位上层领导，这位领导也需要知道他们的姓名。同时还要审查整个计划的组织工作，包括内部的研制开发队伍以及其他相关机构。

美国通用电气公司的报告制度是针对该企业的经营体制制定的，并不一定适应于我国的企业和其他经济组织。但它给了我们一个启示，即报告要全面和重点相兼顾。其实，我国企业和非企业组织已经根据各自的组织目标和实际情况形成了自己的报告制度，有的已经运行了十几年、几十年，不少制度十分科学、有效。在新的形势下，只要我们结合新的客观实际认真总结经验，建立起完善的报告制度是不困难的。

3. 程序控制

1）实行程序控制的必要性

程序是组织中对某种活动处理流程的一种描述、计划和规定。凡是比较常见、具有重复性、由多个环节构成的管理活动都可以为其制定程序，以便管理者可按既定的程序来处理这些重复发生的活动。组织中常见的程序很多，如决策程序、报告程序、施工管理程序、会计核算程序、费用报销程序等。

制定程序，有助于管理活动规范化。在一个组织中，发生最为频繁的是例行的事情。处理这些事情，在规定了程序之后，管理人员就可以照章办事，不必事事请示，主管人员也就不必事事躬亲了，只要检查下级人员是否按程序办事就可以了。

制定程序，有助于节约管理活动的开支，提高管理活动的效率。程序中一般都明确了处理某项工作，要涉及哪些部门和人员，按什么路线办理，各自有什么权责。这些事项明确之后，各个管理人员的责任也就清楚了，谁不履行职责，延误了事情就由谁负责。按既定的原则办理事情，自然有助于提高管理活动的效率。

制定程序，有利于提高下属的积极性。在管理过程中，规定了程序也就规定了所涉及的办事人员的权责。在既定的权责范围内，管理人员可以自主地处理各项事情。事情办得好，圆满完成了任务，是其功劳，可以得到褒奖；反之，则会受到批评和惩罚。程序所规定的管理人员的自主权，有助于管理人员发挥自己的主观能动性。

2）管理程序的制定

管理程序是在管理过程中处理例行事情的规范或计划。制定管理程序，应遵守以下几条原则。

（1）精简的原则。从管理过程来看，程序越多，越复杂，信息传递所要经过的环节也就越多。它会增加组织的管理费用，包括各个环节上设置管理机构和人员的费用；信息传递整理的费用以及延时费用、协调费用等。因此，在不失去控制或不影响控制效率的前提下，程序应尽可能精简。

（2）稳定性原则。程序代表着一种规范，要求人员适应，在某种意义上与灵活性是相对的。程序一旦确定下来，就应保持一定的稳定。但程序稳定的前提是程序要制定得科学，只有科学的程序才能保证一定的稳定性。

制定程序，要认真分析管理工作的性质、管理工作的环节及其各个环节的重要性，然后确定管理的具体程序。其步骤可分为以下四个。

（1）分析工作过程。明确制定与控制的要求，确定重点与关键环节。

（2）确定每一个关键环节的管理范围。明确权利责任及其对各环节管理人员的奖惩标准。

（3）进行讨论、修改、完善程序。在这一个环节中，要注意充分发动群众参与讨论，鼓励民主评论，使程序尽可能科学、完善。

（4）颁布程序，试执行。做好记录、评价，特别是程序在控制和处理活动中的效率评价。

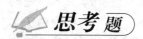
思考题

邯郸钢铁公司（以下简称邯钢）的前身是河北邯郸钢铁总厂，该厂始建于 1958 年。1990 年，邯钢与其他钢铁企业一样，面临内部成本上升、外部市场疲软的双重压力，经济效益大面积滑坡。当时生产的 28 个品种有 26 个亏损。虽然总厂亏损已经到了难以为继的状况，可是各个分厂报表中的所有产品却都是盈利，因此工人和干部的工资奖金照发，一点也感受不到市场的压力和总厂亏损的困难。造成这种现象的主要原因是当时该厂是用"计划价格"来进行厂内核算的，这个价格严重背离了市场。依据这个价格进行的核算反映不出产品的实际成本和真实效率，自然也就失去了它的价值。从 1991 年开始，该厂开始推行以"模拟市场核算，实行成本否决"为核心的内部改革。在企业内部，原材料、辅助材料、燃料、耐火材料、产成品、半成品等的计划价格一律按市场价格核算，改变过去从前向后逐道工序核定成本的传统做法。从产品在市场上被消费者接受的价格开始，从后向前测算出逐道工序的目标成本，然后层层分解落实到每一个员工，全厂最终形成一个目标成本网络体系。加大了企业技术改造力度，强化了企业内部管理，使企业的经济效益大幅度提高，市场竞争力大大增强。

邯钢的目标成本管理的具体做法是：

1. 以市场可以接受的产品价格为基础，考虑国内先进水平、本单位历史最好水平和可以挖掘的潜力，提出目标利润；然后据此计算出企业必须控制的成本，也即是目标成本。目标成本＝该产品的市场价格－目标利润－总厂应摊的管理费。

2. 将相应的目标成本和目标利润在全公司的范围内层层分解到分厂、车间、工段、班组直到员工个人，以此作为各级的工作目标和公司对各级进行考核奖惩的依据。

3. 实行"成本否决"的奖惩制度，即完不成成本指标，别的工作干得再好，也要否决全部奖金，以成本和效益作为分配和对干部业绩进行考评的标准。在这一过程中，他们首先肯定了一点：企业目标成本的控制管理要靠全体员工的努力，降低成本是企业上至厂长、下至每一个员工的共同目标，每个人都要分担成本指标或成本费用指标，实行全员、全过程的成本管理；在确定成本标准时，他们反复进行测算，确定合理、先进的单位目标成本，本着"亏损产品不亏损，盈利产品多盈利"的原则，核定出全厂 53 个主要产品品种、规格的内部成本和内部利润；为了把成本指标落实到实处，公司将 1 万多个综合指标分解到二级厂和处室，然后再细化成 10 万个小指标，层层分解落实到有关科室、工段、班组和员工个人，层层签订承包协议，使每个员工的工作都与市场挂钩，真正形成了"市场重担众人挑，人人肩上有指标"的责任体系。

为了保证目标成本管理的实施，邯钢还对公司的管理体制进行了改革。一是精简机构。1990 年到 1995 年，总厂和分厂的管理科室从 503 个减少到 389 个，管理人员占职工人数的比重从 14% 下降到 12%。二是充实和加强财务、销售、计划、外经、预决算、审计等管理部门，进一步强化和理顺了管理职能。三是实现"卡两头、抓中间"的管理方法。这两头一头是严格控制进厂原料、燃料的价格和质量，另一头是把住产品的销售关，建立集体定价制度，确定最低销售价格；抓中间就是抓工序环节的管理，狠抓生产过程中的"跑、冒、漏、滴"。通过推行和不断完善市场核算机制，邯钢取得了显著的经济效益和社会效益。从1990 年到 1998 年，邯钢产量由 110 万吨增加到 344 万吨，实现销售收入由 10.2 亿元提高到80.1 亿元（含税），实现利税由 2.1 亿元增加到 10 亿元，其中利润由 100 万元增加到 7 亿元，走出了一条主要靠内涵挖潜、内部积累，实现国有资产迅速增值的良性发展道路。邯钢还为国有企业树立了光辉的榜样。邯钢的目标成本管理，救活了几个严重亏损的大型国有钢铁企业，一大批钢铁企业通过学邯钢走出了困境，迎来了生机。

单项选择题

1. 邯郸钢铁公司的成功是源于采取了（　　）。

A. 成本管理　　　　B. 目标管理　　　　C. 利润管理　　　　D. 机构变革管理

2. 从上面介绍情况来看，按照 SWOT 分析方法，1990 年邯钢应该采取（　　）的生存和发展战略。

A. 增长型　　　　B. 扭转型　　　　C. 防御型　　　　D. 多种经营型

3. 邯钢执行"成本否决"的奖惩制度，属于（　　）的控制类型。

A. 前馈控制　　　　B. 现场控制　　　　C. 反馈控制　　　　D. 成本控制

4. 邯钢推行的目标成本管理是建立在（　　）假设基础上的。

A. 经济人　　　　B. 社会人　　　　C. 自我实现人　　　　D. 复杂人

5. 邯钢的目标成本管理，救活了几个严重亏损的大型国有钢铁企业，一大批钢铁企业通过学邯钢走出了困境，迎来了生机。这说明了（　　）。

A. 成功经验可以在同一行业内广泛移植，会收到同样的成效

B. 邯钢的成功经验确实有效，应该让所有亏损企业来学习

C. 古人言：一言兴邦。钢铁企业是一法兴厂，看来好的方法是企业制胜法宝

D. 相当一批钢铁企业内部管理漏洞较多，生产过程中的"跑、冒、漏、滴"现象严重

最"人道"的船主

澳大利亚从前只有土著人住，后来英国把澳大利亚当做流放犯人的地方，这些犯人代代繁衍，就形成了今天的澳大利亚国。而在运送犯人的途中，发生了这样一个故事：承担运送犯人任务的是私人船主，他们接受政府委托，自然也收取相应的费用。开始，英国政府按上船人数付给费用。于是，船主们为了牟取暴利，想尽种种办法虐待犯人，克扣犯人食物，甚至把犯人活活扔下海，导致运输途中犯人的死亡率最高达94%。后来英国政府改变付款规则，按照活着到达目的地的人数付费。于是，船主们又想尽办法让更多犯人活着到达澳大利亚，甚至有船主还聘请随船医生，犯人的死亡率最低降到1%。

问题：

该案例给了你什么启示？

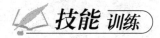

方 案 设 计

【设计目的】

通过团队形式进行模拟企业预算计划制订和控制方案设计，使学生真正认识到预算在控制过程中的重要作用，并且认识到只有控制才能保证预算的执行和调整，一方面增强同学的团队协作能力，另一方面提高学生对控制方法的运用能力。

【组织形式】

1. 将学生分成小组，每组以 5～6 名同学为宜，各小组分别选出小组长。

2. 各小组分别设计一个商业项目，并且进行资金预算，以及设计实施项目时的种种控制方案。

3. 由小组组长进行方案的汇报，小组成员共同参与报告。

4. 教师进行点评。

【活动结果】

各小组进行充分论证，最终完善方案。

参 考 文 献

[1] 海能．企业文化：理论和实践的展望．北京：知识出版社，1990.

[2] 法约尔．工业管理与一般管理．北京：中国社会科学出版社，1998.

[3] 肯尼迪，迪尔．西方企业文化．北京：中国对外翻译出版公司，1989.

[4] 巴纳德．经理人员的职能．北京：中国社会科学出版社，1998.

[5] 雷恩．管理思想的演变．北京：中国社会科学出版社，1995.

[6] 尼夫．知识经济．珠海：珠海出版社，1998.

[7] 戴尔．伟大的组织者．北京：中国社会科学出版社，1994.

[8] 梅奥．工业文明的人类问题．北京：中国社会科学出版社，1994.

[9] 赫塞尔本．未来的组织．成都：四川人民出版社，1998.

[10] 泰罗．科学管理原理．北京：中国社会科学出版社，1994.

[11] 西蒙．管理行为．北京：北京经济学院出版社，1988.

[12] 孔茨，韦里克．管理学．9版．北京：经济科学出版社，1993.

[13] 科特．力与影响．北京：华夏出版社，1997.

[14] 科特．现代企业的领导艺术．北京：华夏出版社，1997.

[15] 科特，赫斯克特．企业文化与经营业绩．北京：华夏出版社，1997.

[16] 科特．变革的力量．北京：华夏出版社，1997.

[17] 科特．总经理．北京：华夏出版社，1997.

[18] 马奇，西蒙．组织．北京：中国社会科学出版社，1994.

[19] 米勒．美国精神．北京：中国工人出版社，1988.

[20] 波特．竞争优势．北京：华夏出版社，1997.

[21] 波特．竞争战略．北京：华夏出版社，1997.

[22] 哈默，钱皮．改革公司：企业改革的宣言书．上海：上海译文出版社，1998.

[23] 德鲁克．革新与企业家精神．上海：上海翻译出版公司，1988.

[24] 德鲁克．管理：任务、责任和实践．北京：中国社会科学出版社，1994.

[25] 德鲁克．管理实践．北京：中国工人出版社，1989.

[26] 德鲁克．有效的管理者．北京：中国工人出版社，1989.

[27] 德鲁克．工业人的未来．上海：上海人民出版社，2002.

[28] 德鲁克．公司的概念．上海：上海人民出版社，2002.

[29] 德鲁克．新社会：对工业秩序的剖析．上海：上海人民出版社，2002.

[30] 麦耶斯．知识管理与组织设计．珠海：珠海出版社，1998.

[31] 布莱克，穆顿．领导难题·方格解法．北京：中国社会科学出版社，1998.

[32] 帕斯卡尔，阿索斯．日本的管理艺术．上海：上海科学技术文献出版社，1987.

[33] 戴维斯．企业文化的评估与管理．广州：广东教育出版社，1991.

［34］戈德曼，内格尔，普瑞斯．灵捷竞争者与虚拟组织．沈阳：辽宁教育出版社，1998.

［35］罗宾斯．管理学．4版．北京：中国人民大学出版社，1997.

［36］彼得斯，奥斯汀．志在成功．北京：中国对外翻译出版公司，1988.

［37］纽曼，萨默．管理过程：概念、行为和实践．北京：中国社会科学出版社，1995.

［38］圣吉．第五项修炼．上海：上海三联书店，1998.

［39］萨维奇．第5代管理．珠海：珠海出版社，1998.

［40］大内．Z理论：美国企业界怎样迎接日本的挑战．北京：中国社会科学出版社，1984.

［41］派恩．大规模定制：企业竞争的新前沿．北京：中国人民大学出版社，2000.

［42］宫坂纯一．经营管理论．北京：企业管理出版社，1996.

［43］OECD（经济合作与发展组织）．以知识为基础的经济．北京：机械工业出版社，1997.

［44］陈传明．管理发展新趋势．南京大学学报，1995（6）.

［45］马洪．《国外经济管理名著丛书》前言//国外经济管理名著丛书．北京：中国社会科学出版社.

［46］中国企协古代管理思想研究会．传统文化与现代管理．北京：企业管理出版社，1994.

［47］朱镕基．管理科学，兴国之道．光明日报，1996－09－18.

［48］朱镕基．管理现代化．北京：企业管理出版社，1985.

［49］龚龙．管理理论与实务．北京：北京理工大学出版社，2011.